世界音乐家传记丛书

普罗科菲耶夫

Prokofiev

〔英〕大卫·古特曼 著

谭鹂雯 译

江苏人民出版社

图书在版编目（CIP）数据

普罗科菲耶夫 / (英) 大卫·古特曼著；谭鹏雯译
. -- 南京：江苏人民出版社, 2021.12
（世界音乐家传记丛书）
书名原文：Prokofiev
ISBN 978-7-214-26192-2

Ⅰ. ①普… Ⅱ. ①大… ②谭… Ⅲ. ①普罗科菲耶夫
(Prokofiev, Serge 1891-1953) – 传记 Ⅳ.
①K835.125.7

中国版本图书馆CIP数据核字(2021)第089449号

江苏省版权局著作权合同登记：图字10-2016-127号

书　　名　普罗科菲耶夫
著　　者　［英］大卫·古特曼
译　　者　谭鹏雯
责任编辑　李晓爽
特约编辑　张　欣
封面设计　陶霏霏
封面制作　陈　婕
责任监制　王　娟
出版发行　江苏人民出版社
地　　址　南京市湖南路1号A楼，邮编：210009
照　　排　江苏凤凰制版有限公司
印　　刷　苏州市越洋印刷有限公司
开　　本　787毫米×1092毫米　1/32
印　　张　16　插页5
字　　数　200千字
版　　次　2021年12月第1版
印　　次　2021年12月第1次印刷
标准书号　ISBN 978-7-214-26192-2
定　　价　68.00元

（江苏人民出版社图书若有印装错误可向出版社调换）

Contents 目录 /

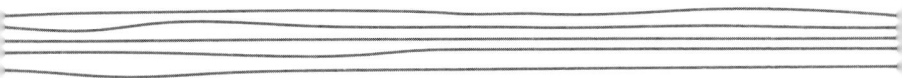

Acknowledgements

致
谢

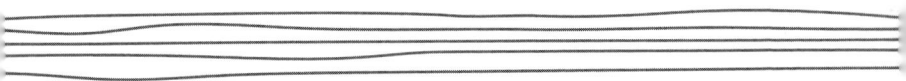

书中引文摘自以下资料，我在此致以谢意：

G. Abraham（G. 亚伯拉罕）：*The Tradition of Western Music*（《西方音乐的传统》）（London, 1974）；Y. Barna（Y. 巴纳）：*Eisenstein*（《爱森斯坦》）（London, 1973）；I. Berlin（I. 伯林）：*Personal Impressions*（《个人印象》）（Oxford, 1982）；J. Billington（J. 比林顿）：*The Icon and the Axe: An Interpretive History of Russian Culture*（《圣像与战斧：诠释俄国文化史》）（New York, 1966）；A. Blok, J. Lindsay, trans.（A. 勃洛克著，J. 林赛译）：*The Twelve and the Scythian*（《十二个》与《斯基泰人》，选自《勃洛克诗选》）（London, 1982）；V. Blok, ed.（V.

勃洛克编）：*Sergey Prokofiev: Materials, Articles, Interviews*（《谢尔盖·普罗科菲耶夫：素材、文选与访谈》）（Moscow，1978）；M. Brown（M. 布朗）："Prokofiev's War and Peace: A Chronicle"，in *Musical Quarterly*，lxvii（《普罗科菲耶夫的〈战争与和平〉：编年史》，选自《音乐季刊》第63期）（1977）；M. Brown and R. J. Wiley，eds.（M. 布朗和 R.J.威利编）：*Slavonic and Western Music: Essays for Gerald Abraham*（《斯拉夫人与西方音乐：杰拉尔德·亚伯拉罕文集》）（Ann Arbor，1985）；D. Drew（D. 德鲁）："Prokofiev's Demon"，in *New Statesman*，72（《普罗科菲耶夫的恶魔》，选自《新政治家》第72期）（1966）；V. Duke（V. 杜克）：*Listen Here*（《听着》）（New York，1963）；A. Gretchaninov（A. 格列恰尼诺夫）：*My Life*（《我的一生》）（New York，1952）；S. Krebs（S. 克雷布斯）：*Soviet Composers and the Development of Soviet Music*（《苏联作曲家与苏联音乐的发展》）（London，

1970）；Lenin（列宁）：*On Literature and Art*（《论文学与艺术》）（Moscow，1967）；V. Mayakovsky，M. Hayward，trans.（V. 马雅可夫斯基著，M. 海沃德译）：*The Bedbug and Selected Poetry*（《〈臭虫〉与诗歌选集》）（New York，1960）；R. McAllister（R. 麦卡利斯特）："Natural and Supernatural in The Fiery Angel"，in *Musical Times*，cxi（《〈火天使〉中的自然与超自然力量》，选自《音乐时报》第111期）（1970）；R.McAllister（R. 麦卡利斯特）："Sergey Prokofiev"，in *the New Grove Dictionary of Music and Musicians*（《谢尔盖·普罗科菲耶夫》，选自《新格罗夫音乐与音乐家大辞典》）（London，1981）；D. Mitchell（D. 米切尔）："Prokofieff's Three Oranges：A Note on Its Musical–Dramatic Organisation"，in *Tempo*，41（《普罗科菲耶夫的〈对三个橙子的爱情〉：论作品中音乐与戏剧的组织形式》，选自《节拍》第41期）（1956），N. Nabokov（N. 纳博科夫）：*Old Friends and New Music*（《老朋

友，新音乐》）（London，1951）；I. Nestyev（I. 涅斯捷耶夫）：*Prokofiev*（《普罗科菲耶夫》）（London，1961）；H. Ottaway（H. 奥塔韦）：Sleeve Notes for *the Five Piano Concertos and Violin Concertos nos*. 1 & 2（《五首钢琴协奏曲和第一、第二小提琴协奏曲》唱片封套介绍）（London，1975）；F. Poulenc（F. 普朗克）：*My Friends and Myself*（《我与朋友》）（London，1978）；S. Prokofiev，D. H. Appel，ed.（S. 普罗科菲耶夫著，D.H. 阿佩尔编）：*Prokofiev by Prokofiev: A Composer's Memoir*（《普罗科菲耶夫论普罗科菲耶夫：一个作曲家的自传》（New York，1979）；E. Roseberry（E. 罗斯伯利）：*Shostakovich: His Life and Times*（《肖斯塔科维奇传：生平与时代》）（Tunbridge Wells，1982）；C. Samuel（C. 塞缪尔）：*Prokofiev*（《普罗科菲耶夫》）（London， 1971）；B. Schwarz（B. 施瓦茨）：*Music and Musical Life in Soviet Russia 1917–1970*（《苏维埃俄国的音乐与音乐生活（1917—1970）》）（London，

1972）；V. Seroff（V. 塞洛夫）：*Sergei Prokofiev: A Soviet Tragedy*（《谢尔盖·普罗科菲耶夫：苏联悲剧》）（London，1969）；S. Shlifstein, ed.（S. 史里夫斯坦编）：*Sergey Prokofiev: Autobiography, Articles, Reminiscences*（《谢尔盖·普罗科菲耶夫：自传、文选与回忆》）（Moscow，1961）；N. Slonimsky（N. 斯洛尼姆斯基）："Soviet Music and Musicians", in *Slavonic Review*, 22（《苏联音乐与音乐家》，选自《斯拉夫评论》第22期）（1944）；I. Stravinsky and R. Graft（I. 斯特拉文斯基和 R.克拉夫特）：*Memories and Commentaries*（《回忆与评论》）（London，1960）；I. Stravinsky and R. Graft（I. 斯特拉文斯基和 R.克拉夫特）：*Expositions and Dvevelopments*（《呈示与展开》）（London，1960）；I. Stravinsky and R. Graft（I. 斯特拉文斯基和 R.克拉夫特）：*Dialogues and A Diary*（《对话与日记》）（London，1960）；I. Stravinsky, R. Craft, ed.（I. 斯特拉文斯基著，R. 克拉夫特编）：*Stravinsky:*

Selected Correspondence Vol. 1 (《斯特拉文斯基：通信集》第一册)(London，1982)；V. Stravinsky，R. Craft，ed.(V. 斯特拉文斯基著，R. 克拉夫特编)：*Stravinsky in Pictures and Documents*(《照片与文档中的斯特拉文斯基》)(New York，1978)；G. Vishnevskaya (G. 维什涅夫斯卡娅)：*Galina：A Russian Story*(《加林娜：俄国故事》)(London，1985)；S. Volkov (S. 伏尔科夫)：*Testimony： the Memoirs of Dmitri Shostakovich*(《见证：德米特里·肖斯塔科维奇回忆录》)(London，1979)。

另外，我想感谢下列组织提供的慷慨帮助，他们为我提供了海量材料作为参考：

英国布西&霍克斯(Boosey & Hawkes)音乐出版有限公司、百代唱片有限公司(EMI Records Ltd)、英国国家大剧院(English National Opera)、罗伯特·福伯格–P. 尤

根森音乐出版社（R. Forberg – P. Jurgenson Musikverlag）、
国家电影资料馆（National Film Archive）、俄新社
（Novosti）、苏富比（Sotheby & Co）、威斯特菲尔德学
院图书馆（Westfield College Library）、威斯敏斯特中心音
乐图书馆（Westminster Central Music Library）。

　　我已尽全力联系本书图片的版权所有者，如有遗
漏，敬请谅解。

　　最后，本书的完稿离不开伊丽莎白·M. 汤姆森
（Elizabeth M. Thomson）、贝丽尔·莱斯特（Beryl
Lester）、苏·哈里斯（Sue Harris）、弗朗西丝·蕾
（Frances Rae）和罗伯特·M. 沃克（Robert M. Walker）
的宝贵支持。感谢家人朋友们，你们的支持是无价
之宝。

大卫·古特曼

1987年，于伦敦

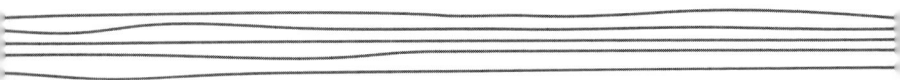

PART 1

Movement

第
一
章 /

俄国序曲

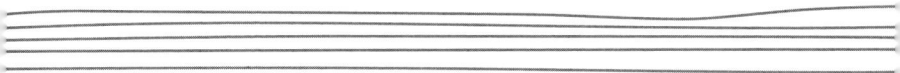

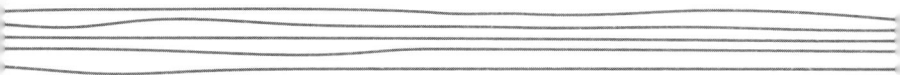

在弗农·杜克（Vernon Duke）①的眼里，普罗科菲耶夫的外貌"有北欧部长的风范，也有足球运动员的影子"：

他的嘴唇比常人厚……面部总带着一种古怪的顽皮，就像一个害怕惩罚又忍不住恶作剧的小男孩。

在谢尔盖·谢尔盖耶维奇·普罗科菲耶夫（Serge Sergeyevich Prokofiev）去世40年后的今天，人们仍然很难对他作出一致的评价。在重新评估他的音乐前，我们需要先审视人们对他的矛盾态度。普罗科菲耶夫的音乐成就毋庸置疑，他创作了数量庞大的新式音乐，扩充

---

① 俄裔作曲家弗拉基米尔·杜凯尔斯基（Vladimir Dukelsky）的笔名，他出生于革命前的俄国。——作者注

尼古拉·拉德洛夫（Nikolay Radlov）为普罗科菲耶夫绘制的漫画像

了古典音乐库，包括舞台音乐、电影配乐、交响乐、协奏曲、清唱剧和奏鸣曲，创作数量超过任何一位现代作曲家。但是这位被公认为20世纪少有的真正具有幽默感的作曲家，身上少了些不凡的气质，在人们眼中，他和"伟大"二字不沾边。这一点不足为奇，尽管他的喜剧作品《彼得与狼》（*Peter and the Wolf*，作品67）、

《基热中尉组曲》（*Lieutenant Kijé*，作品60）和《古典交响曲》（*The Classical Symphony*，作品25）都为人熟知，但《第一小提琴奏鸣曲》（*The First Violin Sonata*，作品80）、《第六交响曲》（*The Sixth Symphony*，作品111），甚至是史诗级巨作《战争与和平》（*War and Peace*，作品91）却没有得到应有的关注，因为部分作品过于耀眼，掩盖了大量其他优秀作品的光芒。

普罗科菲耶夫出生于沙皇统治时期的俄国，他在青年时期一直将自己定位为音乐世界的坏男孩。俄国爆发十月革命后，普罗科菲耶夫于1918年移居国外，先是在美国居住，后迁至巴黎。直到20世纪30年代，普罗科菲耶夫才慢慢与祖国达成和解，回到苏联，度过他生命的最后17年。斯大林文化政策既孕育了普罗科菲耶夫的作品，也扼杀了他的创意。

与同时期的著名作曲家相比，普罗科菲耶夫的音乐作品与时代命运相连得更加紧密。这位音乐家的许多作品是为政治服务的。人们往往从意识形态斗争的角度去

双面圣灵像，诺夫哥罗德（Novgorod），1531年。正面为圣母神迹（苏富比）

双面圣灵像，诺夫哥罗德，1531年。反面为圣·尼古拉斯（苏富比）

评价他，而没有试着真正了解他。一位乐评人谴责普罗科菲耶夫在西方所做的一切，另一位作者撰文《苏联悲剧》（*A Soviet Tragedy*）评论普罗科菲耶夫。

回到苏联后，普罗科菲耶夫的创作是否受到强烈民族主义情怀的影响？作为"共产主义发扬人"，他和旧俄国时期的民族主义大师们是否有所不同？无论如何，既然普罗科菲耶夫决定回到苏联，他对故土还是有依恋的。为了更好地理解这位作曲家及他的音乐，我们首先需要了解他的时代背景和俄国独特的音乐传统。

杰拉尔德·亚伯拉罕（Gerald Abraham）写道：

毫不夸张地说，俄国在18世纪中叶前几乎没有主流的音乐传统，音乐并未在历史传承中演化，既没有回应民众的需要，也没有接受民众的评判。

在长达几个世纪的时间里，俄国音乐并非欧洲音乐的一部分。欧洲音乐文化由信仰罗马基督教的西斯拉夫人塑造。从艺术作品和书信中可以看出，西方教堂在中世纪音乐中占据主导地位，但东方教堂禁止乐器演奏。在中世纪的俄国，职业世俗音乐家被称为斯可莫洛基（skomorokhi），他们在街头既表演音乐，又变戏法，和西方国家的游乐人（jongleur）相似。但东正教牧师不仅禁止演奏者在教堂内演奏乐器，还把他们从宫廷里赶出来，因此斯可莫洛基社会地位非常低下。俄国的音乐家到17世纪晚期才开始用五线谱。进入18世纪，非礼拜音乐，除民歌之外，仅用于官方的君主庆祝，或是家中演奏的神圣曲目。后来出现的俄国音乐和苏联音乐都是政治的产物。

　　18世纪30年代，意大利音乐喜剧（commedia per musica）演员、乐器演奏者和作曲家的出现，是俄国音乐领域的重要创新。彼得大帝推行西化政策，将音乐视为外国文化理念的一部分，自上而下地发展音乐。虽然他对音乐本身并不感兴趣，但他效仿新式西方军队，引入了少量外国号兵和鼓手。后来，安娜女皇继续领导这一场音乐革命。自1733年起，那不勒斯的歌剧作曲家弗

朗西斯科·阿拉贾（Francesco Araja）担任唱诗班乐长
（maestro di cappella）。在阿拉贾任职的25年里，俄国
音乐创作成果平平，但他培养了一群懂得欣赏西方高雅
艺术的文化贵族。

富裕的贵族阶级甚至可以拥有私人农奴乐队：

现出售一名庄园农奴，会拉小提琴，能写字。另出
售两头英国母猪、一匹丹麦种马。

诸如此类的广告在当时的俄国报纸上屡见不鲜。
俄国最早的职业音乐家就是接受过意大利音乐训练的农
奴，例如作曲家叶斯提格尼·佛明（Evstigney Fomin）。

音乐家们短期来访或长期居住在俄国，创作俄文
歌剧，歌颂俄国人物。在维森特·马丁·伊·索勒尔
（Vicente Martín y Soler）的众多作品中，叶卡捷琳娜大
帝（Catherine the Great）亲自参与了两首作品的填词：
《科索莫托维奇英雄的不幸》（*The Grief of the Hero
Kosometovich*）和《费杜尔和他的孩子们》（*Fedul and*

叶卡捷琳娜大帝兼有剧作者的身份［福托马斯索引（Fotomas Index）］

His Children）。

《乡村假日》（*The Village Holiday*）由瓦西里·梅
科夫（V. Maikov）作词，描述了农奴的快乐生活：

我们过着快乐的生活，

无时无刻不在工作；

我们在田野上度过一生，

快乐充盈了我们的生活；

我们用双手劳动，

工作是我们的职责，

工作是我们的生活；

在地主的监视下，

我们支付代役租，

我们的生活多么幸福。

《乡村假日》的歌词中，随处可见宫廷和贵族的影
子，但普罗科菲耶夫的《斯大林万岁》（*Hail to Stalin*，
作品85）有所不同。苏联籍传记作家伊什列·涅斯捷耶

俄国19世纪初的家庭音乐演奏，绘于1825—1850年间，作者不详（苏富比）

夫（Israel Nestyev）认为，《斯大林万岁》的开篇"描
述了集体农庄的自由与快乐"：

> 我们的田野，从未如此富饶，
>
> 村民的笑容，从未如此灿烂，
>
> 我们的生活，从未如此公平，如此喜气洋洋，
>
> 到今天为止，从来没有，
>
> 从来没有见过如此绿油油的黑麦草。

　　叶卡捷琳娜大帝的秘书兼歌剧歌词合作者克拉波维茨基（Khrapovitzky）在1790年出版的回忆录中写道："法国之所以灭亡，是因为它不加节制，自食恶果；我们必须保持品行端正。"1939年，斯大林重蹈覆辙，而普罗科菲耶夫也没有冒险。

　　叶卡捷琳娜大帝驾崩后，君主不再参与音乐创作，贵族成为音乐发展的主要动力。尼古拉斯一世委托亚历克赛·利沃夫（Alexey Lvov）将军创作苏联版的《天佑国王》（*God Save the King*），拉祖莫夫斯基公爵（Count Razumovsky）和尼古拉·加利钦亲王（Prince Nikolai Galitsin）等音乐爱好者则委托贝多芬创作弦乐四重奏。不过，音乐的受众人群非常有限，缺少全国基础。直到19世纪30年代，俄国音乐家的技术成就才能和西方齐平。其中，米哈伊尔·伊万诺维奇·格林卡（Mikhail Ivanovich Glinka）是成就最为显著的音乐家，他的歌剧是俄国古典音乐的奠基石。

　　安东·鲁宾斯坦（Anton Rubinstein）的出现，结

013

斯摩棱斯克的米哈伊尔·伊万诺维奇·格林卡雕像（俄新社）

束了外行当道的悠久历史。鲁宾斯坦与大公爵夫人叶莲娜·帕芙罗芙娜（Grand Duchess Helena Pavlovna）私交颇深。帕芙罗芙娜夫人乃爱乐之人，人脉颇广，也是普罗科菲耶夫的母亲玛丽亚·格里戈利耶夫娜·普罗科菲耶娃（Maria Grigoryevna Prokofieva）的偶像。1859年，鲁宾斯坦创办了俄罗斯音乐协会，定期在圣彼得堡①和莫斯科举办系列交响音乐会，并分别于1862年在圣彼得堡、1866年在莫斯科开设音乐学校。最初的乐团成员以外国人居多，亲斯拉夫派对此表示激烈的反对，提出俄国的本土音乐才是最好的。到了19世纪60年代，在米列·巴拉基列夫（Mily Balakirev）和富人的支持下，圣彼得堡有了两所音乐学校，并组成了新的交响乐团。沉寂已久的俄国管弦乐终于有机会大放异彩。

古典音乐势头强劲的同时，一股新的哲学思潮悄然生根发芽。19世纪中叶，维萨里昂·别林斯基

015

---

① 城市名在不同时期有所不同，下文中的彼得格勒、列宁格勒均为相应时期的城市名。——编者注

（Vissarion Belinsky）首次赋予文学艺术社会意义，"社会贡献论"在俄国评论家的滋养下渗透到包括俄国音乐在内的整个文艺领域，带来长足且深远的影响。

评论家提出"社会贡献论"，并非是将重担放在艺术家的肩上，而是要求他们通过艺术宣传直接或间接地改变社会。有些俄罗斯作家挑起大梁，如尼古拉·车尔尼雪夫斯基（Nikolai Chernyshevsky），他的教化小说《怎么办？》（*What Is to Be Done?*）深深影响了列宁。那个年代的文化信条大致如此：如果你决意承担公开发言的责任，就必须吐露真言，所有人都是社会动物，因此你的真实话语中势必掺杂了具有当代社会和个人特色的因素。艺术家身上背负着不可推脱的责任，需呈现事实，而非颠倒黑白。格林卡和诸位弟子所作歌剧的合唱部分令人惊叹不已，不仅戏剧效果到位，还试图生动再现俄国人民的生活。随着新愿景热度的退去，加之19世纪60年代政治成果弊端的浮现，很多音乐家仍然战斗在自由运动的前线，在艺术作品中保留对"现实

主义"的渴求。穆捷斯特·彼得洛维奇·穆索尔斯基
（Modest Petrovich Mussorgsky）是这项运动最忠实的
拥护者：

> 我想这样描述人民群众：我睡觉时梦到他们，吃饭
> 时挂念他们，喝酒后看到他们——大个子，住所简陋，
> 我能看得清清楚楚。

我们或许常常认为共产主义带有浓重的俄国风格，
甚至它的诞生就是为俄国服务的。那么，对普罗科菲耶
夫职业生涯后期有着极大影响的"社会主义现实主义"
政策究竟是什么？是否为当局阻挠思想进步的幌子？毕
竟，俄罗斯东正教教堂不过是数世纪以来维系传统的官
方工具。

正如杰拉尔德·亚伯拉罕所说：

> 共产主义可被视为一种世俗形态的宗教，它在现代
> 俄罗斯帝国主义的扩张中扮演重要角色，正如天主教之

穆捷斯特·彼得洛维奇·穆索尔斯基

于西班牙帝国主义、新教之于盎格鲁撒克逊帝国主义一样，功劳显赫。

尽管巴拉基列夫的社会改革热情慢慢淡去，但是俄国音乐家务实的理想主义精神经久不衰。1905年1月9日[1]，数百名和平示威者在圣彼得堡冬宫广场遭到屠

---

[1] 此为俄历。俄国从1918年底开始采用新历（格里高利历，即公历），结束了俄国旧历和西方公历之间相隔13天的时间差。俄国在沙皇时期一直使用旧历。——作者注

杀，史称"流血星期日"。此举激起音乐家们的强烈抗
议，为此普罗科菲耶夫在圣彼得堡国立音乐学院的学习
一度中断。2月2日，莫斯科报纸《我们的日子》（*Nashi
Dni*）刊登了一封由29位莫斯科著名音乐家共同署名的
公开信，包括谢尔盖·瓦西里耶维奇·拉赫玛尼诺夫
（Sergey Vasilyevich Rachmaninov）和普罗科菲耶夫的启
蒙教师莱因霍尔德·莫里采维奇·格里埃尔（Reinhold
Moritsevich Glière）。他们指出：

> 唯有自由的艺术是必不可少的，唯有自由的创造力
> 令人欢欣……倘若这片土地扼杀自由思想，无视大众良
> 知，限制言论和媒体自由……那么"自由艺术家"一词
> 难免有些讽刺。我们不是自由的艺术家，我们和所有
> 俄国公民一样被剥夺权利，被迫忍受当前异样的社会环
> 境。事到如今，我们认为出路只有一条：俄国必须走上
> 基础改革之路。

1905年的俄国，创作之路不复平坦。艺术作品层出不穷，引爆了一场领先于政治革命约25年的艺术革命。作为一名即将进入音乐世界的青年作曲家，普罗科菲耶夫需要突出重围，塑造独属于自己的音乐身份。学界激烈探讨着各类哲学问题，马克思主义的光环不再，个人主义思想崭露头角，拥护者认为人们应不惜代价表达个人特征，艺术家只对自己的作品负责。人们开始赋予艺术神圣性。

作曲家亚历山大·斯克里亚宾（Alexander Scriabin）的作品风格怪诞，高调展现了时代潮流。他极度以自我为中心，认为革命领袖解救不了大众，人类要想得到解脱，唯有靠弥撒亚统一艺术活动，用"新福音"取代《新约》。至于新基督的人选，谁能比斯克里亚宾更合适呢？

我是造物者的巅峰之作。

我是千帆之尽，万流之源。

很明显，这位作曲家想象自己在日内瓦湖的小船上布道时，结交了激进的瑞士渔夫奥托（Otto），二人关系甚密。[1]

斯克里亚宾的同事们则没有那么野心勃勃。普罗科菲耶夫继续在音乐学院接受正规训练，教师队伍里有尼古拉·安德烈耶维奇·里姆斯基-柯萨科夫（Nikolai Andreivitch Rimsky-korsakov）、亚历山大·康斯坦丁诺维奇·格拉祖诺夫（Alexander Konstantinowitsch Glasunow）等低调行事的学者。并非所有人都信心满满地认为"普罗米修斯"式的文化行动足以改变旧世界，反对声音的出现是必然的。随着下一代翘楚崭露头角，全新的"现实主义"诞生了。自1910年起，新一波的俄国作曲家们带着全新愿景登上历史舞台，进入真实的世界。作为与时俱进、创造力超群的艺术匠人，他们用语新鲜生动，表述清晰明了，其艺术风格取代了原本晦涩

---

[1] 斯克里亚宾效仿耶稣基督在船上布道，他将渔夫奥托当作自己的信徒。——译者注

难懂的风格。普罗科菲耶夫决心成为其中之一。

　　普罗科菲耶夫早期作为作曲家兼钢琴家的亮相令观众惊愕不已。毫无疑问，他是激进的现实主义者，是新兴乐派的忠实拥护者。到今天，他的地位却不再那么明确：既挑战传统，乐于创新，又维护传统，偏爱简单明了的旋律，难怪他两头不讨好。伊戈尔·斯特拉文斯基（Igor Stravinsky）激进前卫，长期以来被誉为20世纪音乐领域的都市毕加索。德米特里·肖斯塔科维奇（Dmitri Shostakovich）传统守旧，是西方音乐家眼中保守主义的典范。然而普罗科菲耶夫不能和二人相提并论。他的作品没有被赞誉为"当代音乐的命脉"。和两位伟大的俄国同辈相比（他和两位的私交都很好），他似乎永远摇摆不定，行为矛盾，目标冲突。谢尔盖·达基列夫（Sergey Diaghilev）甚至都责怪他不该钟情于太多种音乐："艺术家应知道如何去恨，否则你的音乐就会失去独特性。"当普罗科菲耶夫反驳道，"但是恨意味着狭隘"，达基列夫反击："大炮之所以射得远，是

伊戈尔·斯特拉文斯基漫画像，让·科克图（Jean Cocteau）绘制，1913年（苏富比）

因为它的火力集中。"反击十分到位，普罗科菲耶夫的确有时会用灵巧性掩盖情绪张力不足，以致音乐的根基不够扎实。

威廉姆·奥斯汀（William Austin）指出，我们应从普罗科菲耶夫的非戏剧作品中寻觅日渐鲜明的作曲风格：

一战即将结束时，他从《斯基泰组曲》（*The Scythian Suite*，作品20）和《丑角》（*The Buffoon*，作品21）的创作压力中抽身出来，开始5首最迷人的作品的创作——《第一小提琴协奏曲》（*The First Violin Concerto*，作品19）、《古典交响曲》、《第三钢琴协奏曲》（*The Third Piano Concerto*，作品26）、《第三钢琴奏鸣曲》（*The Third Piano Sonata*，作品28）、《第四钢琴奏鸣曲》（*The Fourth Piano Sonata*，作品29）。二战期间，他完成了5部颇有挑战的大作：《第一小提琴奏鸣曲》、《第六钢琴奏鸣曲》（*The Sixth Piano Sonata*，作品82）、《第七钢琴奏鸣曲》（*The Seventh Piano Sonata*，作品83）、《第八钢琴奏鸣曲》（*The Eighth Piano Sonata*，作品84）、《第五交响曲》（*The Fifth Symphony*，作品100），同期还完成了舞剧《灰姑娘》（*The Cinderella*，作品87）的创作。《斯基泰组曲》和《灰姑娘》曲风迥异，不过10首音乐会作品却指向同一种风格，经过20年的沉淀，他的作品涵盖了更广泛的类别，展现了更复杂的技艺。

如何走进普罗科菲耶夫的音乐世界，定义他的风格？普罗科菲耶夫个人很讨厌被贴上"怪异"的标签，然而这恰恰是他的作品最常让人联想到的词语。他认为，与其探讨"像诙谐曲一般戏谑式的"不合常规的创作，不如关注四条"基准线"：

路线一是古典乐，它可以追溯到我的童年早期，追溯到我听母亲演奏的贝多芬的奏鸣曲。我在古典乐的影响下，创作了新古典作品（奏鸣曲、协奏曲），并模仿18世纪的经典之作进行创作（如《古典交响曲》）。路线二是现代趋势，谢尔盖·塔涅耶夫（Sergei Taneyev）曾责备我的和声"粗糙"，于是我开始寻找属于自己的和声语言，直至后来斟酌出如何用语言表达强烈的情感〔如《讽刺》（*The Sarcasms*，作品17）、《斯基泰组曲》、《魔鬼的诱惑》（*Suggestion Diabolique*，作品4）、《赌徒》（*The Gambler*，作品24）、《他们七个人》（*Seven，They Are Seven*，作品30）、弦乐五重奏（The Quintet，作品39）、《第二交响曲》（*The Second Symphony*，作品40）〕。现代线以和弦音乐为主，还包括旋律、管弦乐编曲和戏剧方面的创新。路线三是托卡塔，即"动力"线。我大概是受到舒曼（Schumann）的影响，第一次听他的托卡塔时印象颇深〔作品2练习曲、作品11托卡塔、《第二钢琴协奏曲》（*The Second Piano Concerto*，作品16）中的诙谐曲、《第五钢琴协奏曲》（*The Fifth Piano Concerto*，作品55）中的托卡塔、《斯基泰组曲》、《钢铁时代》（*Pas d'Adier*，作品41）中多次走强的旋律以及《第三钢琴协奏曲》中的多个乐段都有影响〕。这条路线似乎是最不重要的。路线四是抒情风格：一开始是缜密深入思考的情绪，不一定和旋律相关，尤其和长旋律不相关〔《秋景》（*Autumnal*，作品8）〕，但有时又用在长旋律里〔如《第一小提琴协奏曲》开头、《老祖母的故事》（*Old Grandmother's Tales*，作品31）〕。这条路线很晚才被察觉。很长一段时间里，我的抒情天赋没有得到任何认可和鼓励，因而抒情能力发展缓慢。但后来，我在作品里越来越多地发挥抒情性。

从普罗科菲耶夫回国前的部分作品来看，他太过急切地想追上斯特拉文斯基等人的步伐，加入震惊资产阶级的艺术家行列，反而遏制了抒情线的发展。作为20世纪的作曲家，他的独特之处难道不就是曲调的抒情性吗？无论是他驾轻就熟、令人惊喜交集的戏谑旋律，还是蕴含丰富浪漫主义情感、覆盖面广泛的绝美旋律，都是他个人风格的最佳体现。

普罗科菲耶夫坚持认为，他的兴趣不在于写出优美的旋律，而是发现好的主题。所谓好主题，是指带有强烈个人风格、辨识度高的旋律。普罗科菲耶夫的风格深根于过去，他通过原创性的和弦用法，为过去的风格注入一丝新鲜气息。他的编曲尽管变化无常，但是凸显出敏锐的平衡感和丰富的想象力。他和很多俄国音乐家一样，选择交响乐和奏鸣曲等传统曲式。

普罗科菲耶夫更重要的形式创新在于开创了当代真正的钢琴演奏风格。他是最早开发钢琴的打击乐特性的开路先锋之一，敲击技艺炉火纯青，极大地丰富了钢琴演奏的可能性。他的很多钢琴作品都是演奏家的常演曲目。普罗科菲耶夫不像阿诺尔德·勋伯格（Arnold Schönberg）一样站到传统的对立面，他仍然是现代键盘乐器的泰斗，兼有贝拉·巴托克（Béla Bartók）的创造才华与奥利弗·梅西安（Olivier Messiaen）的耀眼光芒。

且不论普罗科菲耶夫的个人特征如何，他的音乐深深扎根于俄国历史，带有格林卡、穆索尔斯基，甚至柴可夫斯基（Tchaikovsky）的印记。当他返归故土时，国民主义和"现实主义"流派正在俄国兴起，再现了19世纪的模式。时至今日，还有人认为他回国是懦弱之举，意在逃避自己在西方国家的失败。实际上，他回国是源于本性的呼唤。苏联政府步步紧逼，要求他创作出"简

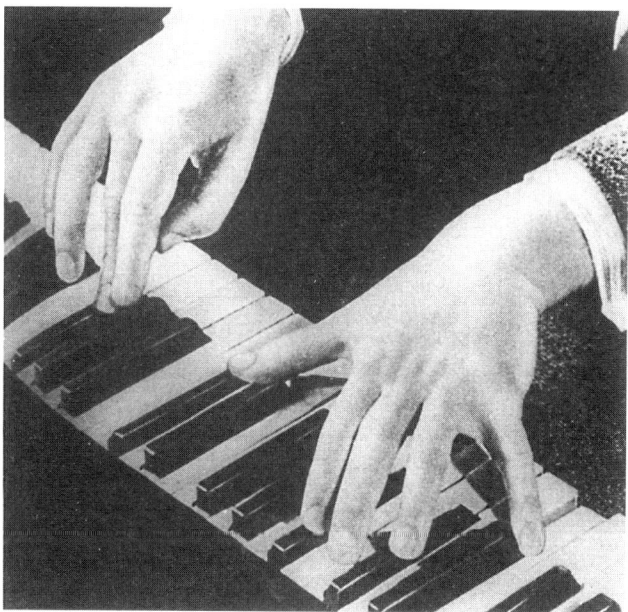

普罗科菲耶夫的手（俄新社）

029

明易懂"的音乐，这成了他晚年沉重的枷锁。不过苏联
共产党似乎一早看透了普罗科菲耶夫的个性，他的音乐
简单易懂，爱国之心赤诚，能够专业、高效、热情地完
成一切任务。他的个人生活因此受到影响，音乐的自主
性则只延续到1948年。

　　诚然，苏联时期诞生了不少以今天的标准来看已经

过时的糟糕音乐，但在西方国家，有同样多的劣质音乐是为了抵抗陈规旧习而出现。所有作曲家都是先从自己熟悉的环境开始创作，至于成就高低，取决于他是否诚实正直，是否拥有源源不绝的创意。普罗科菲耶夫两者兼备。我们透过音乐看到这位作曲家的个性——令人耳目一新的幽默感，柔和的思乡情愫，厚重的悲剧力量——这是身处艰难时代的他，做出的独一无二的回应。

PART 2

Movement

第
二
章

浪子出走

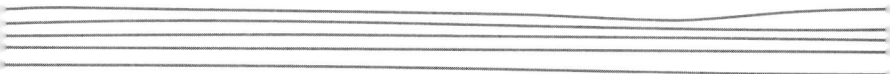

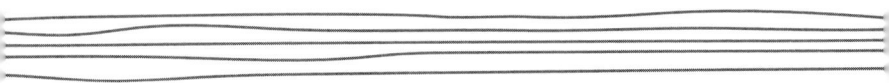

普罗科菲耶夫出生在乌克兰埃卡特里诺斯拉夫（Ekaterinoslav）地区名不见经传的松卓夫卡（Sontsovka）村庄。有传闻称，松卓夫卡在苏联时期曾一度消失踪影，既没有相关报道，也不在地图上。但政治革命后的地名更换是常有之事，松卓夫卡后来更名为克拉斯诺耶（Krasnoye）。作曲家用一贯精准的表达描述了自己的出生：

我出生于1891年。亚历山大·鲍罗丁（Alexander Borodin）已去世4年，弗朗茨·李斯特（Franz Liszt）于5年前离世，威廉·理查德·瓦格纳（Wilhelm Richard Wagner）逝世已8年，穆捷斯特·彼得洛维奇·穆索尔斯基在10年前永别于世。柴可夫斯基的寿命还有两年半，他已经完成了《第五交响曲》，还未开始《第六交响曲》的创作。

俄罗斯帝国由亚历山大三世统治。列宁21岁，斯大林11岁。

我出生于4月11日[①]（旧历）周三下午五点。刚好是那年的第100天。

普罗科菲耶夫虽不是出自名门贵族，但他的家庭财力雄厚，志趣高雅。父亲谢尔盖·阿列克谢耶维奇·普罗科菲耶夫（Serge Alekseyevich Prokofiev）是莫斯科的一名农业工程师，早在1878年就带着年轻的妻子远赴乌克兰大草原。德米特里·桑佐夫（Dmitri Sontsov）是阿列克谢耶维奇在彼得罗夫斯科–拉祖莫夫斯卡娅农业学院（Petrovsko–Razumovskaya Agricultural Academy）的同窗，他委托阿列克谢耶维奇管理自己的大片庄园。阿

[①] 普罗科菲耶夫出生证上的日期是4月15日。——作者注

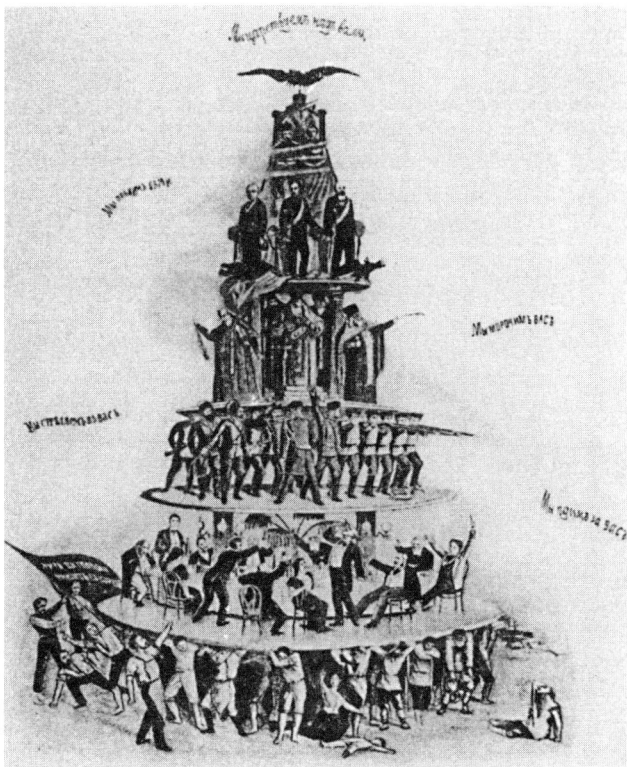

1900年的俄国社会分层，图为俄国社会民主党绘制的漫画（福托马斯索引）

035

列克谢耶维奇希望借此良机，最大规模地实践自己的农
艺理念。玛丽亚·格里戈利耶夫娜·普罗科菲耶娃的重
心则在家中。这名卓越女性出生于农民家庭，接受过良

好教育，她对音乐的热爱将会对年轻作曲家产生不可替代的影响。

　　一家之主的工作进展顺利，不过接二连三的打击让一家人痛心不已。两个女儿玛丽亚（Maria）和柳博芙（Lyubov）都在19世纪80年代去世；六周大的谢尔盖耶维奇罹患痢疾，险些重演姐姐们的悲剧。唯一活着的三儿子对玛丽亚·格里戈利耶夫娜而言意义非凡，她为了保护他不惜付出一切代价。不过，她首先要忍受小宝宝的恼人习性。普罗科菲耶夫回忆道：

　　妈妈的夹鼻眼镜碰到我时，我会打她的脸，我还会尖声大叫"Makaka"①来讨要牛奶。

　　近期出版的普罗科菲耶夫个人回忆录让读者详尽了解到他的早年生活，可惜书中的记载止于1909年，刚好是作曲家小有名气之时。回忆录的撰写始于1937年，一

---

① 俄语"牛奶"音为moloka。——译者注

1892年，普罗科菲耶夫和父母的合影（俄新社）

直持续到他临死之前。从普罗科菲耶夫记录的孩童与
青春期的点点滴滴中，我们可以拼凑出一个傲慢自大、
充满自信和不守纪律的人物形象，且工作及生活均是如
此。这契合了后人对这位作曲家的评价。在他的笔下，
三四十年前的陈年旧事就像昨天发生的一样，散发着生

机。例如，他曾经被迫穿上小女孩的裙子，纪念已逝的
姐姐们：

有一次，父母带我去教堂，人山人海，母亲不动神
色地把我推到祭台前，以免被人推搡。神父生气地皱了
皱眉头，因为女孩是不能靠近祭台的。母亲小声说：
"男孩，是男孩……"神父才无奈地点点头。

3岁时：

家人陪着我在父亲床上玩耍。接着门铃响了，宾客
到了，所有人都赶去门口迎接他们。我一个踉跄，从床
上摔下来，头撞到铁皮箱上。我放声大哭，大家闻声又
跑回来了。

这一下撞得很重。脑袋上的肿块伴随了我整个青春
期，到30多岁时还没有完全消下去。我记得年轻时候在
巴黎指挥乐团，画家拉里奥诺夫（Larionov）摸着我的
疙瘩说："可能你的才华都在里面了！"

普罗科菲耶夫作为家中独子受到父母宠爱。塞瓦斯托波尔（Sevastopol）之行是他第一次离开松卓夫卡村：

在塞瓦斯托波尔，父母的老友利亚申科（Lyashchenko）一家招待了我们。我们租了两架四轮马车前往雅尔塔（Yalta），入住拜达尔斯基耶门（Baidarskiye Gates）附近的酒店。中饭时，我坐在利亚申科先生旁边。我朝他的秃脑袋上吐口水，还煞有其事地用手把唾沫抹开。我的举动让父亲惊愕不已。但是利亚申科好脾气地说："别管他，他很可爱。"

暂且不论普罗科菲耶夫可不可爱，他桀骜不驯的个性是毋庸置疑的。

普罗科菲耶夫的家里始终飘扬着琴声，他幼年时就展现出音乐天赋：

每晚上床后，我从来不想睡觉。我躺在床上，聆听贝多芬的奏鸣曲的琴声隔着几个房间飘来。母亲最常演奏的是奏鸣曲全集第一卷。

肖邦前奏曲、玛祖卡（mazurka）和华尔兹也是母亲所爱。有时她会弹李斯特的简单乐曲。她最欣赏的俄国作曲家是柴可夫斯基和鲁宾斯坦。当时安东·鲁宾斯坦名气正旺，我母亲坚信他的成就高于柴可夫斯基。钢琴上方挂着一幅鲁宾斯坦的画像。

1896年夏天，5岁的普罗科菲耶夫向母亲展示了一叠布满音符的纸，傲然宣布："我创作了李斯特的《狂想曲》（*Rhapsody*）。"

她向我解释说，我创作的不是李斯特的《狂想曲》，因为这首曲子是李斯特的作品。乐曲得分成小节写在五线谱上，而不是没有分节，写在九条线的谱上。借此机会，母亲为我更系统地解释了音乐记谱的原则。

我又拼凑出一首相当不错的新曲子。我演奏了许多次后，母亲决定把它写下来。当然，她从未记过谱，这对她来说绝非易事。

安东·鲁宾斯坦的漫画像（福托马斯索引）

041

我给这首作品取了一个荒诞至极的名字——《印度风格的加洛普》（*Indian Galop*）。当时印度正发生饥荒，新闻上了报纸，我听到大人们谈论它。

多才多艺的母亲暂时扮演起普罗科菲耶夫音乐老师的角色，但作曲家后来的评价是：她教得一点也不全面。不过换个角度来看，倘若普罗科菲耶夫儿时整天面对枯燥的钢琴练习，一个音符也不能马虎，也许他对音乐的满腔热情早就被扼杀了。普罗科菲耶夫相当早慧，当1902年夏天格里埃尔来到松卓夫卡辅导他时，年轻的普罗科菲耶夫已经创作了多部短钢琴作品，甚至完成了两部歌剧！1899年莫斯科索罗多夫尼科夫剧院（Solodovnikov Theatre，后为莫斯科大剧院的一部分）之行让普罗科菲耶夫收获颇丰，他萌生了《巨人》（*Giant*）和《荒岛》（*Desert Islands*）两部作品的灵感，让母亲不禁感慨："你怎么会有这么不可思议的想法？"普罗科菲耶夫此行如获珍宝，他先后观看了《浮士德》（*Faust*）、《伊戈尔王子》（*Prince Igor*）和《睡美人》（*The Sleeping Beauty*）等佳作，备受鼓舞后，他将多首"质量不佳"的小型戏剧搬上舞台，此举更加提升了他与生俱来的戏剧才华和角色塑造能力，使他的整个职业生涯都和舞台音乐联系在一起。

普罗科菲耶夫跟着莫斯科的尤里·尼科拉耶维

奇·波梅兰塞夫（Yuri Nikolayevich Pomerantsev）学习
音乐，但效果不佳，因此另一位年轻老师受邀到松卓夫
卡连续教了三个月，这位老师就是格里埃尔。他回忆自
己首次见到谢尔盖一家的场景：

> 我从格里希诺（Grishino）小站下火车……提着我
> 的简便行李，里面装着厚厚一沓手稿和一把小提琴。一
> 辆从松卓夫卡派来的双马马车已在车站等待多时。马车
> 穿过"黑色国度"的田野和草地，一路鲜花遍地，风景
> 如画。在25公里的路途里，我的视线从未离开过美不胜
> 收、五彩缤纷的乌克兰式美景。终于，山丘上出现了一
> 个小巧的庄园，那里绿植环绕，生机勃勃，旁边还有几
> 间外屋和一个开放式大棚，给人一种家的归属感。

音乐课程初见成效，1903年6月，格里埃尔又回到
松卓夫卡，度过了第二个暑假。

格里埃尔的所有学生都拥有美好的课堂回忆。他是

043

传道解惑的师者，能够站在学生的角度为他们着想。倘若学生无法接受某些枯燥理论，哪怕这些理论是学生应该掌握的，他也不会强行灌输，而是从兴趣出发，引导学生朝着正确的方向发展……格里埃尔在空余时间喜欢玩槌球、下象棋，甚至应战参加飞镖手枪决斗，这些赢得了我的崇拜。他是我们演出的忠实观众，在他眼里，我们的表演绝非儿戏，而是少年作曲家积累舞台经验的良机。

与此同时，普罗科菲耶夫开始意识到音乐的重要性高于其他娱乐活动。当然，象棋显然是个例外，他对象棋的热爱有增无减。

钢琴课在普罗科菲耶夫早期的音乐训练中至关重要，不过格里埃尔的身份是作曲家，而非钢琴家。他知道普罗科菲耶夫的演奏技巧拙劣，却无力予以有效指导。普罗科菲耶夫向格里埃尔学习的主要是和声学、音乐形式和管弦乐编曲的基础知识。在老师的帮助下，普

年轻的普罗科菲耶夫坐在棋盘前（俄新社）

罗科菲耶夫甚至完成了一首四乐章的交响曲创作。

这其实是一组标题古怪的微型钢琴作品，大部分是简单的三部曲式，从中足以见得小谢尔盖的潜力：

6年里，我创作了近70首"儿童曲"，其中有进行曲和浪漫曲，不过所有作品都以"小曲儿"为名进行编

普罗科菲耶夫送给格里埃尔的音乐手稿，上面的文字是："祝贺亲爱的莱因霍尔德·莫里采维奇七十大寿，我在此献上祝福，纪念我们1902年的初次相见。这是彼时的我在你的指导下创作的交响乐第一主题。普罗科菲耶夫，1945年。"

号。这名字听上去很顺耳，所以我根本没顾上想它恰不恰当。

1904年的"小曲儿"里开始充斥着古怪的和声和旋律，曲风从天真的"儿童曲"突转为生动的谐谑曲和舞曲乐章。再到后来，乐曲里甚至隐藏着普罗科菲耶夫式的独特音乐幽默。

格里埃尔走了，严酷的俄国冬天即将到来，松卓夫卡地理位置封闭和声乐资源短缺的劣势凸显。于是，普罗科菲耶夫在母亲的陪伴下前往莫斯科。母亲的年度都市之旅很快成了儿子音乐教育的重要部分。在波梅兰塞夫的引介下，普罗科菲耶夫拜师"莫斯科最伟大的教授"谢尔盖·塔涅耶夫，首次视奏便获得他的认可，而后得以请他指导最新的作品。有了名师的点拨，普罗科菲耶夫的作品集自然是越积越厚。1903年，他又完成了一部歌剧《瘟疫时期的盛宴》（*A Feast in Times of Plague*）的创作。关于自己与塔涅耶夫的初次见面，普罗科菲耶夫只有模糊的记忆，但一个细节让他印象深刻："他马上从桌上拿了一条巧克力给我，所以我对他的印象不错。"

到了1904年，一家人不得不做出决定了。普罗科菲耶夫若想成为作曲家，需要更多地接受职业音乐家的熏陶。但是另一方面，少年普罗科菲耶夫也需要接受正规

047

的基础教育。聪明狡猾的普罗科菲耶夫毫不掩饰自己对高中生活的恐惧，他认为高中是"男孩打架，戏弄'新人'的场所"。普罗科菲耶夫的父母并非我们常见的犹豫不定、不愿意送孩子学艺的家长。玛丽亚·格里戈利耶夫娜在松卓夫卡待得百无聊赖，心烦意乱，刚好也想借儿子出城学习音乐的契机换个环境。对于此事，父母的争论并不愉快：

> 我和父母房间之间的门从来不关。一天早晨我醒得很早，听到二人激烈争论，父亲说："那样的话，我只能一枪毙了自己。"

> 我信以为真，开始放声大哭。爸爸妈妈惶恐不安，带我进入他们的卧室，试着安抚我。最后我父亲也哭了起来。他起身，走进他的书房。

最后，普罗科菲耶夫一家在莫斯科和圣彼得堡之间抉择，谢尔盖·阿列克谢耶维奇的兄弟和侄女们住在莫斯科，而玛丽亚"更有趣的"亲人在圣彼得堡定居。终于，1904年的春天，普罗科菲耶夫被带到圣彼得堡，在格拉祖诺夫的建议下申请圣彼得堡国立音乐学院。

1904年9月，普罗科菲耶夫经受了学术上的"严峻考验"：

> 我的入学考试大获成功。排在我前面的考生留着胡子，他只向考官展示了一首无伴奏的浪漫曲。接着轮到我了。我背着两个厚重的文件夹几乎直不起身，拿出四部歌剧、两首奏鸣曲、一部交响曲和许多钢琴作品。考试委员会主席里姆斯基-柯萨科夫评论道："这个学生我看中了！"

普罗科菲耶夫的非凡才华得到认可后，谢尔盖一家正式开始两地分居的生活。母亲打算在音乐学院授课期间和儿子租住在圣彼得堡的公寓，等到圣诞节和暑假回松卓夫卡。就这样，普罗科菲耶夫进入了伊戈尔·斯特拉文斯基口中"那个可怕的音乐监狱"。他即将作为最难管教的囚犯，在那里度过接下来的十年。

为了还原世纪之交时圣彼得堡的景象，我们得再次请出普罗科菲耶夫的强劲对手斯特拉文斯基。普罗科菲耶夫天生是叙述故事的能手，不过他的眼里只有音乐，装不下其他东西。他曾游历各国首都，但对城市里的艺术瑰宝、名胜古迹和街边杂音毫无兴趣，没有留下任何城市体验相关的文字。而斯特拉文斯基则恰恰相反，同为异乡人的他对这座城市爱得深沉：

我尤其清楚地记得圣彼得堡街头的噪音……最先引起我注意的是无顶四轮马车从鹅卵石或砌块木路面驶过的声音。橡胶轮的马车占少数，它的造价比普通马车贵一倍；城市里随处可见的铁皮轮胎马车与地面摩擦，发出吱呀的声音。轨道马车的声音也留在我的记忆里，尤其是马车在我家附近街角转弯时轮胎剐蹭轨道的声音，还有马车驶上克留科夫运河大桥（Kryukov Canal

Bridge）前马夫挥鞭加速的声音（桥梁陡峭，需要增加马匹，所以桥边往往有马桩，全城都是如此）[1]。马儿的嘶叫声，车轮的吱呀声，马夫的吆喝声，马鞭的抽打声，它们一定出现在我儿时的梦里。对我而言，这些声音是我对圣彼得堡街道最原始的记忆。（20年后，汽车和电车喧闹的声音我已经不怎么记得了……）

白天的城市里最嘹亮的声音，一是尼科尔斯基大教堂（Nikolsky Cathedral）如同炮响的阵阵钟鸣，二是彼得保罗要塞（Petcr and Paul Fortress）的正午鸣响，后者是全城居民校准时间的依据。

一座城市的气味也让人难以忘怀。对我而言，圣彼得堡带着四轮马车的味道。焦油、皮革和马匹的味道混合在一起，好闻极了。不过，司机身上的味道往往盖过了其他气味……

在圣彼得堡，另一种弥漫全城的香气是马合烟

051

---

[1] 括号中的内容为普罗科菲耶夫后来添加的注释，下同。——作者注

（Makhorka）。这种烟草在俄国大街小巷上都能闻到，它最初由彼得大帝进口至俄国。

在我的印象里，圣彼得堡整座城是赭土色的［尽管有冬宫（Winter Palace）、阿尼奇科夫宫（Anichkov Palace）等红色的著名建筑］，建筑和色调都呈现意大利式风格。不仅如此，多位意籍建筑师还直接参与了城中建筑的设计，如贾科莫·夸伦吉（Giacomo Quarenghi）和弗朗西斯科·巴尔托洛梅奥·拉斯特雷利（Francesco Bartolomeo Rastrelli）。

在叶卡捷琳娜大帝统治时期，艺术作品中的意式风格随处可见，从建筑、雕塑到艺术品，无一不凝聚着意式工艺。重要宫殿的设计由意大利人完成，更重要的是，选材也是颇具意大利特色的大理石，就算选用圣彼得堡最常见的本地花岗石或砖头作为建筑材料，建筑师也要在其外层砌上灰泥，刷上意大利的色彩。

马林斯基剧院（Maryinsky Theatre）是我的心头所爱。每当走进香气浓郁的大厅，看到蓝色和金色的厅内装饰，我都像来到了最神圣的殿堂。

圣彼得堡岛屿众多，水道纵横，涅瓦河流经圣彼得堡，它的支流有大涅瓦河、小涅瓦河、大小涅瓦河和中涅瓦河。然而，圣彼得堡的冬季漫长，河面结冰，所以我记忆中的港口故事和乘船经历十分有限。

圣彼得堡遍地都是大型的开放式广场。据称，《彼得鲁什卡》（Petrushka）的故事就发生在战神广场（Champs de Mars）。

干草市场（Haymarket）也独具特色，数百个农用运货车里储存着大量饲料，存量足以喂饱城内数量庞大的马匹。去那儿溜一圈，仿佛到了郊外。不过我最喜爱的散步场所是热闹繁华的涅瓦大街（Nevsky Prospekt），整条街长达三英里，一路充满生机与活力。人们在涅瓦大街上可观赏美丽的斯特罗加诺夫宫（Stroganov Palace，由拉斯特雷利建造）、路德教堂（Lutheran Church，虔诚的东正教徒巴拉基列夫曾称其为倒挂的裤子）、喀山大教堂（Kazansky Cathedral，其半圆形的石柱模仿罗马的圣彼得大教堂）、杜马（Duma，市政厅）、戈斯汀·迪沃商场（Gastinny Dvor，一幢带拱廊通道、集聚数百家商店的购物中心）、公共图书馆、戏剧剧院，以及沙皇亚历山大二世的行宫阿尼奇科夫宫。涅瓦大街也是谈情说爱的好地方，一到晚上就娼妓遍地，她们的主顾大多是警官和学生。1915年，我在莫尔日（Morges）收到莱昂·巴克斯特（Leon Bakst）的来信："你还记得吗……在一个美丽的俄罗斯白夜，涂着紫色胭脂的妓女朝你喊，'先生们啊，赏根烟给我们吧'。"

054

路德教堂简图

普罗科菲耶夫的个人回忆录独家记录了这位作曲家特殊时期的求学生涯。他的好朋友少得可怜，同龄的玩伴都在偏远荒凉的故土村庄里。圣彼得堡和声班和作曲班的同学普遍比他大15岁，这使音乐神童感到自己十分微不足道。母亲带着超强的保护欲专注不懈地鼓励他的学业，因而他更加难以融入集体。成年后的普罗科菲耶夫将少年时期的自己描述得极其早熟、害羞敏感和难以相处，也许是他有意为之。据格里埃尔回忆，小谢尔盖有一回用槌球棒打了母亲的腿，然后放声大哭！我们甚至还看到了这位小阴谋家嫉妒和傲慢的一面，他可以毫无保留地批评他人的音乐，却无法接受哪怕是来自教授们的批评。

音乐学院的课程刚开始，大革命的首波浪潮就滚滚而来。"流血星期日"有如星星之火，大有燎原之势。抗争之火蔓延到舰队中，其中以"波将金号"战舰事件最为著名。音乐领域的知识分子虽然无法揭竿而起，但也立即吹响了革命的号角。到1905年10月，俄国所有的

055

工人阶层、革命主义者和知识分子都紧紧地团结起来，坚决反抗沙皇的独裁制度，整个俄国处于瘫痪状态。

1917年，德米特里·肖斯塔科维奇目睹了一场他永生难忘的街头暴乱。作曲家告诉所罗门·伏尔科夫（Solomon Volkov）："他们在接头驱散人群，一个哥萨克人用马刀杀了一个男孩，场面非常恐怖。我跑回家告诉了父母。"[①]1905年的普罗科菲耶夫从未经历过类似的血腥事件。反而是音乐学院的暗斗给他留下了不可磨灭的印象：

想象一下！他们开始在音乐学院罢工了。今天，我去上和声课时，看见到处都有16、17岁的学生围成一团，大喊大叫，十分吵闹。课堂还是继续，但是出勤的学生不到一半。其中一个叫坎卡罗维奇（Kankarovich）的学生，本应下午1点到校，但是他2点才出现，因为他

---

① 所罗门·伏尔科夫于1979年出版了肖斯塔科维奇的口述回忆录《见证》（*Testimony*）。——译者注

在参加小礼堂的会议。有40多个学生参加了这个会议，他们大声争论，最后签上了名字。但主要问题是，他们连个目标都没有。（这个时候家里的教训就发挥作用了，当然我把它转述给同学们听了。母亲的观点是：既然我们离开了远在松卓夫卡的父亲，为了我的学业来到彼得堡，那么我就应该专心学习，不要卷入是非。）

学生抗议的事情大致有以下几件。第一，某班的一位学生是士兵，他曾经在骚乱时期朝着工人开枪，学生们不想和"凶手"做同学。第二，小提琴教授欧尔（Auer）非常易怒，总是冲着学生骂脏话，而且学生们认为这位教授毫无理由地开除了一位学生（开除的原因是学生旷课太多）。此外，他每堂课总是偏心自己熟悉的女学生，在她身上多花10分钟时间。（欧尔的名气大，所以为所欲为。）第三，今天一名学校职员举止粗鲁，说他们是"犹太佬"，是杀害大公爵的凶手，诸如此类。

我的课业完成得不错，只不过在交叉关系上犯了两

057

个不太常见的错误。

　　下课后，坎卡罗维奇开始大谈特谈，向里亚朵夫（Liadov）解释他们召开会议的原因，但我认为他只是在胡说八道。我同意里亚朵夫的观点，他们纠缠的是内部小事，没必要这么大动干戈，找院长谈一谈就能解决。我们全班都站在坎卡罗维奇的对立面，认为他们抗议的是鸡毛蒜皮的琐事，而且如果音乐学院关门了，我们都会遭殃：我们将整整一年没学上，交的学费也会打水漂。

　　　　——普罗科菲耶夫写给父亲的信（1905年2月5日）

敖德萨（Odessa）台阶上的大屠杀，图为爱森斯坦（Eisenstein）1925年的电影《战舰波将金号》（*The Battleship Potemkin*）的剧照（国家电影资料馆）

　　3月16日，警察包围了音乐学院，将100多名示威者带到警察局，随后院长勒令所有被拘押的学生退学。第二天，学生委员会密谋让几个学生偷偷绕过警戒线，将一种散发恶臭的液体倒在教室里，企图用化学物品阻挠课堂。为此多位教师向伯恩哈德（Bernhard）致联名信，要求他辞职：

　　近来，院长您和我们音乐学院的教职工之间存在彻底的意见分歧，这一点无须赘述……我们认为，从过去几天发酵的事件中足以见得，我们当初坚持停课的提议多么正确，您的行为导致的后果令人不齿。

　　基于以上陈述，我们认为您应当请辞音乐学院院长，以示公正。

　　随着冲突愈演愈烈，学院决定解雇里姆斯基－柯萨科夫，理由是他污蔑理事会，向媒体大放厥词。经康斯坦丁·罗曼诺夫大公（Grand Duke Konstantine Romanov）同意后，学院于3月21号告知了里姆斯基－柯

萨科夫解聘的消息。格拉祖诺夫和里亚朵夫在3月25日
的《鲁斯报》（*Rus*）上刊发声明：

> 我们获悉，圣彼得堡国立音乐学院荣誉教授里姆斯
> 基遭遇解约。鉴于此，我们告知尊敬的音乐学院理事会，
> 我们将无法继续学院的教学活动。对此我们深表遗憾。

3月27日，在里姆斯基-柯萨科夫的歌剧《不死的科
西切》（*Kashchei the Immortal*）的演出现场，公众举办
示威活动，宣泄不满情绪。而后，作曲家受警方监视，
音乐学院大楼封闭六个月。革命之风甚至吹到了松卓夫
卡等偏远地区：

> 6月29日，在松卓夫卡教堂落成举办庆典的同一
> 天，有人将一封匿名信钉在果园篱笆上。收件人是我的
> 父亲，信中列出了种种威胁，其中一项是，地主和管家
> 应立刻离开松卓夫卡，否则就会遭到应有的处置。
>
> 信件为父亲敲响了警钟，他随即召集农民举行小规

模会议。我不清楚会议具体开得怎么样，但是他们整体
应该比较冷静，毕竟信件明显出自外人之手，而且松卓
夫卡村民世代务农，对外界漠不关心……到了8月，割
好的干草积成一个个的高垛，这些干草堆都离松卓夫卡
几公里远，农民在午夜时分纵火，把地主的房子烧得一
干二净。我在睡梦中被警报声惊醒。南方的夜晚漆黑一
片，窜动的火苗足以照亮整片天空。我感到焦虑不安，
父母陪我回到床上，而我辗转反侧，久久不能入眠。

10月17日，俄国沙皇做出让步，签署《十月宣言》
（*The October Manifesto*），历史的天平倒向了民众，专
制统治者败下一局。其中，农民阶级扮演了决定性的作
用。他们在1905年秋季有序地占领私有地产，让当局维
持社会秩序的幻想破灭，逼迫沙皇做出政治让步，承诺
成立具有议会功能的国家杜马。

其实《十月宣言》是当局的政治手腕，沙皇提出妥
协，承诺成立立宪政府，使自由派和温和派受到蒙蔽转

而支持政府。社会革命的风波平息后，沙皇凭借军队大权和警察之力再次夺回统治权，开展残忍的镇压行动。然而正义的民主之火一旦燃起，就绝不会轻易熄灭，改革力度虽然有限，但反动派和革命派都一致认为1905年革命意义非凡。社会民主党人并不承认这是一场失败，他们认为，革命派和沙皇政府谁胜谁负还未见分晓，1905年的反抗运动是为1917年的革命作铺垫，俄国人民终将取得胜利。

PART 3

Movement

第
三
章

梦想飞舞

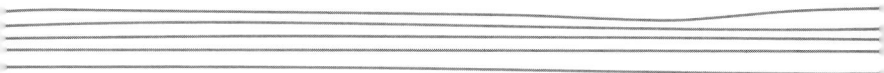

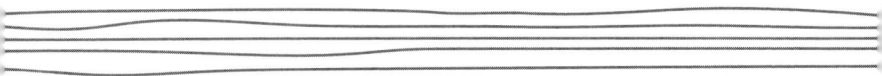

普罗科菲耶夫回到音乐学院，准备参加1905—1906学年的课程，发现情况毫无好转。里姆斯基-柯萨科夫、格拉祖诺夫和里亚朵夫三位享誉盛名的音乐家再次任教，不过普罗科菲耶夫在回忆录里毫不掩饰自己对三人的负面评价。普罗科菲耶夫每一学年都要大费工夫才能再次选到他们的课程，但是他对于教学质量深感失望，因而痛苦不已。只有尼古拉·切列普宁（Nikolay Tcherepnin）的指挥课得到了他的认可。

年少的作曲家隐隐约约有些厌恶里亚朵夫：

里亚朵夫对学生漠不关心。他的模样还浮现在我眼前——发福的身体、肿胀的双眼、臃肿的面部、短小的手臂，他喜欢两只手紧插进牛仔裤口袋里，穿着用普鲁涅拉呢作鞋面的长筒靴，垫着脚尖左摇右摆，等着学生识趣离开，还他清静。（斯特拉文斯基认为里亚朵夫是一个亲切友好的人，就像他用的音乐鼻烟盒一样，善良温和，充满魅力。）

普罗科菲耶夫在回忆录中记录了里亚朵夫的一堂和声课，从中可见普罗科菲耶夫为何遭到大多同学的憎恨！

今天我上了和声课和视唱练耳课，视唱练耳课我的表现很不错，和声作业也许是今天所有上交作业里最好的一份。我今天统计了和声课上的错误，然后在想怎么没早点开始呢？究其原因，首先，我不认识其他学生。其次，我从没想到这个好点子。无论如何，明年我会从头开始记录大家在对位练习上犯的所有错误……

——普罗科菲耶夫写给父亲的信（1905年2月9日）

后来，普罗科菲耶夫回忆道：

我在11堂课上都统计了错误数据。里亚朵夫会在钢琴边坐下，拿出一本练习本放在乐谱架上，弹奏上面的音符，用铅笔圈出错误，再时不时发出尖酸的评论。

我捧着一个笔记本站在里亚朵夫的后面，兴奋地记录下错误的内容和名称。错误总共有19类，包括平行五度与平行八度、隐伏五度与隐伏八度、对位法、悬挂音不当、经过音不当、和音不当、模进不当、解决错误等。

我在家里把错误整理成19列，统计每个学生上交作业的次数和总错误数，计算出每个学生每次作业的平均错误数量（以十进制小数形式呈现，精确到小数点后两位）。总之，我在家里开展了一个数据记录的庞大工程。当然我还得统计里亚朵夫在我的笔记本上划出来的错误，因为我在课上无暇记录自己。我的同学们一开始听到我的庞大工程时，感到非常吃惊，而后他们表现出了敌意。但是我从头至尾都没有察觉到同学们的敌意，因为整个项目记录已经吸引了我全部的注意力，我生怕漏掉任何一个错误。

第二堂课上，里亚朵夫严厉地批评了科比扬斯基（Kobylyansky），在他的练习本上一页一页地画上大叉。他脸涨得通红，起身离开钢琴，低声问我："你在下面写什么写？"

"我在统计错误。"

"别人犯多少错误，关你什么事？"他呵斥我。

我们的争吵干扰了里亚朵夫的课堂。他嘀咕着："同学们，安静！"于是我们闭嘴了。但是课后，等里亚朵夫走了，科比扬斯基又来找我茬。

"我来学校是为了学习作曲理论，我在作业里犯什么错误，犯多少错误，不关任何人的事。我向你保证，任何人对这种事情都没有兴趣。"

"不啊，我觉得有趣极了！你看，今天你交了1首曲子（我翻起笔记本），里面有11处错误。鲍里斯·阿萨菲耶夫（Boris Asafiev）交了6首曲子，一共只有11处错误。所以很明显，阿萨菲耶夫的作业质量比你高6

倍。不久之后我还打算画一条曲线图——"

"幼稚至极！不可理喻！"他勃然大怒，"我根本无法理解你是怎么进来的。我们学院教的是成年人，不欢迎乳臭未干的小朋友。"

"如果你少这么大喊大叫，多花时间琢磨作业，"我像小老师一样教训起他来，"你会获得进步，我的数据也——"没等我说完，科比扬斯基就朝我扑过来，把我摔到地上，拉扯我的耳朵。

谢尔盖心里清楚里姆斯基-柯萨科夫的音乐成就，但是他太过年轻，很难从老作曲家的经历中汲取养分。大师的教学方法的确与众不同，非常人所能理解。如果说里亚朵夫的课堂索然无味，消磨尽了学生的音乐热情，那里姆斯基就是另一个极端，常常让学生摸不着头脑。根据普罗科菲耶夫回忆，里姆斯基每堂课都会花上几乎全部的四小时批改学生的家庭作业：

069

有一天，里姆斯基-柯萨科夫把我的作业放在他面前的乐谱架上，突然转过头来问我："你这里的旋律为什么用双簧管？"

我被他直截了当的问题吓了一跳，困惑地回答道："因为……我觉得……在我看来双簧管的音色……"

"为什么不用单簧管？听起来你并没有用心感受两种乐器的音色，而是拍脑袋做的决定：'双簧管……单簧管……双簧管……单簧管……'就像坠入爱河的男人撕花瓣来决定'她爱我，她不爱我'一样随意。"

他眯起眼睛，伸出右手一根手指勾住左手手指。突然，他两手并拢，指尖相对，大喊道："对！双簧管！所以你才这么急着要用双簧管。但是天啊！这样真的可以吗？"

我呆呆站在那里，无从招架这突如其来的攻击。我想到切列普宁不久前说过，双簧管的音色比单簧管更有特色，而单簧管的适用范围更为广泛。

"我喜欢双簧管，"切列普宁说，"它带有鼻音，音色明亮。但是也有人偏好单簧管，例如里姆斯基-柯萨科夫。他认为单簧管的音色如同丝绸般顺滑软绵，所以更能融入交响乐团。双簧管的音色太突出了，很难融进去。"

里姆斯基-柯萨科夫继续翻阅我的手稿，再次提问："你在这里为什么设计大提琴独奏，而不是合奏？"他听上去不太高兴。

我开始起鸡皮疙瘩了，因为我感觉他不是在教我知识，而是纠缠不休。我的回复也很直白："我之所以写成大提琴独奏，是因为我不喜欢所有大提琴一起演奏的声音。"

他跳了起来："你不喜欢？你为什么不喜欢？"

"比方说，西贝柳斯交响曲里有长段的大提琴合奏，就不好听。"（我不记得我最近听的是《第三交响曲》，还是西贝柳斯的另一首交响曲。）

"那你为什么要学西贝柳斯呢？《鲁斯兰》（*Ruslan*）序曲的第二主题，不也好听吗？"

071

我环视四周，希望捕捉到一丝嘲讽的微笑："看，老男人发怒了。"其他学生在钢琴旁围成一个半圆，我在灯光下能够清楚地看见每个人的脸。尼古拉·雅科夫列维奇·米亚斯科夫斯基（Nikolay Yakovlevich Miaskovsky）站在这儿，旁边是扎哈罗夫（Zakharov）。但是没有人笑。所有人表情都很严肃，没有人露出同情的神色。

里姆斯基-柯萨科夫拿起我的总谱，从他的肩膀向后递给我，说："下一个！"

普罗科菲耶夫回忆：

后一堂课上，老师狂轰滥炸的目标转向了柴可夫斯基。有个学生带了柴可夫斯基《第一交响曲》的总谱，我记得是阿萨菲耶夫。他把总谱放在里姆斯基-柯萨科夫面前的乐谱架上，问长笛如何演奏出降B调的音。里姆斯基-柯萨科夫看着总谱，捻了捻胡子，微微一笑

尼古拉·安德烈耶维奇·里姆斯基-柯萨科夫（俄新社）

说："嗯，是啊……柴可夫斯基在这里犯错误了……法国长笛最低演奏到C，我们用的德国长笛最低到B，长笛是不会到降B的。当然，既然这里长笛并不会演奏那个音符，所以没那么重要。但是既然想弹也弹不了，写又有什么意义？"

他显然因为找到错误而洋洋得意，把总谱还给学生时还发出了一阵笑声。

坏脾气里亚朵夫的课堂枯燥乏味，不过幸运的是，谢尔盖在1906年的对位法班上结识了两位终身挚友：鲍里斯·阿萨菲耶夫和尼古拉·雅科夫列维奇·米亚斯科夫斯基。阿萨菲耶夫后来成为苏联音乐领域的元老级人物。

米亚斯科夫斯基穿着工兵营中尉的制服，出现在音乐学院里的那年25岁，是"留着小胡子，带着厚厚作品集的作曲家"，而普罗科菲耶夫才15岁。看上去两人不太可能成为朋友。然而他们的共同之处是对新音乐的满

腔热情。1906年12月，雷格（Reger）到访音乐学院，
指挥演奏他的G大调小夜曲，两人都极其兴奋。

　　有一天，米亚斯科夫斯基从自己的作品集里掏出一
份小夜曲的四手联弹谱子。我们立即坐下来弹了起来。
过了不久，米亚斯科夫斯基来到我家，和我一起演奏贝
多芬的《第九交响曲》。他说以前从来没有人可以和他
一起弹到最后。我送给他一张刻有我最新钢琴作品的专
辑（我叫它们"小狗儿"，而不是以前的"小曲儿"，
因为有人说我的曲子"会咬人"）。几天后，米亚斯科
夫斯基把专辑还给我时说："毫无疑问啊，我们在怀里
养小毒蛇。"他一边说，一边咧开嘴笑，我由此判断他
的评价并不是太糟糕。后来，我们定期分享各自的奏鸣
曲，有时还会一起弹二重奏。

　　普罗科菲耶夫与米亚斯科夫斯基友谊深厚，两
人同霍尔斯特（Holst）与沃恩·威廉姆斯（Vaughan
Williams）一样，互通了大量书信：仅普罗科菲耶夫写

075

的信就达到312封，前后跨越43年。作为年事更长的朋友，米亚斯科夫斯基在普罗科菲耶夫的成长中扮演了尤其重要的角色。他鼓励普罗科菲耶夫大胆进行创新，还在音乐厅里积极推广普罗科菲耶夫的作品。他拥有敏锐的批判性思维，挖掘出普罗科菲耶夫作品的真正价值，将其呈现给早期的听众，甚至是给普罗科菲耶夫本人。普罗科菲耶夫向米亚斯科夫斯基展现自己的最新作品，包括歌剧《水女神》（*Undine*）以及多首钢琴奏鸣曲。

"我觉得你不必大费周折给奏鸣曲编号，"米亚斯科夫斯基有一次面带笑容和我说，"终有一天，你会划掉所有数字，写下你的'第一奏鸣曲'。"米亚斯科夫斯基的预测确实准确，不过有些早期创作的奏鸣曲的素材被编入了后期的奏鸣曲中（2号奏鸣曲经改动成了作品1的第一乐章；3号经修改后还是3号奏鸣曲；4号和6号没了；5号融入作品29的第四乐章里了）。

从1907年夏天的多封信件中，可以看到普罗科菲耶夫的惊世才气已初显端倪，还出现了一些敏锐与辛辣的音乐批评。同年秋天，他在日记中写道："我一定能成为一个优秀的评论家——像混蛋一样批评别人。"他怪异的幽默感当然不乏例子，从他写给奥拉宁巴姆（Oranienbaum）的米亚斯科夫斯基的信中即可窥见。

尊敬的尼古拉·米亚斯科夫斯基（亲爱的科列赫卡）：

随函附上两条钢琴"小狗儿"。（我寄信时，还用挂号包裹寄了两部钢琴作品。我之所以用"随函"两个字，是为了彰显我的斐然文采。）你分析我的作品时，要尤其关注它们的主题，这对理解作品而言很重要，顺带再想想取什么名儿。（到后来，我经常请米亚斯科夫斯基帮我的作品命名，大多数时候他都能给出很好的建议。不过没想到，我第一次给他写信时，就提出了这样的要求。）尤其是第二首，我觉得曲子里的观点已经表达清楚了，但是我绞尽脑汁也想不出名字。［当时寄给他的两首曲目没有保留下来，不过我记得第一首曲子初定的名称是狂欢节，其中一个主题后来用在《第一钢琴协奏曲》（*The First Piano Concerto*，作品10）里。］

你一定能够就上述几处细节给我最宝贵的建议。你那首主题"非常好"的交响诗进展如何？［显然我指的是《寂静》（*Silence*），米亚斯科夫斯基当时已经开始构想这部作品。］上次考试时我给你看了一首奏鸣曲，现在我已经完成了它的第一乐章。也许我不会再写第二、三、四乐章，它仍然会是一首米亚斯科夫斯基风格的曲子，不过只有一个乐章而已：美好，有趣，又实际。

我最近无意中写了一首双乐章的小奏鸣曲。写作的过程有趣极了：我尽量写得简单点，出来的结果也令我满意。5月我给你看了《水女神》，现在我在创作它的第四幕，也是最后一幕……

好了，先写到这儿。我希望收到你的"小狗儿"

（这样说不太礼貌，不过有人曾在给我的信件里这样写，觉得简洁明了）。你肯定忘记我的地址了。我的地址是：叶卡捷琳诺斯拉夫省巴克穆茨基区安德烈耶夫卡邮局（Andreyevka Post Office， Bakhmutsky District，Ekaterinoslav Province）。

致以真挚问候。

　　　　　　　　　　　谢尔盖·普罗科菲耶夫

米亚斯科夫斯基回信：

我挚爱的谢尔盖·谢尔盖耶维奇：

我一直在思索如何回信，尤其是回应你寄给我的"小狗儿"。我本想寻个机会，给你些有价值的反馈，但是徒劳无果。我翻遍了这段时间"创作"的所有作品，也找不到任何可能取悦你的东西（由此可见，那年春天，我对他的音乐批判得多么狠），所以我决定给你寄一封"空白"的信，不带任何附件——当然我知道，我这样做是彻底的忘恩负义。但没办法……

你的音乐既让我欢欣鼓舞，又令我百思不得其解。（我父亲读到这里时，大呼道："好好读一读人家写的信！"）你的鬼涂乱画令人生厌（当然不是令我生厌），你把音符以最恐怖的形式串在一起（尤其是第二首），不过有些片段还是相当有说服力的。作品有一些不足之处，但瑕不掩瑜，曲目整体音色鲜明，饱含激情，还生动地展现你尖酸刻薄的一面。不知这样说是否妥当，但是我格外欣赏你的讽刺精神。（当时我父亲说："来！再读一遍！"）一开始我一只手只能弹一个音，而且是键盘最两端的音，这让我恼怒不已。不过等到我能跟着节奏弹奏起整首曲子时，我才抓住了整体音色，即使弹奏速度只是你的一半。我太喜欢了，尤其是第一首。第二首曲子里面混了更多的泥巴（父亲说："他这里用的表达好奇怪！"），没那么禁得起推敲。

至于第二首曲子的标题，我想不出好的点子。总的来讲，我并不喜欢起标题，所以我干脆建议保留现状，不给第二首曲子任何标题。"狂欢节"适合第一首曲子，

因为里面的确有不少鲁莽的影子。或许你可以用狂欢节
的某个角色来给第二首曲子命名：它的开头部分让我想
到米梅（Mime）的啜泣（显然，我们都热衷于瓦格纳
的"指环四部曲"）……我从包裹上的标记断定，它们
归我所有了，因此我不会再将它们退还给你。不过，如
果你对我的决定有异议，请予以书面反馈，我会照办。

　　我所有的管弦乐消遣创作计划都因为我的极度懒散
拖沓而泡汤。我无法摆脱钢琴的限制，有时会写钢琴和
人声的作品。我总是将时间浪费在类似《第三钢琴奏鸣
曲》的小型作品上。（共两个乐章，其中第一乐章是
缓慢的三声部赋格曲。他后来添加了两个乐章，改名为
"d小调第一钢琴奏鸣曲"。）因为实在闲来无事，我
还凑合着写了十几首钢琴小品，其中有一些短得不像
话，只八个小节，是我的冒险之举。我真的无法说服自
己把它们寄出去。上周我把巴拉金斯基（Baratinsky）的
七首诗都谱成曲了，不过曲目很一般，你肯定看不上。
（曲目后来被收录为1号作品并出版。）

今年夏天我最刺激的娱乐活动之一，是和科比扬斯基先生一起学习和声。里亚朵夫派科比扬斯基来到这里，他无疑是想让我彻底崩溃。每周二，科比扬斯基都会过来找我，练习五度与八度音阶，演奏毫无意义的转调，其间听些令人心碎的爱情歌曲和愚蠢可笑的小歌剧。你倒是乐在其中！过几天，我要去阿萨菲耶夫家休养。期待你的奏鸣曲和小奏鸣曲！

先写到这儿。

你的朋友

米亚斯科夫斯基

1906年，里亚朵夫问普罗科菲耶夫最喜爱的作曲家是谁，他回答柴可夫斯基、瓦格纳和格里格（Grieg）。三位都是风靡一时的保守派音乐家，普罗科菲耶夫追逐音乐潮流，答案也足以让老师满意。不过，他和米亚斯科夫斯基结为好友后，开始更频繁地接触新音乐代表人物，例如雷格、理查德·施特劳斯（Richard Strauss）和

克劳德·德彪西（Claude Debussy），而老派音乐偶像
的魅力就淡去了：

　　没有人会否认（尤其是米亚斯科夫斯基）格拉祖诺
夫的交响曲结构严谨，对位法无懈可击。但是我们渴望
出其意料、"一鸣惊人"的新东西。所以我们最开始才
对格拉祖诺夫感兴趣，一起以四手联弹的形式改编演
奏他的曲目。（有现成的谱子，所以很方便。）但到最
后，米亚斯科夫斯基依然享受粉丝簇拥，我却恼怒地改
变了立场，认为格拉祖诺夫的音乐既落伍过时又缺乏创
新。但无论如何，我并不否认这位知名作曲家的音乐
创意。

　　普罗科菲耶夫评价拉赫玛尼诺夫：

　　在我看来，拉赫玛尼诺夫的音乐里有一种独有的旋
律转折，美妙极了。不过总体来看，这样的美丽瞬间并
不多，一旦你发掘到一处，就会发现其他作品里遍地都

亚历山大·康斯坦丁诺维奇·格拉祖诺夫

是。我对拉赫玛尼诺夫的印象是，他和斯克里亚宾恰恰相反，不怎么追求新奇，也不会费大工夫创作新的和声。有人曾经带有些许恶意地评价，他的旋律大多是写给音域狭窄的人唱的。然而，有时他能够将天籁般的优美主题塞进狭小的音域里，例如，他写的《第二钢琴协奏曲》。

那斯克里亚宾呢？从斯特拉文斯基的转述中，我们得知，里姆斯基-柯萨科夫并不认为斯克里亚宾具有多么高超的作曲天赋，认为他是"自恋狂"："哎，是鲁宾斯坦那样的人！"①

不过在号称反对浪漫主义的叛逆少年眼里，斯克里亚宾的身上散发着一种令人无法抗拒的魔力。他对于年轻普罗科菲耶夫的影响不容小觑：

拉赫玛尼诺夫

---

① 在当时的语境下，安东·鲁宾斯坦是个贬义词，意思是狗屁不通。——作者注

亚历山大·斯克里亚宾

有消息称，斯克里亚宾完成了一部宏大的交响乐新作，吊足了人们的胃口。据说这首曲子是为大型管弦乐队而作，比《神圣之诗》（*The Divine Poem*）更加新潮前卫。

我和米亚斯科夫斯基坐在一起，兴致盎然地听完了整首《狂喜之诗》（*The Poem of Ecstasy*），中间几处闻所未闻的选段让我们迷惑不解。我们非常熟悉也高度欣赏《神圣之诗》这部作品，原本我们以为新作是在其基础上的完善（姑且这么说）。不过《狂喜之诗》无论是和音使用，还是主题材料……都焕然一新。

总体来讲，斯克里亚宾想要寻求新的和声基础。他发掘的原则非常有趣，但过于复杂，就像挂有石头的绳子系住他的脖子一样，扼杀他的创造力，牺牲旋律美感，最主要的是，阻碍声部流动。不过，《狂喜之诗》大概是他最成功的作品，因为显然，他作曲风格的所有元素都在《狂喜之诗》中得到了平衡。但是，初次聆听的听众很难理解他的意图是什么……等到第二次表演结束后……斯克里亚宾编曲独特的管弦乐作品再次闪亮登场，雄壮浑厚的乐声直击耳膜，我们散场后高呼："真是天才之作！"但是后来，斯克里亚宾理智冷漠的个性渐渐显露，我对他的评价也相应降低了。

1908年夏天，普罗科菲耶夫又完成了另一部交响乐作品，他给米亚斯科夫斯基写信：

亲爱的尼古拉·雅科夫列维奇：

今天我完成了交响曲。总长度是131页（57+19+55），时长足足有28分钟，比我预想的长一点。

因为霍乱爆发，我们会晚一点回圣彼得堡。我们感到害怕，不过一旦疫情好转，我们就会立刻出发。

你的交响曲写完了吗？如果没有，加把劲。如果完成了，别给别人看，请留给我。尤其不要告诉里亚朵夫，因为给他看毫无意义。格拉祖诺夫可能会为我们组织一次演出。但是里亚朵夫呢？他只会斥责我们。

　　事实上，普罗科菲耶夫的这首交响乐编曲粗糙，成品并未一鸣惊人，只有《行板》（*Andante*，作品29b）被保留至《第四钢琴奏鸣曲》。

　　普罗科菲耶夫的音乐中，最具代表性的无疑是他的钢琴作品。再过不久，他将有机会在圣彼得堡最敏锐的观众面前一展才华。年轻的作曲家们成功地混入了所谓的"当代音乐之夜"，成为圣彼得堡音乐前卫派核心社群中的成员。但他们所推崇的现代主义是"过度"且"有害"的，因此每周的音乐会被称为龌龊之事，受尽人们的严厉指责。不过大部分名噪一时的评论家和音乐家都会定期参加活动，渴望赶上施特劳斯、勋伯格、斯特拉文斯基等人的新作首演。"当代音乐之夜"系列活动的设立初衷是将达基列夫的"艺术世界"运动延续到音乐领域，传承"为艺术而艺术"的理念。其代表人物包括维亚切斯拉夫·卡拉泰金（Vyacheslav Karatygin）、阿尔弗雷德·努洛克（Alfred Nurok ）和沃尔特·努维尔（Walter Nuvel）等现代主义者（里姆斯基称他们都"放肆无礼且听觉退化")。不过这位《天方夜谭组曲》（*Scheherazade*）的作者至少还去"当代音乐之夜"走走，里亚朵夫则是去也不去。（里姆斯基称"里亚朵夫的每一首作品都是一颗珍贵的宝石"，即他的作品数量少之又少。）普罗科菲耶夫回忆道：

> 我在"当代音乐之夜"的演出大获成功的消息传到里亚朵夫耳中了，他有一次心情不佳时问我："听说你写了一首作品，所有的音每过几秒就变，这是真的吗？"与此同时，他还将手举到空中，开合食指和中指来模拟秒针跳动……任何背离传统的狂妄之举都会激起他的愤怒。他会双手用力插进兜里，穿着柔软的普鲁涅拉呢平底靴，垫着脚尖左摇右摆地说："我不知道你干吗费工夫来跟我学。去找理查德·施特劳斯和德彪西吧。"他的口气像是说："见鬼去吧！"里亚朵夫和熟人提到我时，面露失望地说："我敢说，他终有一天会迷途知返的。"

1908年12月18日，普罗科菲耶夫首次以作曲家兼钢琴家的身份公开亮相，观众掌声雷动：

> 我首先演奏了《童话》（*Fairy Tale*，后来被编入作品3），之后是《雪》（*Snow*，现在已经融掉了一半）、《追忆》（*Reminiscence*）、《伊兰》（*Elan*）、《绝望》（*Despair*）、《魔鬼的诱惑》（这几首后来被编入作品4）和《恳求》（*Entreaty*，没有留下任何痕迹，我也没有任何印象）。我演奏得相当不错，至少我自己是信心满满。整场演出可以说是大获成功，毫无疑问超出了我的预料。

《魔鬼的诱惑》情感充沛，激情似火，是作曲家的得意之作，它毫无悬念轰动一时，给评论家们留下了深刻印象。谢尔盖·普罗科菲耶夫不再是无名小辈，他成了俄国乐界的坏小孩，以晦涩难懂和超现代性著称。当然，他也竭尽全力维系自己此番形象。

首场音乐会上，伊戈尔·斯特拉文斯基也在场，他后来告诉罗伯特·克拉夫特（Robert Craft）：

（普罗科菲耶夫的）表演好极了！我一直喜欢听他亲手演奏自己的作品，他的音乐有个性。

当时最激动人心的乐评显然是署名"N.塞姆"（N.Sem）的文章，刊登于同年12月20日的《斯罗沃报》（*Slovo*），塞姆是一位活动赞助商的笔名。另有12月24日的德国期刊《圣彼得堡报》（*St-Petersburger Zeitung*）登载了一篇赞赏演出的文章（普罗科菲耶夫后来才发现），作者是普罗科菲耶夫彼时的钢琴老师亚历山大·温克勒（Alexander Winkler）：

下半场是俄国作曲家专场，才华横溢的音乐学院学生普罗科菲耶夫演奏了多首原创的短钢琴作品，赢得观众阵阵掌声。年轻的普罗科菲耶夫先生还在经历属于他自己的狂飙突进时期，同时受到了近期艺术领域颓废

趋势的影响。等到他的个人发展趋于成熟，我们可以预
见，他的独特才华将孕育出最优秀的音乐作品。笔者最
欣赏的曲目是《童话》《追忆》《伊兰》和《绝望》，
因为它们和声独特且结构完整。至于带有强烈颓废色彩
的《魔鬼的诱惑》真正是为钢琴量身定做。（《魔鬼的
诱惑》是一首简洁流畅、用意鲜明的曲子，我无法理解
温克勒怎么听出了"强烈颓废"的意味。不过值得一提的
是，即便与颓废毫不挂钩，新鲜事物刚出现时都立刻被
贴上"颓废"的标签。很长一段时间事情都是如此。）①

普罗科菲耶夫初期的公开亮相意义非凡，他意识到
音乐作品可以为他带来个人名声。并非所有的音乐评论
都是完全正面的，但玛丽亚·格里戈利耶夫娜小心翼
翼地将每篇评论都保留下来，粘贴到一本巨大的剪贴
簿里。

他早期的部分作品以温柔且忧伤的抒情特征吸引听

---

① 普罗科菲耶夫此处所指似乎是现代苏联的态度。——作者注

众，不过真正征服人心的还是他新奇的不和谐音程。普罗科菲耶夫和巴托克在这一时期可谓是齐头并进。

《魔鬼的诱惑》等曲目是专属于普罗科菲耶夫的个人作品，绝非改编自李斯特的魔鬼之作，这一点毋庸置疑。不过，人们却质疑他极具个人特色的现代主义风格是否为真。克劳德·塞缪尔（Claude Samuel）表示："1908年，大家都是吵吵闹闹，展现有些拙劣的技艺。"有的评论者暗示，普罗科菲耶夫之所以给人们留下新鲜印象，不是因为音乐多么新潮，而是因为他极为高超的键盘技艺吸引了大家的眼球，尽管二者是相辅相成的。

谢尔盖·谢尔盖耶维奇还初次感受到了异性的吸引力。1908年底，他在约瑟夫·霍夫曼（Joseph Hofmann）的钢琴独奏会上遇到了一位充满魅力的女孩：

她叫卡秋莎·博尔什（Katyusha Borshch）。我不太喜欢她的名字，因为念起来竟然并不好听……我和卡秋莎·博尔什日渐熟知，不过我们的关系并没有朝着我期盼的方向发展。她的确是一个天资禀赋的钢琴家，不过仅此而已。她不懂得如何谈论音乐，对此也不甚感兴趣。她出生于庸俗之家，行为举止并不文雅。每当我带着她坐汉森出租车出去兜风时（有时我有闲钱来放纵一把），她都乐在其中，不过与其说享受与我相处，她更享受认识另一个圈子的人。不过究竟是哪个圈子的人，我至今也未获得答案。我们哪怕作为朋友相处，友情的发展也颇为曲折。我们有时一起去听音乐会，有时她说自己没空，那我就自己去，但意外地会在音乐会现场撞见她与我不认识的人同行。

　　普罗科菲耶夫在音乐学院还与两位女同学结为好友，她们是奥尼达·格拉戈列娃（Leonida Glagoleva）和维拉·阿尔珀斯（Vera Alpers）。他与维拉的友谊甚至延续了一生。

我非常喜欢去音乐学院，在学院里和普罗科菲耶夫"做朋友"。我们经常长聊，为此我的女生朋友们都取笑我，如克秋斯卡（Ksyushka）、艾达（Ida）、贝索诺娃（Bessonova），还有很多人。一开始她们会在我面前讲他的各种坏话，但是他突然一下变成好人了。和他聊天非常有趣，他很听话，和音乐学院的所有捣蛋鬼都不一样。

普罗科菲耶夫成了大名人。有一次音乐会彩排，他注意到我的长手指。他抓起我的手，看了又看，说我的手挺漂亮，我害羞了。他发现我脸红，自己也害羞了……总之，我不知道他为何吸引我。首先，他极度自负；其次……他身上有许多惹人讨厌的地方，不过……

——维拉·阿尔珀斯的日记（1908年12月1日）

1908—1909学年结束时，普罗科菲耶夫从作曲班毕业了。他的分数并不理想，期末作品给考试委员会留下了极差的印象。里亚朵夫抱怨道："他们都铁了心要成为斯克里亚宾！"次年，普罗科菲耶夫又修了一门学院短期开设的免费作曲课，不过从实质而言，他所接受的音乐作曲教育已经完整了。他对音乐学院的作曲教学感到失望，同时将兴趣转向钢琴表演方面。1909年5月，普罗科菲耶夫参加"特殊钢琴"科目的公开考核，格拉祖诺夫评价道："技巧准备无可挑剔，演绎独到且原创，但艺术品位仍待提高。"因此他才想到，要留在音乐学院继续研习钢琴与指挥课程。

在回松卓夫卡的路上，"自由艺术家"到莫斯科拜访了自己的第一位业师。格里埃尔回忆说：

谢廖扎①看起来已经相当成熟且自信满满。他对现代音乐本着刻意的"激进主义"态度，看起来随时可以推翻任何公认的权威。不过，我们已是朋友了，相互道别。

---

① 普罗科菲耶夫的小名。——译者注

到了暑假，普罗科菲耶夫和往常一样，埋头苦干，疯狂作曲。时年18岁的他，已经形成了一套既定的工作方法。他随身带着一个笔记本，灵光一现时立即记录下来，以免错失灵感，一生中都是如此。他擅长于整合零散的想法，形成个人作曲风格。他常常在抒情之际突然转向嘲讽，这个为人熟知的习惯就是在发散思维的基础上养成的，正所谓"踩在旧作的喉咙上"。在普罗科菲耶夫看来，音乐点子并无特定的适用范围。他常常翻看自己的早期作品，在其基础上进行调整和改编，再冠以新的作品编号。有时候，他会受旧作的主题启发，创作出一首全新作品，《第三交响曲》（*The Third Symphony*，作品44）和《第四交响曲》（*The Fourth Symphony*，作品47）都取材于他之前的舞台音乐。

1909年假期诞生的作品中，唯有四首钢琴练习曲被完整地保存下来。小交响曲（作品5）历经两次修改，其中1929年的一次是大改。普罗科菲耶夫的《第一钢琴

普罗科菲耶夫与瓦西里·莫罗列夫（Vasily Morolev）对弈，摄于1900年前后（俄新社）

奏鸣曲》（*The First Piano Sonata*，作品1）[①]本身是在已

有作品上的修改，听起来和原曲相差无几。可想而知，

新音乐圈内的人士对此不屑一顾。不过《第一钢琴奏鸣

曲》在1911年得到莫斯科出版商尤根森（Jurgenson）的

赏识，成为为数不多被出版的音乐作品，只是这首曲目

和12首短钢琴作品的总价仅为100卢布。他提交这首怪

[①] 普罗科菲耶夫献给松卓夫卡村的年轻兽医兼象棋爱好者瓦西里·莫罗
列夫的曲子。——作者注

诞且中规中矩的单乐章奏鸣曲，也许并非明智之举。曲目以梅特纳（Medtner）为效仿对象，却不像其短曲一样特色鲜明。它的意义主要在于，它居于无可匹敌的九大奏鸣曲之首，整个系列（第一奏鸣曲除外）不论创作时间先后，整体都保持高度统一。

1909—1914年，普罗科菲耶夫一边创作，一边继续参加高强度的钢琴和指挥课程。他的新钢琴老师是音乐学院最具盛名的教师安娜·埃西波娃（Anna Esipova）。他同以往一样，不愿安分守己。尽管已经从温克勒和历任老师那里习得了超凡技艺，但是他缺乏纪律性，用其他作曲家的作品大肆发挥，演奏起来挥洒自如，独具一格，章法全无。"有人说在钢琴领域，无肖邦（Chopin）不独奏。"他和朋友说，"我要证明给他们看，无肖邦也可以有精彩的独奏！"他对莫扎特（Mozart）同样不屑一顾，就算演奏古典曲目，也要加上自己的"改进"。他不愿听从埃西波娃的教导，认为她只是想"把每个人塞进标准模式里"，不过在埃西波娃开除学籍的威胁下，他只能乖乖就范。埃西波娃的严苛教学的确大大提升了谢尔盖的演奏水平，如果没有这四年的勤学苦练，他的钢琴技艺和作曲风格都不可能如后来一般成熟。他对作品抒情性的理解更加透彻，高超技艺中的盛气凌人部分也稍有缓和。

普罗科菲耶夫同尼古拉·切列普宁的学习就顺利许多：

在我的所有老师里，切列普宁是最充满活力、最有意思的一位音乐家，虽然他完全是个矛盾体。他的指挥课堂总是气氛活跃，干货满满，不过当他站上舞台，交响乐团在他的指挥棒下散乱无序。他还热情洋溢地谈论音乐的未来……"到最后，"他说，"他们会创作纯白键音乐和纯黑键音乐。"（说到这里时，他用力张开左手，尽量多地碰触钢琴白键，右手则点在黑键上。）"之后他们会发现无路可走了。"我不清楚他的话几分是真，几分是假，毕竟音乐的发展不等同于乐谱上音符的排列组合。不过当时，他的惊世骇俗之语令我震惊不已，他在我眼里是全然的创新者。

切列普宁在作曲风格上积极向斯克里亚宾靠拢。研究普罗科菲耶夫的专家丽塔·麦卡利斯特（Rita McAllister）认为切列普宁对他的影响至关重要，切列普宁和象征主义流派诗人巴尔蒙特（Balmont）和勃洛克（Blok）一样，都是普罗科菲耶夫痴迷的对象，他们共同塑造了普罗科菲耶夫的浪漫主义风格。普罗科菲耶夫的音乐带有神秘色彩且情感充沛，又时而体现真正的施特劳斯风格。普罗科菲耶夫的这一面鲜为人知，但在交响诗《梦》（*Dreams*，作品6）、《秋景》、早期独幕戏剧《玛达琳娜》（*Maddalena*，作品13）和音乐戏剧《火天使》（*The Fiery Angel*，作品37）等其他音乐作品中有着充分的体现。

切列普宁的影响力不止于此：

　　（我们）在某堂没完没了的课上肩并肩坐着，面前摆着乐谱，排练学生交响乐团演出，他就会说："听听，巴松管的声音多么迷人！"我逐渐学会鉴赏海顿（Haydn）和莫扎特的音乐，并喜爱上巴松管演奏断奏的声音、比巴松管高出两个八度的长笛声等。正是因为这，我萌生了创作《古典交响曲》的想法，尽管真正写出来是五六年以后的事了。我想在此指出一点，尽管我在里姆斯基-柯萨科夫的课上没有好好学习管弦乐编曲，但是在切列普宁的课堂上补回来了。

　　切列普宁毫不掩饰自己对普罗科菲耶夫指挥能力的评价：

　　你没有指挥的天赋，不过我相信你的作曲才能，日后你将在各种场合演奏你自己的作品，所以我还是会教你指挥。

　　普罗科菲耶夫的父亲于1910年离世，这使这位初出茅庐的作曲家的生活发生了翻天覆地的变化。他无须再回到松卓夫卡村看望亲人，经济上也不再宽裕。玛丽亚·格里戈利耶夫娜继续尽全力供养儿子，让他在圣彼得堡有家可回，但是从今往后，他不得不独立闯出自己的一番天地。

谢尔盖继续举办独奏会。在1910—1911乐季，他两次在"当代音乐之夜"上演奏，将勋伯格的钢琴作品介绍给俄国听众。据卡拉泰金回忆："一阵阵洪亮的笑声震响整个大厅。"1911年7月，他低调举办了自己的首轮交响音乐会，地点选在莫斯科和圣彼得堡的夏季公园，远离学术气息浓厚的交响音乐厅。不过评论家们依然闻讯而来，观点狭隘的音乐鉴赏专家戈洛斯·莫斯科伊（Golos Moskoy）写道：

本乐季，我们不该两次将注意力给到这个乳臭未干的年轻人。他不过是一只音乐雏鸟，晚点儿起飞对他有好处。普罗科菲耶夫的才华媲美瓦西里·卡林尼科夫

（Vasily Kalinnikov，19世纪俄国作曲家，凭借个人魅力而非创作才能赢得关注），我相信，倘若他与鲍罗丁及其他圣彼得堡派一样真诚作曲，他的成就将不输瓦西里。但是他矫饰做作，迫切地想成为现代主义者，虽然现代主义与他完全不相称。

实际上，普罗科菲耶夫在莫斯科索科尼基剧院首演的两部作品并非他的巅峰之作。"柔软无力的"《梦》从未公开出版，《秋景》灵感源自拉赫玛尼诺夫，初稿经两轮修改才最终定稿。演出效果自然好不到哪里去：

《梦》的指挥家之一告诉我："我希望你不要介意错音。"我回答："亲爱的朋友，全曲没一个音是对的。我完全认不出它是我的作品。"

在音乐学院决定《玛达琳娜》命运的同时①，普罗

---

① 曲目直到1979年3月25日才于英国广播公司三台首演，爱德华·唐斯（Edward Downes）负责早期编曲及现场指导。——作者注

科菲耶夫热情投身于《第一钢琴协奏曲》的创作。他认为该曲"差不多是首部构思和作曲都称得上成熟的作品"。作品风格鲜明，表达精准，幽默诙谐，它将传统的三个乐章浓缩为单乐章，呈现出连续的结构（尽管不同乐段之间依然是分散的）。作曲开头的引子主题带有挑衅意味，在整首曲子里多次出现，结尾呼应开头，以镇定沉着之势结束。我们透过这首协奏曲，能够很好地了解普罗科菲耶夫表演风格的优点，涅斯捷耶夫评价道："和弦和八度音阶带来宏伟气势，手指跳跃如同杂技表演难度极高，练习曲式急奏下的音符如珍珠一般晶莹剔透，三者巧妙融合。"弗朗西斯·普朗克（Francis Poulenc）是普罗科菲耶夫留洋期间相识的挚友，他认为普罗科菲耶夫凭借此曲进入大作曲家之林，一如贝多芬《第一钢琴协奏曲》预示了其成熟期的杰作。

莫斯科首演引起轰动。低俗小报称普罗科菲耶夫是疯子，要求他穿上"约束衣"。反对派音乐评论家N.伯恩斯坦（N.Bernstein）认为，协奏曲不过是"音乐烂泥"。卡拉泰金、阿萨菲耶夫和米亚斯科夫斯基等人本来已经准备做出书面反击，不过普罗科菲耶夫面对恶评反而愈挫愈勇。1912年，他创作了最为大胆的钢琴作品，其中包括作品第11号托卡塔（受舒曼的同名作品影响）和作品第17号五首《讽刺》的第一首。

托卡塔比臭名昭著的《魔鬼的诱惑》更甚，就像一台从不放缓的永动机，十六分音符堆砌成山，引人躁动，结尾砰的一声戛然而止。[①]米亚斯科夫斯基为它"彻底痴迷"。

《讽刺》完成于1914年，此时的作品里已经有了斯特拉文斯基的痕迹，不过这首十分钟的曲目浓缩了普罗科菲耶夫早期的"怪诞"风格。无论他多么憎恨"怪诞"的标签，这一词语用来形容他再恰当不过。切列普宁评论道："努洛克一生之中都渴望新音乐的出现，终于，上帝为年老的他带来了普罗科菲耶

107

———————————

① 从一条保留至今的钢琴纸卷来看，这首曲目可能超出了普罗科菲耶夫本人的演奏能力范围。——作者注

夫。"阿沙菲耶夫认为《讽刺》"比马雅可夫斯基（Mayakovsky）的早期诗歌更讽刺、更尖锐……其惊悚部分更惊心动魄，令人生畏"。第四乐章题为"汹涌澎湃"（Smanioso），狂野粗暴；第五乐章题为"非常的慌张"（Precipitosissimo），急促凌乱的乐声里散发出一股嘲讽世人之意。

普罗科菲耶夫的第12号作品十首钢琴作品出版，它囊括多首创作于1906—1912年间的作品，从中可见这位日臻成熟的艺术家广泛的创作范围，人们应当借此更好地理解他的多面性。

它们经雕刻师处理过后已经变平整了，不过等我准备拿去印刷时，他们拿出一沓尺寸各异的五线谱，有的上面用钢笔写的，有的是用铅笔写的，字迹潦草，乱七八糟。

普罗科菲耶夫摒弃了固有的炫技式编曲，展现出更加轻巧、俏皮、具有古典韵味的个人风格，如拉威尔

（Ravel）一般沉着镇定、恪守纪律，情感表达也不再偏向极端。充沛的活力，简单的旋律，二者交织于新的音乐作品中，以20世纪的特有方式向传统致敬，赋予传统全新的诠释。[①]同样诞生于1912年的《第二钢琴奏鸣曲》（*The Second Piano Sonata*，作品14）就集上述优势为一体，作曲家超越自我，使用更为宏大的曲式，曲目还融合了比从前更多样、更为微妙的对比。

一年后，普罗科菲耶夫完成了《第二钢琴协奏曲》，其规模超越了他此前的所有作品。原稿在一场大火中销毁，我们今日所熟知的作品第16号是作曲家在1923年重谱的。作曲家风格日臻成熟，然而《第二钢琴协奏曲》中仍有浮于表面的炫技痕迹，与曲风格格不入，可见它依然是一首问题之作。普罗科菲耶夫曾说，"人们认为《第一钢琴协奏曲》花哨炫技，甚至有卖弄'特技'之势"，因此他在《第二钢琴协奏曲》中"追

109

---

① 普罗科菲耶夫的"新古典主义"贯穿于他的晚期音乐，《古典交响曲》并非唯一模仿古典风格的曲目。——作者注

求更深的立意"，这样看来，整首曲子的水平参差不齐，唯有几个乐段是成功的。四个乐章慢、快、快、快的顺序是典型的反常道而行之。前两个乐章尤其令人满意。第一乐章小行板如暴风骤雨般展开，令人印象深刻，第一主题显然有拉赫玛尼诺夫的影子，而之后的第二主题和刻意冒险的华彩乐段又是另辟蹊径，回归到"怪诞"风格。第二乐章塞满了精彩的诙谐乐段，密密麻麻的音符令人喘不过气。后两个乐章中被休·奥塔韦（Hugh Ottaway）称为"升级版的李斯特炫技"抢了风头，不过在最终乐章里，普罗科菲耶夫带有俄国特色的抒情风格同样大放异彩。

协奏曲首演在巴甫洛夫斯克（Pavlovsk），台下一片愕然。米亚斯科夫斯基也在场，他回忆道，他们"发出嘘声，举止不甚'得体'"。《彼得堡市公报》（*Petersburgskaya Gazeta*）的"非乐评家"认为"一颗钢琴新星冉冉升起"：

台上出现了一位青涩的少年，看上去是圣彼得堡国立音乐学院的学生。他就是谢尔盖·普罗科菲耶夫。他坐在钢琴前，干巴巴地敲击键盘，发出尖锐的声响。他的动作像是在给键盘除尘，或是给钢琴试音。观众们迷惑不已，有的人甚至怒火中烧。一对夫妇站起来，冲到出口处大喊："听这样的音乐足够让你疯掉！""他在做什么，取笑我们吗？"音乐厅各个区域都有人愤然离席。普罗科菲耶夫接着演奏协奏曲的第二乐章，依然是节奏激烈的乐音。大胆之士发出了嘘声，音乐厅四处都有人离场。最后，年轻的艺术家毫不留情地用刺耳的铜管乐器合奏结束了他的协奏曲。观众目瞪口呆，发出一大片嘘声。普罗科菲耶夫面带挑衅，弯腰鞠躬，随后演奏了一首安可曲。观众纷纷惊呼："让未来音乐见鬼吧！我们来音乐厅是为了愉悦自己。我家的猫都能演奏出这种音乐！"

N.伯恩斯坦毫不客气地评论道：

整首曲子尖锐刺耳，和文明音乐沾不上边……以普罗科菲耶夫的华彩乐段为例，它们一团混乱，无从入耳，就像任性的作曲家将一瓶墨水洒在纸上谱成的。

协奏曲的首演是这位年轻作曲家的最大丑闻，在乐评家里，唯有卡拉泰金毫无保留地站在普罗科菲耶夫的一边。

"未来主义者"的标签被牢牢贴在普罗科菲耶夫身上，人们将他和诗人马雅可夫斯基相提并论。这样类比并非毫无道理。

二人有诸多共同之处，都融合夸张的意象和柔和的抒情性，创造出穿云裂石、热情洋溢而又通俗易懂的艺术作品，以抵制所谓的"沙龙心态"：

如果你愿意，

我会对生肉大发雷霆；

或者，当天空改变色彩时，

如果你愿意，

我将变得无比温柔：

不再是人，而是一朵穿着裤子的云！

晚期的普罗科菲耶夫和马雅可夫斯基惺惺相惜，情谊深厚。诗人告诉阿萨菲耶夫：

现在只有普罗科菲耶夫的音乐能让我亢奋。每当第一个音符响起，立刻生机勃勃——不是艺术形式，而是生命本身，就如山间的潺潺小溪，水流湍急，你不禁想一跃入水，大声喊道："太美好了！再来些，更多些！"

1913—1914学年是普罗科菲耶夫在音乐学院的最后一年，他计划来个华丽落幕。他的目标是捧回人人觊觎的鲁宾斯坦奖，摘得学生钢琴家的最高奖项。他和往常一样不走寻常路：

我没有演奏经典的协奏曲，而是选择了自己的作品。毕竟我演奏经典协奏曲并无优势，没有把握获胜，然而我的作品技艺新颖，可以让评审印象深刻。他们无从评估我弹得好不好！再说了，就算我没赢，也没什么好难过的，究竟是协奏曲写得糟糕，还是我的演奏有瑕疵，别人无从得知。我从两首协奏曲里挑选了第一首，因为第二首协奏曲在音乐学院的地盘上是个异类，而且我对巴甫洛夫斯克首演记忆犹新。在我的请求下，尤根森在期末评估前将第一首协奏曲的乐谱打印出来了。我买了20份乐谱，分发给所有评委。我走上台，第一眼看到的就是我的乐谱摊开放在台下的20双膝盖上——这一画面让我难以忘怀，因为我的作品不久前才有了印刷版本！戈卢博夫斯卡娅（Golubovskaya）——一位极为敏锐且聪明的钢琴家，是我的劲敌。我们相互间彬彬有礼：比赛前夜，我们还关心了一下彼此的手指情况，后来在等待评审决定选手命运的漫长时光里，我们下了象棋。经过漫长且激烈的讨论，评委决定将大奖颁给我……

（格拉祖诺夫）的情绪失控，直截了当地表示拒绝宣布投票结果。他认为，比赛结果助长了"有害趋势"。不过，既然木已成舟，他只能作罢，用低沉且平淡的声音含糊不清地念出获奖人选。

1936年莫斯科国际象棋锦标赛期间，普罗科菲耶夫为《消息报》（*Iavestia*）撰文，再次回忆起这段美好时光：

看到拉斯克（Lasker）在棋盘前弓背沉思，我不禁回忆起1914年锦标赛与他初识时的场景。在大赛后的庆功宴上，很多人前来祝贺我从音乐学院毕业，顺利赢得鲁宾斯坦大奖。拉斯克询问我为何获得此番祝贺。"你昨天摘得国际象棋锦标赛的桂冠，"我回答道，"我赢得了音乐联赛的冠军。"拉斯克回答："我不知道你钢琴弹得怎么样，不过我很开心，因为鲁宾斯坦奖颁给了一名象棋手。"

弗农·杜克受邀出席了1914年的钢琴比赛，亲耳聆听了金奖得主演奏《第一钢琴协奏曲》。他对普罗科菲耶夫的描述最为到位：

115

一个个子高高的年轻人，相貌清奇。他顶着一头泛白的金发，小小的脸上长着一张大嘴，嘴唇格外厚。[1]长手臂奇怪地垂在身体两侧，双手如拳击手一般有力。普罗科菲耶夫身穿令人炫目的优雅燕尾服、剪裁精美的背心和闪亮的黑色高跟鞋。他有些笨拙地穿过舞台，来到钢琴前，但人们无从预料到接下来发生的一切：他坐下来，猛地一下调整琴凳高度，接着开始持续不断地展现肌肉力量，演奏钢琴的方式令人眼前一亮。当时流行的演奏风格有两种，一是斯克里亚宾的慵懒无力风格，二是后德彪西派竖琴和钢片琴的印象主义。听着台上这位年轻人的音乐，看着他的表演，我回想起自己不甚愉快的踢足球经历——我猛冲向前，浑身上下充满着无穷能量，散发出快乐与生机。协奏曲的前四个音符在全曲中反复出现，难怪有人将它命名为"当头一击"（po cherepoo），正合普罗科菲耶夫之意……曲终人们疯狂

---

① 普罗科菲耶夫因而获得了"白种黑人"的绰号。——作者注

喝倒彩，普罗科菲耶夫至少收到了六束马蹄状花环，观众见状笑得更欢。他愚笨地鞠了个躬，头几乎要触碰到膝盖，再猛然直起身来。

总而言之，普罗科菲耶夫大可为自己取得的音乐成就心满意足。他的作品集里有上乘的新音乐作品，个人被誉为俄国先锋艺术的领军人物。他在音乐比赛上大胆冒险，以出色表现摘得桂冠。如今，在鲁宾斯坦奖委员会的祝福中，他即将启程征服欧洲。

但是1914年，野心勃勃的列强都打着自己的小算盘。

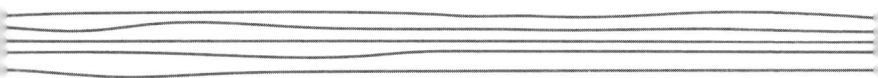

PART 4

第
四
章

赌　徒

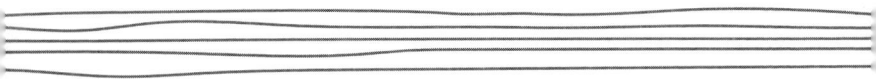

1914—1918年，普罗科菲耶夫常居俄国，不过已经开始游历各地，谋求事业的进一步发展。时年23岁的他，距离俄国权威音乐圈仅一步之遥，他可以将目标放得长远些。1914年6月的伦敦之旅为他的艺术定了调。享誉盛名的俄罗斯芭蕾舞团（Ballet Russe）①即将去伦敦演出，还有包括沃尔特·努维尔在内的世界最为新潮的艺术天团也将亮相伦敦：

这一乐季的确不同凡响：夏里亚宾（Chaliapin）献唱，理查德·施特劳斯指挥，新式音乐表演接二连三。达基列夫身着长礼服，头戴大礼帽，戴着单片眼镜和白色手套，自成一道风景。努维尔介绍了我们，而后我演

---

① 俄罗斯芭蕾舞团由达基列夫创立，在欧洲各地以及北美洲、南美洲巡演，是20世纪最具影响力的芭蕾舞团之一。——译者注

奏了《第二钢琴协奏曲》。在场的一位艺术家用法语大声喊道："但这是一头野兽！"后来他知道我听得懂法语，便一再道歉。

尽管普罗科菲耶夫倾向于弱化当代人物对自己艺术的影响（苏联一再尝试将达基列夫拉下神坛，普罗科菲耶大顺势同他划清界限），但一切迹象都表明，当代音乐彻底征服了这位年轻的作曲家。伦敦之行，他目睹了达基列夫作为剧院经理的非凡魅力，也听到了伊戈尔·斯特拉文斯基极为诱人的音乐。1913年夏，谢尔盖第一次去欧洲，观看了俄罗斯芭蕾舞团的多场表演，包括拉威尔的《达芙妮与克罗埃》（*Daphnis and Chloe*），当时他误以为这是德彪西的作品！斯特拉文斯基的舞台作品在他的音乐上留下了鲜明的印记，包括《夜莺》（*The Nightingale*）、《火鸟》（*The Firebird*）和《彼得鲁什卡》（*Petrushka*）。从普罗科菲耶夫就巴黎乐季发表的评论来看，他一开始低估了

《彼得鲁什卡》。当然，他也欣赏了《春之祭》(*The Rite of Spring*) 的交响乐表演 (后来，他承认自己"没听懂")。但是现在，斯特拉文斯基的音乐革命似乎急于得到某种回应。普罗科菲耶夫终其一生只承认自己只有一个对手，那就是斯特拉文斯基。

1908年12月，普罗科菲耶夫在圣彼得堡首演上，与斯特拉文斯基结为好友。这一段不同寻常的友谊能够持续多年，可谓是上天送给他们的礼物。尽管二人宗教信仰不同，政治立场各异，甚至音乐上也存在分歧，他们的关系常常疏远。当普罗科菲耶夫尘埃落定，永久回到斯大林统治下的俄国，他同斯特拉文斯基的直接联络只有一次——1938年12月11日，他发送了一封电报，悼念斯特拉文斯基的长女。不过普罗科菲耶夫去世前几周，他给两人的共同好友寄了一封信，询问斯特拉文斯基的近况。这封信让年过花甲的老人感动不已。

普罗科菲耶夫常常妒忌他的朋友，这一点无须掩饰。他深知自己的钢琴技艺无疑更胜一筹，作曲技巧却

不如斯特拉文斯基，因而懊恼不已。他早期的成功很大
一部分归功于非凡的钢琴演奏技巧，他在台上如猛兽一
般迸发力量，展现大师魅力，表演相当吸睛，但难免浮
于表面。斯特拉文斯基独爱《第一小提琴协奏曲》，不
过他也不反对专栏作家对普罗科菲耶夫的批评。他甚至
大放厥词，说普罗科菲耶夫只能在下象棋时释放最深层
次的自我！普罗科菲耶夫在艺术中完全不思考，他"在

米哈伊尔·拉里诺夫（Mikhail Larinov）绘制的系列名人漫画：达基列夫、马辛（Massine）、
安塞梅（Ansermet）、米西亚·塞尔特（Misia Sert）、毕加索（Picasso）、阿波利奈尔
（Apollinaire）、斯特拉文斯基等（苏富比）

音乐构思的问题上，天真到极点"。达基列夫曾说，普罗科菲耶夫"是绝对的愚蠢"（也有人说这句话出自斯特拉文斯基之口）。斯特拉文斯基鲜明的俄国色彩在《春之祭》和《婚礼》（*Les Noces*）等作品中展露无遗，后来他转向新古典主义，风格更为沉着内敛，普罗科菲耶夫的崇拜之情也随之淡去了一段时间。1925年8月4日，普罗科菲耶夫致信米亚斯科夫斯基：

斯特拉文斯基写了一首糟透了的奏鸣曲，他弹起来还有滋有味。那首曲子就像是长了麻子的巴赫（Bach）写的。

两年后，他向《俄狄浦斯王》（*Oedipus Rex*）开火，尽管他曾亲身参与作品的准备工作：

法语的剧本、拉丁文的文本、希腊的主题、英德的音乐［亨德尔（Handel）］、美国人的钱——好一个世界大同。

1928年，他评价了斯特拉文斯基的《阿波罗》（Apollo），称其为"无聊透顶的作品"。两人多次剑拔弩张，维拉·斯特拉文斯基（Vera Stravinsky）和罗伯特·克拉夫特甚至还对其中一次不可思议的事件有过专门记录：

在华沙的一场音乐会后，斯特拉文斯基在一位女士的纪念册上描出自己的手掌轮廓。对他而言，将手掌画作为"纪念品"赠予观众并非稀奇事……后来，这位女士请普罗科菲耶夫在同一本纪念册上签名，他在手掌画下面留下了一段嘲讽之语。斯特拉文斯基在一份巴黎报纸上读到了这段话，他在1933年12月20日给普罗科菲耶夫的信里写道：

亲爱的谢廖扎：

随信寄来的剪报是我从近期的巴黎报纸里摘的。我猜想，你在那位华沙女士的专辑里开的玩笑是另有他意，而非像报社里我素不相识的诽谤者所解读的那样。

当然，你肯定不是有意嘲笑我作为钢琴家，甚至指挥家的身份，毕竟我只演奏自己的作品。纪念册里描画的那双手既表演又指挥，坦白地讲，我想人们可能会用它开愚蠢和可恶的玩笑。的确，很多人质疑我的表演，但是我只有亲自表演，才能避免其他演奏者做出匪夷所思的阐释。

12月21日，普罗科菲耶夫写了回信：

我非常欣赏你的宽宏大量。报纸上的恶言恶语让我深受折磨。让我们冰释前嫌吧！我会忘记你对我音乐的负面评价，请你也无视我在那位女士的专辑里所写的话。

当然了，不讲情面的斯特拉文斯基绝不会就此止住，不再批评普罗科菲耶夫的音乐。至于后来谢廖扎与莫斯科重归于好（多多少少是为了避免同斯特拉文斯基撞车，走入死胡同，至于有心还是无意，则另当别论），伊戈尔贬损他是"贱货女神的祭奠品，仅此

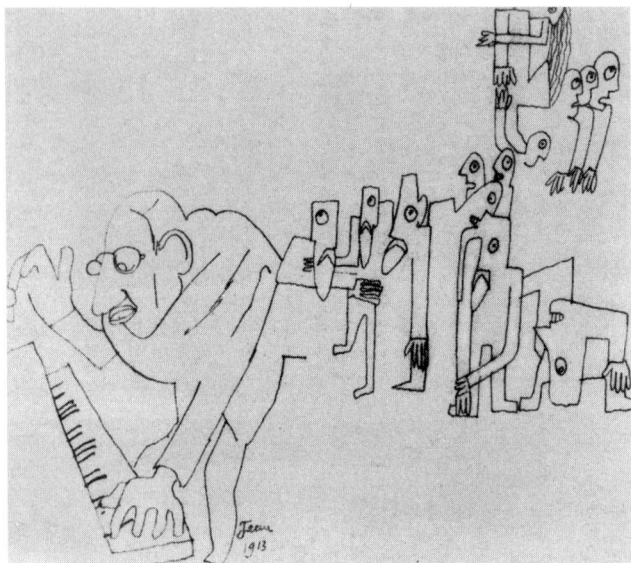

正在演奏《春之祭》的斯特拉文斯基，让·科克图画，1913年（苏富比）

128

而已"。

然而，在两位还有空闲时间旅行时，他们依然会见面，在晚饭时说些不正经的故事。

我们甚至发现，普罗科菲耶夫还向他的朋友询问过驾驶课的问题：

亲爱的伊戈尔·斯特拉文斯基：

能否劳烦告知你之前学车的公司地址。我们正好在小区里住了下来，想利用地利之便出去转转。

我和妻子向你致以诚挚的问候。

你的朋友

普罗科菲耶夫

斯特拉文斯基的赞助人谢尔盖·达基列夫一直四处挖掘优秀苗子。1914年，他注意到了普罗科菲耶夫身上的光芒。达基列夫原本想要将《第二钢琴协奏曲》以一种特殊的哑剧形式上演，但是很快打消了这一念头。普罗科菲耶夫提出以陀思妥耶夫斯基（Dostoyevsky）的《赌徒》为主题，创作一首歌剧，但达基列夫否定了他的提议，称歌剧是一种正在消亡的艺术形式，并提议以时兴的"远古"故事为主题，创作一部芭蕾舞剧。

普罗科菲耶夫大显身手的时候到了，他可以按照自己的构想来处理类似的画面，与《春之祭》一决胜负。

达基列夫和管家，莱昂·巴克斯特画，1906年（圣彼得堡俄罗斯博物馆）

但一直到1921年，他的芭蕾舞剧才真正被搬上舞台，由俄罗斯芭蕾舞团表演。他的首部芭蕾舞剧《阿拉与洛利》（*Ala and Lolli*）并未一鸣惊人，里面的斯基泰场景写得太过粗糙，乐段东拼西凑，缺少说服力。

这一阶段，政治事件对普罗科菲耶夫的影响微乎其微：

> 伦敦的一切都太有趣了，我几乎没有察觉到一场近在咫尺的欧洲大战。我只是凑巧在大战爆发的前几天回到了圣彼得堡。作为寡妇的独子，我并不在征兵名列里，也就未受到战争的影响。

从一些历史记录来看，普罗科菲耶夫之所以未被征召，关键的挡箭牌是他音乐学院学生的身份。我们都知道，他再次申请入学，研修了甘特信（Gandshin）的管风琴课程，并重新打磨了钢琴技能。涅斯捷耶夫在书中写道，普罗科菲耶夫之所以能在1917年二月革命后的二次征兵中再次幸免，是因为苏联文学史上鼎鼎有名的马克西姆·高尔基（Maxim Gorky）亲自打点此事。"总不能用金钉来钉军人鞋底，我们没有富到那个程度。"

1914年秋季，普罗科菲耶夫从斯基泰芭蕾舞剧的繁重任务中稍事休息，创作了他多首轻松愉快小型作品之一的《丑小鸭》（*The Ugly Duckling*，作品18），此曲是根据安徒生（Andersen）的同名童话改编而成的钢琴伴奏声乐作品。作曲者是否借《丑小鸭》表达自我？阿萨菲耶夫称其为"普罗科菲耶夫写的自传型的童话故事"。马克西姆·高尔基也认为，作品里那只奇迹般自我蜕变的丑小鸭就是创作者本人。无论如何，曲中温暖的抒情特性、慷慨激昂的声乐部分、童年情景的生动描述，无一不显现出普罗科菲耶夫独具一格的作曲手法。

相较之下，普罗科菲耶夫1915年春在米兰提交给达基列夫的芭蕾舞剧草稿就逊色许多，至少达基列夫看来是如此："必须重新写一部。"这部舞剧后来并未完成。普罗科菲耶夫获得许可，即将在意大利举办首场音乐会，这也是他首次迈出国门表演，但是赞助人在致斯特拉文斯基的信件中表达了自己的担忧：

亲爱的伊戈尔：

我心中满是疑虑，首先，普罗科菲耶夫令我忧心忡忡。昨天他在奥古斯提姆（Augusteum）演奏，反响不错，但这不是我的重点。我想强调的是，他正在创作一部新的芭蕾舞剧，虚构了一个发生在圣彼得堡的故事。我看了里面三分之一的音乐，这首作品适合放在十年前的马林斯基剧院表演，但不是我们会欣赏的类型。正如他所说，他的音乐很纯粹，不是俄国化的产物。他说得完全准确，而且他的音乐本身非常糟糕。现在我们得从头开始，对他和善些，让他跟着我们熏陶两三个月。我指望你来帮忙了。他并不缺天赋，但如果他崇拜切列普宁的前锋主义，视切列普宁为音乐素养最高的偶像，你觉得他能走得远吗？他容易受人影响，而且我觉得经历了过去的傲慢亮相，他会变得更友好，会超乎我们的预

133

料。我会带他来见你。他必须彻头彻尾地改变，否则我们将会永远失去他……

普罗科菲耶夫重新提交的芭蕾舞剧《丑角》成为他最愉悦人心的作品之一。首演因战争而推迟。

斯特拉文斯基带来一本阿法纳西耶夫（Afanasyev）的俄国民间故事集。等他离开后，普罗科菲耶夫和达基列夫坐下来仔细阅读故事，发现了几个关于丑角的传说。他们很快从中选出两个故事，策划出一首六幕芭蕾舞剧。这一回，达基列夫与普罗科菲耶夫签订了一份常规合同，酬金为3 000卢布。"拜托一定要写具有真正俄国特色的音乐，"他说，"在那个烂透了的圣彼得堡学院，大家都忘记怎么写本国音乐了。"

普罗科菲耶夫在回俄国的路上，发现他的"名望上升了"，近期还有多首作品即将登上舞台。一言以概之，普罗科菲耶夫流行起来了。马林斯基剧院的年轻导演们摩拳擦掌，期待在本土剧场上重现达基列夫海外演

出的盛况，就算是歌剧演出也不愁观众了。大剧院的新
指挥是阿尔伯特·科茨（Albert Coates）。

科茨并不惧怕新音乐。"写你的《赌徒》吧，"他
说，"我们会演的。"幸运女神来敲门了。普罗科菲耶
夫重新读了一遍故事，完成了剧本写作，从1915年秋天
开始着手谱写音乐。

后来（也就是1915年），普罗科菲耶夫同拉赫玛尼
诺夫和梅特纳二人结怨。争吵首先在斯克里亚宾的纪念
音乐会上爆发。当时，拉赫坶尼诺夫登台演奏，其中的
一曲是第五奏鸣曲。普罗科菲耶夫回忆道：

斯克里亚宾在世时演奏这首奏鸣曲，每个音符都像
在往上飞，而拉赫玛尼诺夫的版本，则将所有音符都
重重地扎进地里。音乐厅里的斯克里亚宾支持者有些
困惑。男高音阿尔切夫斯基（Alchevsky）大喊："等
等，让我跟他说句话！"有人揪着他的领子想阻止他。
我试着发表中立观点，说在场观众习惯于作曲家本人演

奏的版本，但是其他人也可以有他们的诠释。音乐会过后，我一边思索着自己的中间立场，一边告诉拉赫玛尼诺夫："毕竟，谢尔盖·瓦西里耶维奇，我觉得你弹得很好。"拉赫玛尼诺夫挖苦道："难道你认为我会演砸吗？"说罢便转身离开。我们的良好关系就此终结。当然，拉赫玛尼诺夫讨厌我的音乐，这是他挖苦我的原因之一。后来有一次我与梅特纳也发生了口角。我喜欢他的a小调奏鸣曲，想听他在现场演奏。但他不理不睬，只演奏了一首简单的奏鸣曲，听上去像人们在家里练手的曲目。"你觉得我刚刚演奏的曲目怎么样？""那首曲子更适合在家里弹。"我回应道。他把这件事情告诉了拉赫玛尼诺夫，后来拉赫玛尼诺夫愤慨地表示："普罗科菲耶夫把奏鸣曲分为普通奏鸣曲和家用奏鸣曲。"

1916年1月16日，普罗科菲耶夫将《阿拉与洛利》予以改编，推出了四乐章作品《斯基泰组曲》。新作的事先筹备与演后反响同《春之祭》1913年的巴黎首演如出一辙，连音乐也不例外，这并非无意为之：伊什列·涅斯捷耶夫（Israel Nestyev）故意含糊其词，说斯特拉文斯基的作品对该曲的风格"似乎有些影响"。即便如此，《斯基泰组曲》依然迸发出一股不同寻常的向上力量，自成一种风格。经作曲家勤奋谱曲，全曲共用了140件乐器，是彰显年轻人充盈精力的不朽之作。

普罗科菲耶夫首次在纽约彩排时，音乐学家兼作曲家尤里·图林（Yuri Tyulin）也在场，他回忆道：

他在家里换衣服时，接了一个电话。我听到他回答："是的，是的，一定要来。音乐会照常举办。你知道圣彼得堡的臭鸡蛋和烂苹果涨价了吗？他们肯定会朝我扔过来！"

乐团在马林斯基剧院彩排，我独自坐在礼堂里过总谱。普罗科菲耶夫神情严肃地走向交响乐团，但可想而知这一时刻对他而言意义非凡。他在回忆录里写道，交响乐团妨碍了他工作。实际情况则更糟糕——交响乐团公开表达敌意，让他备受折磨。由于乐池内空间有限，两位竖琴师坐在舞台上，恼怒地问他问题，没完没了。他们在自己演奏的间隙用衣服上的宽领（当时流行）捂着耳朵。但是普罗科菲耶夫若无其事，继续耐心专注地与乐团沟通。彩排结束，他一本正经却心满意足地离开了。我焦虑地询问情况，他答道："一切顺利。"你不得不佩服他的镇定自若。

首演汇聚了全城的音乐精英，但并非所有观众都坚持听到散场。普罗科菲耶夫回忆道：

格拉祖诺夫是我亲自邀请来的。当演出进行到末乐章的日出部分，离曲终只剩八个小节时，他忍不住再次勃然大怒，终于愤然离开。

媒体难以理解为何一首"毫无意义"的作品能够登上舞台。哪怕是激进的《现代音乐》（*Musykalny Sovremennik*）也刊登了一篇带有嘲弄意味的文章，将普罗科菲耶夫的新作与《春之祭》进行对比，认为斯特拉文斯基是"贵族兼美食家"，作品"渗透着文化底蕴"，而年轻的普罗科菲耶夫的风格则更显粗糙：

> 他不受任何心灵怀疑的困扰，也不被过于精美的文化遗产所桎梏。他就像个贪玩的乡下孩子，精力充沛，身心健康，任何情景都能应对自如，任何盛装都衬得起来，只要衣服不要太过束缚。

1916年12月，《斯基泰组曲》的莫斯科首演临时取消，普罗科菲耶夫得以向音乐批评界发起反击。评论家萨巴涅耶夫（Sabaneyev）并不知晓计划有变，依旧发表了一篇事先准备好的评论文章，嘲讽音乐是"嘈杂刺耳"的，说作曲者兼任指挥，"肆意放纵自己"。普罗科菲耶夫抓紧时间进行反击，颜面扫地的评论家不得不辞去多家报社的编辑委员会职务。

《丑角》推迟上演，普罗科菲耶夫得以在音乐会之余专注《赌徒》的创作。普罗科菲耶夫知道,人人都期望他的新作引起轰动,他自己也想复原一种更加流畅优美、带戏剧性的歌剧形式,因此他不守常规,激烈地对抗歌剧惯例。他从陀思妥耶夫斯基的故事中提取歌词,同时,彻底抛弃了咏叹调那样正统的歌剧形式,以对话的方式展开表演,使得整个作品更加流畅。面对普罗科菲耶夫不可小觑的发展前景,现代主义者们按捺不住激动之情。鲍里斯·阿萨菲耶夫评论:"妙极了!"

但后来,普罗科菲耶夫回忆道:

但是由于印刷错误,"妙极了"到报纸上变成"烂极了"。有一天,我在房间里写《赌徒》,母亲进来,绝望地大叫:"你到底知不知道你在钢琴上砸些什么?"我和母亲往后两天没说一句话。

1917年1月,《赌徒》的彩排在马林斯基剧院开始。2月,彩排中断了。受政治环境的影响,愤懑的演职人员也闹起了革命。乐团和歌手们直截了当地拒绝表演，表达他们对曲目的强烈不满。媒体记录下了这场反抗：

艺术家们纷纷表达不满，认为应当将普罗科菲耶夫的歌剧《赌徒》剔除出待演曲目名单。偏好感官刺激的听众或许会钟情于它，认为嘈杂的乐音充满力量，并欣赏里面不可思议的音程和不和谐音调。然而这首曲子在歌手看来索然无味，他们在整个乐季里都只是勉强唱唱，应付了事。

《赌徒》的命运颇为曲折。1929年4月，法语版本的《赌徒》登上布鲁塞尔皇家马内歌剧院的舞台，首次在国际上亮相。在此之前普罗科菲耶夫已经进行了一番大改，收敛了作品的锋芒。1931年，他选取了《赌徒》的部分元素，拼凑出一套交响组曲《肖像》（*Portraits*，作品49），但因为这几首曲子而陷入麻烦。一直到1962年，歌剧《赌徒》才迎来首场英国演出，由贝尔格莱德国家大剧院的巡演团用塞尔维亚—克罗地亚语表演。1963年3月，根纳季·罗杰斯特文斯基（Gennadi Rozhdestvensky）首创广播音乐会，俄国的听众这才有机会聆听这部歌剧。《赌徒》历经波折后终于迎来了完满落幕。1974年4月，《赌徒》进入莫斯科大

一直到1983年，英国国家歌剧团才上演《赌徒》。图为饰演核心角色亚历克西斯（Alexis）的格雷厄姆·克拉克（Graham Clark）。佐伊·多米尼克（Zoë Dominic）摄影

剧院的剧目；1983年，英国国家歌剧院上演《赌徒》，英国的歌剧迷们得以首次欣赏普罗科菲耶夫最激动人心的歌剧作品之一。

《赌徒》的故事在德国罗伦特堡（Roulettenbourg）温泉展开。这部作品在内容上的确为人诟病，例如没有一个真正讨喜的角色，而且作曲家毫不留情地表现愤世嫉俗之意。但无论如何，普罗科菲耶夫写的最后一幕令观众诧异不已，剧中的"英雄"赌运旺盛，赢到银行破产：

我无意炫耀，不过赌场那场戏不管从创作理念还是片段结构上而言，都堪称歌剧历史上的全新尝试。这一幕完全符合预先设想，我如愿以偿……

普罗科菲耶夫放弃使用大合唱，而为每位赌徒和庄荷的角色配以单独的歌词。现场气氛升温恰到好处：矛盾愈演愈烈，直至各个角色歇斯底里地陷入疯狂。虽然普罗科菲耶夫与政治事件不沾边，胸无革命大志，但他这首另类作品恰恰反映了濒临绝境的俄国人民醉生梦死的生活。普罗科菲耶夫的《赌徒》就像一面镜子，反射出一个人人追求不义之财、自取灭亡的腐败社会。

普罗科菲耶夫修改《赌徒》的同时，也构思好了下一首歌剧的主题。与此同时，在动荡的俄国，艺术领域也经历着一场骚乱。

备受争议的剧院经理弗谢沃洛德·梅耶荷德（Vsevolod Meyerhold）延续了18世纪意大利剧作家卡洛·戈齐（Carlo Gozzi）的理念，借鉴假面喜剧里的即兴表演，加上既定框架的传统，提出"抽象剧场"的概念。戈齐的《对三个橙子的爱情》（*The Love of Three Oranges*）在前卫的戏剧圈子里人尽皆知，一本先锋杂志甚至取名为此。不过，即使没有梅耶荷德的推荐，普罗科菲耶夫或许也会将它用作歌剧素材。

1917年可谓是普罗科菲耶夫作曲生涯中最为高产的一年。他着手开始谱曲新的歌剧，重新投入新钢琴

《赌徒》赌场一幕的剧照。佐伊·多米尼克摄影

协奏曲的创作，与此同时还完成了多首大作：《第一

小提琴协奏曲》、《古典交响曲》、《第三钢琴奏鸣

曲》、《第四钢琴奏鸣曲》、《瞬间幻想曲》（*Visions*

Fugitives，作品22）系列、"迦勒底祈祷"的《他们七

个人》。1917年依旧是革命之年，然而令苏联乐评人尴

尬的是，普罗科菲耶夫同年的作品中，唯有最后一首体

现了革命精神。普罗科菲耶夫用表现主义式的邪恶和残

暴影射俄国的惊天巨变，还有谁比他更适合做表达者？

145

皮奥特·威尔利亚姆斯（Piotr Willliams）1925年绘制的梅耶荷德肖像［莫斯科特列亚科夫画廊（Tretyakov Gallery）］

时局变迁让他愈发下意识地在艺术中抒发情愫。

但是《他们七个人》并不是为了歌颂革命而诞生的作品。涅斯捷耶夫就任官方喉舌期间，就因普罗科菲耶夫的不作为而义愤填膺：

他是一位观察敏锐的艺术家，也是一位渴望名扬天下的作曲家，1917年的浪漫主义革命怎么可能没有深深地触动他的灵魂？他怎么会没有听到十月革命的号角声？革命的激昂旋律当时传遍了俄国的大街小巷，他的作品里怎么一丝痕迹都没有？

官样文章的背后，有一点值得深究。引述美国历史学家詹姆士·比林顿（James Billington）对1917—1918年革命运动的描述：

（俄国革命）有某种音乐性质。梅尔西埃（Mercier）对法国大革命的描述是，"一切都是观点"（tout est optique），套用到俄国革命上，则是"一切都是音乐"

（tout est musique）……所谓的"欧亚运动"……人们高呼苏联的新秩序，强调个人价值需成为"交响合奏"的一部分，群体满足是自我实现的唯一途径……尼古拉斯·古米廖夫（Nicholas Gumilev）写了一首革命前夕的动员诗，号召同一时代的艺术家们"直视怪兽的眼睛，夺走他的魔法小提琴"。的确，弦乐器奏响了时代巨变的背景音：拉斯普京（Rasputin）让吉卜赛小提琴家奏乐，助兴皇宫的宗派狂欢……敖德萨随处可见技艺娴熟的小提琴演奏家，规模前所未有……布尔什维克权力得到巩固……失控的小提琴奏出疯狂渐强的乐声……

诗人亚历山大·勃洛克同样也认为，"艺术家要挑起重担，认清前路方向，聆听在风中肆虐的音乐"。他指出：

在和平友好世界的假象中，俄国革命就此展开。水流奔涌而下，奏响革命之音。人们但凡还有一双耳朵，都不应漠视这样的音乐。

普罗科菲耶夫沉浸在自己的音乐里，对外面的事情不闻不问。他心中的领袖是斯特拉文斯基，而不是列宁。《他们七个人》中，人们不难听出《春之祭》，尤其是和声作品《星星之王》（*The King of the Stars*）的影子。

和《星星之王》一样，普罗科菲耶夫的《他们七个人》是一首短篇康塔塔（cantata），改编自苏联文学批评界主要的颓废派鬼才人物巴尔蒙特的诗歌。《他们七个人》里的角色是迦勒底神话中的魔鬼，他们同《春之祭》中的部落长者一样，非常惹人生厌，他们"强行开门，把人磨碎成玉米粒"。"神圣的天堂啊！诅咒他们！诅咒他们！诅咒他们！"革命不过如此。①

《他们七个人》是普罗科菲耶夫迄今为止最具实验性的一部作品，他详细地描述了整首作品的创作过程：首先构思整体乐感和高潮部分，而没有过多地思索音乐

149

---

① 1922年曲目出版时，副标题为"康塔塔"。普罗科菲耶夫大力反对，说："是谁出的傻主意，叫它'康塔塔'？'康塔塔'一词毫无生气，与《他们七个人》里行事冲动的角色们大相径庭。"——作者注

内容。其次，加入钢琴的元素，努力地"添砖加瓦"。他偶尔会想，这是在谱写想法而不是音乐。最后记谱。一部多层次的交响作品就此完工，作品的五线谱有整整30多页。

1924年5月29日，塞奇·库塞维茨基（Serge Koussevitsky）在巴黎指挥作品首演。事实上，当晚这首"康塔塔"共演奏了两次。普罗科菲耶夫回忆，当指挥说要重复一次时，是因为"他认为，这样能够更好地启迪他们"，但观众"有些恼怒"。

《瞬间幻想曲》是一组动人心弦的钢琴小品集，和《他们七个人》相比可谓天差地别。曲名同样取自巴尔蒙特的诗歌，但从某种程度上而言，它让人想起德彪西，而不是斯特拉文斯基：

在每一次瞬间幻影里，我看到了芸芸众生，

彩虹那变换的色彩，照亮了整个世界。

总体而言，《瞬间幻想曲》体现出作曲者"性情温和"——它和《讽刺》一样自由奔放，同为新奇尝试，不过《瞬间幻想曲》整体更加克制内敛。作曲整体的主题明朗，表达优雅；和声创新更加谨慎。此部作品集里的第19首是最令人不安的一曲。后来，普罗科菲耶夫提到，这首曲目的创作与他1917年2月的经历有关：

战火燃起时，我正在彼得格勒的街头，躲在房子后面的角落里，以免被近在咫尺的子弹击中。《瞬间幻想曲》的第19首……某种程度上记录了我当时的心境——我作为人群一分子的感受，而非革命的内在本质。

第20首是整个系列中最为神秘的曲目，曲终让人意犹未尽。

第三奏鸣曲和第四奏鸣曲均是在"老册子"素材基础上加工而成，不过创作年份依然是1917年。第三奏鸣曲尤为成功，它是一首单乐章奏鸣曲，时长虽短，但气势不减丝毫。主要素材以充沛的活力铺陈展开，第二主题简单且柔和（semplice e dolce），可谓是普罗科菲耶夫最具魅力的创意之一。

《古典交响曲》同样出自这位青年作曲家之手，它无疑别具一格，是普罗科菲耶夫在灵感迸发期的杰出之作。《古典交响曲》的名气响当当，反而让人忽视了作品本身的完美比例、熟练的技巧以及欢腾气氛。作曲家弗洛朗·施米特（Florent Schmitt）在1927年的《法国评论》（*La Revue de France*）中写道：

《古典交响曲》让人着魔；它像莫扎特未经出版的作品，优雅流畅，风格鲜明，具有神性的完美；管弦乐好像从水晶喷嘴中流淌而出。作品巧夺天工，精准科学，后人难以逾越。对于普罗科菲耶夫先生这样一位无所不能的艺术家，知识和想象力同等重要。

施米特的话不无道理，但《古典交响曲》终归不是仿造品。曲目中充满了普罗科菲耶夫的创意元素，故弄玄虚的和弦、肆无忌惮的旋律，无一不让人联想到作曲家个人。这首曲子里没有斯特拉文斯基的痕迹。到目前为止，作曲家还未割舍过去，开启全新的探索之旅。末乐章结尾的古典尝试——用音乐术语来说，普罗科菲耶夫避免使用小调和弦——只是这一独特旅程的一部分：

1917年夏天，我独居彼得格勒郊外，一边阅读康德的书，一边保持极高的工作产出。我有意没带钢琴，因为我想试着不用钢琴作曲。以前我一直是在钢琴前作曲的，但是我发现，抛掉钢琴时，创作出的主题内容往往更好一些。我第一次把旋律转移到琴键上时会觉得有些奇怪，但是多弹几次后，一切就回归正常了。我曾突发奇想，去写一首没有任何钢琴声音的交响乐。我相信整个交响乐团听上去会更自然。就这样，我萌生念头，要创作一部海顿风格的交响乐。切列普宁曾教过我许多海顿的作曲技巧，因此我感到信心十足，准备挑战一下无钢琴的交响乐。

我猜想，如果海顿活到今天，他一定会保留个人风格，也愿意接受新鲜事物。我想写的交响乐就是这样的——一部古典风格的新交响乐。我的想法逐渐成形，于是我将作品命名为《古典交响曲》：首先因为这个名字更简洁，其次是因为好玩，为了"嘲笑那群鹅[1]"。当然我默默希望这首交响乐最后能进入古典作品之林，体现出我有先见之明。

作曲家的秘密心愿实现了。《古典交响曲》从首演开始一路受到众人追捧，成为历久弥新的古典之作。

《第一小提琴协奏曲》相比于《古典交响曲》毫不逊色，但是它更晚一些才扬名海内外。1923年10月，作品在巴黎首演，人们认为曲中精致的抒情性不够"新"，不足以取悦听众。评论家们往往会蔑视这种明晰风格，比如作曲家乔治斯·奥里克（Georges Auric）

---

[1] 此处的鹅指代乐评人，他们批评普罗科菲耶夫只会写先锋派音乐作品，作为反击，普罗科菲耶夫创作了《古典交响曲》，为的是"惹怒鹅群"。——译者注

认为曲目矫揉造作，有"门德尔松主义"的痕迹。后来，多亏约瑟夫·西盖蒂（Joseph Szigeti）慧眼识珠，《第一小提琴协奏曲》才赢得了其应得的赞誉。

且不论作品的抒情性质和大师风范，《第一小提琴协奏曲》的非凡之处在于，它"表达出自然而然的'浪漫感'，而绝非扭捏造作的浪漫主义：为了明白两者的差异，须先理解普罗科菲耶夫的性格里如童话一般的虚幻部分"（休·奥塔韦）。在《古典交响曲》中，普罗科菲耶夫展现出他卓越的作曲能力，简练精确地构建出他个人的声音世界。曲中的器乐安排不合常规——大号音色突出，长号却毫无踪影。简单明了的乐曲框架若隐若现，贯穿始终。开场的旋律（早在1915年就构思好了）本身已经非常魔幻了，后来它又以很弱的、极柔和的长笛独奏、竖琴伴奏的形式重新出现，此时弦乐声隐匿起来，回转联动，动人心弦。末章结尾处，第一主题再次重复，更显得精巧雅致。第二乐章是一首变幻莫测的谐谑曲，长笛手得以在独奏中一展身手。自始至终，乐思自由流动，整首曲子自成一体，融合了纯真无邪和世故老练的双重特征。

1917年9月，彼得格勒已经进入危机状态。随着革命力量的发展，克伦斯基（Kerensky）带领的临时政府应付了事，假装成立同俄国的思维习惯格格不入的预备国会，将火力聚焦于德国战场，而未采取措施进行内部改革。坊间传言称彼得格勒即将落入敌方之手，普罗科菲耶夫因而警觉地离开，与在高加索（Caucasus）的母亲团聚：

彼得格勒传来令人困惑的新闻，是关于十月革命和即将成立的"列宁政府"。本地小报把苏联政府称作列宁政府。新闻写得振奋人心，但是它自相矛盾，所以很难得知真相是什么。基兹洛沃茨克（Kislovodsk）有许多白军，他们各执一词。我决定前往彼得格勒，尽管……别人说疯子才会在这时候去旅行。一列火车驶来，车窗玻璃被砸得粉碎，一群惊慌失措的资产阶级民众拥挤而下。人们说："莫斯科和彼得格勒的街头正在交火。你永远也到不了那里。"这样看来，我就算到了首都城市，也很难举办音乐会……基兹洛沃茨克成了一条没有出路的死胡同。

普罗科菲耶夫被困住了，面对漫漫前路，他变得焦躁不安。他渐渐萌生了去美国的念头——此前他已经结识了农业机械大亨塞勒斯·麦考密克（Cyrus McCormick），一位潜在赞助人。显而易见，俄国正在分崩离析。这里的确是他的故乡，但是音乐还有容身之所吗？马雅可夫斯基号召把普希金从现代之船上推下去，而继续使用弦乐器的音乐家也难免遭到唾弃。①当时的音乐创作显然面临现实层面的困难。作曲家亚历山大·格列恰尼诺夫（Alexander Gretchaninov）回忆：

① 当时的说法是，20世纪的音乐不应像马尾毛刮擦干掉的牛内脏发出的刺耳声音一样。——作者注

《攻占彼得格勒冬宫》，作者尤里·安南科夫（Yuri Annenkov）（苏富比）

布尔什维克革命的前些年，我们参加了为工人、孩子举办的多场演奏会讲座……中场休息时，工作人员给我们递了鲱鱼和黑面包，以便我们保持体力。我们收到了面粉和谷类食品作为酬金，运气好时甚至能收到一点糖和可可。

H.G.威尔斯（H.G.Wells）访问俄国时，格拉祖诺夫依然是圣彼得堡国立音乐学院的院长，威尔斯评价他"面色苍白，体力不济……乐谱存货……几乎用完了"。

我们不能轻易假设，早期的布尔什维克领导人对于普罗科菲耶夫此类人的音乐怀有敌意。布尔什维克党坚信，艺术不可能独立于政治和经济事件，因此意识形态的干涉既不必要，也不合适。以托洛茨基（Trotsky）为例，他认为只有当"工人阶级独裁"的阶段结束，苏联彻底进入无产阶级社会，真正的苏联文化才会出现：

> 当铁腕独裁不再必要，阶级属性彻底消失，文化重建才会开始。从中可以得出一个结论，即不存在、也永远不会出现工人阶级文化，事实上也没有任何理由感到遗憾。

列宁本人就毫无野心培养无产阶级文化。倘若真正的苏联文化是在所有阶级大融合后自然而然地诞生，那么国家层面的干预只会适得其反。音乐和其他艺术一样，需要自由演变。布尔什维克党可以领导无产阶级，但是不能左右历史进程。

《布尔什维克党》，作者鲍里斯·库斯托季耶夫（Boris Kustodiev）（莫斯科特列季亚科夫画廊）

教育与启蒙部首任部长阿纳托利·卢那察尔斯基（Anatoly Lunacharsky）热爱音乐，他当然是不会站在"资产阶级文化"的对立面。他领导的部门旨在鼓励严肃艺术事业的发展，以巩固新社会的奋斗成果，并不会干预艺术家的创造。

当然，某种程度的干涉必不可少。1921年，卢那察尔斯基亲自下令，为年轻的肖斯塔科维奇发放口粮。尽管如此，许多苏俄音乐家依然拒绝接受任何政府监督，选择侨居海外。无论是非法逃出国境线外，还是合法申请签证离开，都是有违社会规范的不忠之举。从严格意义上来说，伊戈尔·斯特拉文斯基是沙皇时代的流亡者。他最重要的身份标签是音乐家。但是在斯大林意识形态拥护者的心中，他是完美的憎恨对象——类同于艺术界的托洛茨基。相较之下，或许普罗科菲耶夫最重要的身份标签是俄国人？他显然更急迫地想为自己留一条退路。的确，整整20年的时间里，他成功维持了东西方力量的平衡。为了维系与红军的关系，普罗科菲耶夫与巴尔蒙特及其公开反共的白党朋友断交，因而得到了让他心满意足的待遇。他反复宣称："再过几个月就返回俄国。"哪怕他背井离乡数年，回去时仍然能够受到热烈欢迎。

不过，在苏联的史料中，"逃离到西方"依然是他的一个污点。涅斯捷耶夫认为：

纪念苏联人民的圣彼得堡瓷器（苏富比）

对于年轻的作曲家而言，离开俄国是一个惨痛及不可弥补的错误。他与经历革命重建的祖国母亲常年分离，任何举措也无法挽回。

普罗科菲耶夫弃国逃离之举，永远是他的心头之痛。

1918年3月，基兹洛沃茨克落入红军之手。普罗科菲耶夫考虑周全，从当地的苏维埃工人处领取通行证，终于启程前往莫斯科。据他回忆，火车只有一两次被击中。随后，他下定决心要重新开启外国之旅，首要任务就是准备一笔钱。他同自己最欣赏的指挥库塞维茨基签订了合约，库塞维茨基现在还兼任他的出版商：

我没费多少工夫就说服库塞维茨基把《斯基泰组曲》《丑角》和《赌徒》的6 000卢布费用预先支付给我了。这实在是一笔划算的生意，体现了我的慷慨大方。卢布正在快速贬值，没有人相信克伦斯基政府的货币，然而我的音乐却相当有可能保价。

普罗科菲耶夫短暂在莫斯科停留时，还与马雅可夫斯基多次碰面：

我们的友谊升温了。很多时候我会演奏给他听，他为我朗读自己的诗歌。离别之际，他赠予我一本他的《战争与世界》（*War and the Universe*），并题词："致音乐世界之王，普罗科菲耶夫。诗歌世界之王，马雅可夫斯基敬上。"

两位常年奔波的旅行者日后还会多次相见，相聚于海外和莫斯科。

普罗科菲耶夫赴美前，《斯基泰组曲》已经多次演出，但《古典交响曲》只演了一次。1918年4月21日的彼得格勒首演的重要意义还体现在另外一方面。卢那察尔斯基亲自经手了普罗科菲耶夫的"释放"，他和马克西姆·高尔基、画家亚历山大·贝诺瓦（Alexander Benois）列席台下，经二人介绍认识了普罗科菲耶夫。

作曲家回忆起他与政委先生的会面：

"我一直非常努力工作，"我告诉他，"我想呼吸新鲜空气。""你不觉得在这儿就能呼吸新鲜空气

卢那察尔斯基肖像画，作者尼古拉·安德烈耶夫（Nikolay Andreev），1921年（莫斯科特列季亚科夫画廊）

吗？""是的，不过我偏好真正的海边空气。"卢那察尔斯基想了几分钟，脱口而出："你是音乐界的革命派，我们是现实生活里的革命派。我们应当合作。不过，如果你实在想去美国，我不会阻挠你。"就这样，我错失机会，无法成为浴火重生的新俄国的一分子。我收到了用于外国旅行的护照和一份证明文件，大意是我出国的目的是艺术访问、休养身体，上面没有列明回国期限。一位明智的朋友警告我说："你正在逃离历史，而历史永远不会原谅你。待你归国，没有人会理解你的。"然而警告是徒劳的，我没有听进去这些话……

5月7日，普罗科菲耶夫启程前往符拉迪沃斯托克（Vladivostok），短暂停留后，开始了异国的侨居生涯。

PART 5

第
五
章 /

远 洋

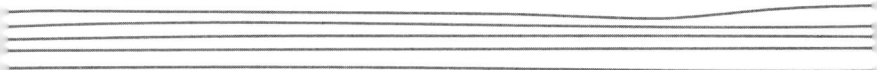

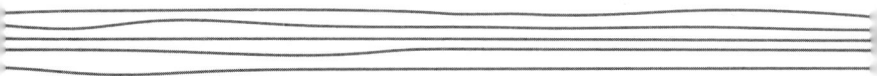

符拉迪沃斯托克遥不可及，路上耗费了整整18天。长途跋涉平淡无奇，我窝在自己的隔间里阅读有关巴比伦文化的书籍。当时的西伯利亚依旧动荡不安，我回过头来才意识到乘火车横跨西伯利亚是多么危险之举。我们为了避让捷克斯洛伐克的军方货运列车，在某一处停留了很久，就在我们终于获准通行后不久，身后的捷克斯洛伐克的国境线关闭了。自那以后，我在基兹洛沃茨克给母亲寄的明信片就再没按时送到过，她等到一年后才收到……

6月1日，我到达东京……当时日本已经出版了多册有关现代音乐的书籍，其中M.奥塔古罗（M. Otaguro）更是在他的著作中用整整一章的篇幅介绍我，我得以有幸在东京的皇家剧院举办多场音乐会。日本听众对欧洲音乐所知甚少，但是他们安静有礼，用心聆听，在技巧精益的乐段不吝掌声。不过只有零星听众到场，我的酬金也不值一提。

我从日本横滨出发乘船前往旧金山，途中愉快地停靠火奴鲁鲁。由于我来自"过激党派"（maximalist，当时美国人对布尔什维克的称号）掌权的俄国，明显像是危险的可疑人物，工作人员一开始不允许我下船。我在一座

IMPERIAL THEATRE, TOKYO

Grand Piano Recital
In his own Compositions

given by

Sergel Prokofleff
The Gigantic Russian Composer & Pianist Virtuoso.

The another Rubinstein Prizz Winner

ON

Saturday, July 6th
Sunday, July 7th
At 1.15 P.M.

Tickets: Yen 3.00
2.50
2.00

Programme

普罗科菲耶夫在东京皇家剧院的演出单

岛屿上被关押了三天，接受密集审问："你之前坐过牢吗？""坐过。""真糟糕，在哪儿坐牢？""你们的岛上。""哦，你开玩笑的啊！"在这之后我终于踏上了美国的土地。此时我已身无分文，不过船上的好心人借了我300美元。我于1918年9月初抵达纽约。

经历了艰难漫长的跨洋之旅，普罗科菲耶夫已经迫不及待地到美国音乐界试试水。"我发现，新的音乐世界里，一切都井井有条，"他说，"但是和我熟悉的世界大相径庭。"普罗科菲耶夫是否对他异国他乡的职业生涯寄予厚望，认为"旅美生活会同前几年的俄国岁月一样顺风顺水"？在库塞维茨基眼里，美国的迷人魅力甚至超越了普罗科菲耶夫的耀眼光芒。不过，普罗科菲耶夫被视为布尔什维克文化事业的情报员，这是另外一个隐患。

普罗科菲耶夫钢琴技艺精湛，完全可以同拉赫玛尼诺夫等大师媲美，但他的作品在美国受到冷落，仅仅被视为"新奇事物"。当然,人们往往不会将普罗科菲耶夫的曲目视为布尔什维克党的阴谋。俄国的评论家曾对他出言不逊,但是他并不反感,因为恶评往往引起艺术上的思想碰撞。纽约的状况则截然相反,一篇恶评激不起任何火花!几周的时光匆匆而过,普罗科菲耶夫面对冷漠的纽约城,再一次陷入个人困境:

有时,我漫步纽约中央公园,抬头看对面的摩天高楼,常常感到一阵怒火袭来:想到美国有那么多的顶级交响乐团,却没一个在乎我的音乐;想到评论家来来回回老生常谈,称赞"贝多芬是多么伟大的作曲家",却对新鲜事物出以恶语;想到经理人为艺术家安排老掉牙的演出曲目,同样的内容重复50遍。我来得太早了,美国还是个孩子,没做好准备接受新音乐。

尽管如此,事情在一开始开展得甚为顺利:

　　1918年11月20日，我举行了首场纽约钢琴独奏会。至少从表面上看，我的演出获得了成功。许多音乐家到场，《纽约报社》也予以积极评论，可以说媒体评价对于我是否能在其他州获得演出机会至关重要。不过，哪怕是批评言论也写得相当煽情。有个乐评人就我的音乐胡言乱语了一番，其中最精彩的一条是，第二奏鸣曲结尾让他想起了"一群猛犸象穿越亚洲大平原"。至于我的演奏，他们说层次不够鲜明，不过我有"钢铁一般的手指和手腕，发达的肱二头肌和三头肌"。难怪酒店里的黑人电梯服务员摸了摸我的袖子，发出感慨："像钢铁一样强硬的肌肉……"显然，他以为我是拳击运动员。

　　普罗科菲耶夫的盛名很快就传开了，他受邀为"双艺术"①录制钢琴纸卷，还收到一家纽约的出版社的邀

173

---

① 双艺术，即Duo Art，是记录钢琴演奏的现代技术之一。将演奏者的钢琴触键、踏板动作以及触键强度记录在钢琴纸卷上，之后用特殊的钢琴读取纸卷，即可重现同一段演奏。——译者注

约，出版钢琴作品。这位"来自无神论俄国的非凡人才"不愿意将自己桎梏于美国的一纸合同里，不过他还是完成了两组钢琴套曲——《老祖母的故事》和四首钢琴小品（作品32）。四首钢琴小品是一套短小优雅的舞曲，与普罗科菲耶夫的"古典乐路线"一脉相承；《老祖母的故事》则体现了思乡情怀，具有俄国音乐的特征，颇有穆索尔斯基的风韵。

普罗科菲耶夫与美国知名指挥家沃尔特·达姆罗什（Walter Damrosch）相见后，失望而归：

见面前，有人建议我："不要弹《斯基泰组曲》，他没法理解。" 听第一奏鸣曲时，他都没有及时翻页。他对《古典交响曲》的评价是："令人愉悦，就像瓦西里·卡林尼科夫的作品。"我愤然离开。但实际上他的本意是恭维我，他曾经在全美巡演卡林尼科夫的交响乐。

指挥家沃尔特·达姆罗什（百代唱片）

普罗科菲耶夫的芝加哥之行就走运多了。12月6日

和7日，菲得立克·斯托克（Frederick Stock）执棒连演

两场，演奏曲目包括《第一钢琴协奏曲》和《斯基泰组

曲》。观众反响极其热烈，芝加哥歌剧院的音乐总监提

出要上演普罗科菲耶夫的舞台音乐。作曲家将《赌徒》

的总谱留在了俄国，但是他并未忘记《对三个橙子的

爱情》：

我把想法告诉了坎帕尼尼（Campanini）。他惊呼："戈齐！我们的大师！太好不过了！"1919年1月，我们签订了合同，这部歌剧即将在秋季登上舞台。

与此同时，普罗科菲耶夫的音乐在纽约反响平平。纽约市俄国交响乐协会的创始人穆捷斯特·阿尔茨舒勒（Modest Altschuler）一番好心担任指挥，但是却因能力欠缺而受人诟病：

媒体无一例外把我们的表演批得一文不值——从乐团、阿尔茨舒勒，到我本人，无一幸免。

不久后，普罗科菲耶夫遇到了貌美如花的未来妻子卡罗莱娜·科迪纳（Carolina Codina）。关于莱娜的身世，至今仍存有迷思。可以说，单单她的出生背景就足够令作曲家魂牵梦绕。莱娜1897年出生于马德里，她的父亲是西班牙人，母亲是阿尔萨斯及波兰混血，出生于莫斯科南部的沃罗涅日（Voronezh）。莱娜随家

人迁至美国，成为一名职业歌手，她用祖母的名字吕贝
拉（Llubera）做艺名，后来将它当作自己的别名。普
罗科菲耶夫对莱娜的爱恋绝非昙花一现，这从《对三个
橙子的爱情》中可见一斑。普罗科菲耶夫将戈齐原作
中的"维奥莱塔"（Violetta）公主改名为"莱娜塔"
（Linetta）公主，以悦心中挚爱。

在普罗科菲耶夫陷入职业生涯低谷的几个月里，莱
娜始终陪伴在他左右：

普罗科菲耶夫和莱娜肖像画，纳塔利娅·贡恰洛娃（Natalia Goncharova）绘（苏富比）

　　3月时，我同时染上猩红热和白喉病，咽喉里还长了一个脓包，几乎不能呼吸。一位美国女士后来告诉我，"（当时）我以为你快死了，所以送了你些玫瑰"，她的话语间有些抱歉之意，因为当时她特意献上鲜花，结果是虚惊一场。我康复后，没等医生同意，就迫不及待重新工作了。我的创作因病情耽搁了，但是高烧退下后的我焕然一新，以充足的活力回归工作。到6月，音乐已全部谱写完毕。我用夏天剩下的时间完成了管弦乐编排。10月1日，我在合同的最后期限前顺利完成了总谱。剧场不必再出额外费用，舞台全套布景都从安尼斯菲尔德（Anisfeld）处订购。一切准备就绪，然而坎帕尼尼于12月突然病逝，剧院没有把握继续制作歌剧，遂将演出推迟至下一个乐季。我一下子孤立无援，丢了歌剧演出的机会，也不再有音乐会上演。

　　后来，演出时间又因酬金争执而进一步推迟。

　　类似的复杂事件贯穿普罗科菲耶夫的歌剧生涯。他和柴可夫斯基一样，为歌剧倾注了毕生热情。柴可夫斯基的歌剧才华尚未得到应有的珍视，普罗科菲耶夫的天赋更是被漠视，人们到了近期才注意到他在歌剧领域的贡献。《可汗布扎伊》（*Khan Buzay*）和《遥远的海》（*Distant Seas*）均是未完成的作品。《火天使》《战争与和平》和《真正的人》（*The Story of A Real Man*，作品117）到普罗科菲耶夫离世后才被搬上舞台。在所有歌剧中，唯有《对三个橙子的爱情》在演出当即就大获成功。该剧于1921年12月在芝加哥首演，后进入世界各地的剧场，包括纽约（1922）、科隆（1925）、柏林和列宁格勒（1926）。英国观众直到1962年才在爱丁堡艺术节上欣赏到贝尔格莱德国家大剧院表演的这部作品。而后它多次回到英国，在萨德勒威尔斯剧院演出，由英国广播公司制作电视版，甚至在格莱德堡歌剧院还有过最为轰动的一次表演。

英国国家歌剧团首次上演《对三个橙子的爱情》，图为1970年8月的演出。希瑟·贝格（Heather Begg）饰演克拉丽萨（Clarissa），埃里克·斯坦纳德（Eric Stannard）饰演利恩德罗（Leandro），罗伯特·劳埃德（Robert Lloyd）饰演黑梅花国王

在涅斯捷耶夫看来，《对三个橙子的爱情》的"魅力有限"，因为它"不守常规，背离经典的歌剧形式"，进而佐证了虚无主义。作品并非完美无瑕，普罗科菲耶夫破天荒地修改戏剧形式，以吻合戏剧主题，但这是以破坏作品的结构为代价的。他还原了戈齐原作的台词和韵味，呈现出万花筒一般的华丽表演，而戏剧本身却缺乏说服力，与传统戏剧相差甚远。舞蹈、游行和滑稽场景贯穿整部作品，其中的音乐也广为人知。1924

年，普罗科菲耶夫从中提取出一组管弦乐组曲，其中包括著名的《进行曲》（*March*，作品3）。

《对三个橙子的爱情》里的歌曲整体慷慨激昂，是典型的普罗科菲耶夫风格。它完全为舞台表演而作，用视觉冲击逗观众发笑，这意味着它在舞台之外毫无生命力。普罗科菲耶夫明确表达了作品的隐藏意义："我只想写一部歌剧，点准观众的笑穴。"为了保证演出效果，最好的做法是将剧本翻译为观众的母语，以达幽默之意。普罗科菲耶夫最初是用俄语写的剧本，然而在英语国家，《对三个橙子的爱情》迄今为止还时常用法语上演，这一传统完全无助于本土观众跟上剧情。随后，作曲家和维拉·贾纳科普洛斯（Vera Janacopoulos）合力完成了法语版的翻译。

童话故事的主人公是一位忧郁的年轻王子，他是黑梅花王国的君主之子。他被施以魔咒，唯有笑起来才能破除。狡猾的阴谋家首相利恩德罗和国王的侄女克拉丽萨二人从中作祟，阻碍王子康复。小丑楚法尔蒂诺

181

（Truffaldino）奉令举办庆典，以博王子一笑。利恩德罗的女巫保护者化身为法塔·莫加娜（Fata Morgana）到场捣乱，却不慎跌倒，场面难堪，惹得王子一阵大笑。恼羞成怒的莫加娜施加咒语，让王子不可自拔地爱上三只橙子，追求它们直到天荒地老。经过一番冒险，最终王子成功在女巫克伦塔（Creonta）、巨人厨师（歌剧中为深沉男低音，以营造喜剧氛围）的眼皮底下解救了三只橙子。一只橙子化身为尼内特（Ninetta）公主，王子爱上了她，准备娶她为妻。回家之路依然困难重重，就在此时，尼内特变成一只老鼠。不过最终一切障碍被扫清，二人结为夫妻，皆大欢喜。

除了故事里真实的主人公，魔法世界的众多角色也一一亮相，如不称职的国王男巫西里欧（Celio），以及设法阻挠的众多恶魔。作品的第三重元素是和声形式的画外音，演绎旁观者用批评性言论来干扰情节，施加压力，唐纳德·米切尔（Donald Mitchell）认为：“（它代表了）作曲家和观众的'良知'。”

　　普罗科菲耶夫尤其热衷于在戏剧中安插旁观者的视角，让他们干涉戏中角色的内心想法，形成戏中戏的效果。他可以隐匿自我的存在，一面探讨严肃的道德问题，一面取笑剧中人物，摆出愤世嫉俗的姿态。《对三个橙子的爱情》中不乏普罗科菲耶夫的惯常手法，包括突如其来的狡黠才思、出其不意的和弦急转，但是这样的作曲方法也伴有缺陷。作曲家为了戏剧效果牺牲剧情逻辑，角色塑造单薄，将一切重担压在了音乐创作之上。所有角色的演唱风格大同小异，神话人物与凡间人物相差无几，作品整体缺少层次感。然而，巅峰状态下的普罗科菲耶夫有能力塑造深入人心的角色，尤其在第三幕里，女主角终于出场，她的款款深情足以打动每一位观众。

　　剧中的台词自始至终都带有荒谬意味。王子哭着向尼内特表露爱慕之情：

　　没有什么能阻止我，

　　阻止我的热情，阻止我来到你身边。

我不惧怕讨厌的克伦塔，

打败了丑恶的厨子，

逃离了巨大的铜勺，

我费尽周折来到了这间热气腾腾的厨房。

不，不！

我的爱比克伦塔更强大，比厨房更炽热，

它让厨子面色苍白，让铜勺掉落在地。

其他地方的幽默尝试就略显笨拙。比如说，低音长号为台上吹奏号角的小号手放了一个"屁"，可以说相当逼真。

1919年秋天，犹太教的齐姆罗（Zimro）乐团到达美国。乐团里包含弦乐四重奏、单簧管和钢琴乐手。所有音乐家都是普罗科菲耶夫在音乐学院的同学。

演出的官方目的是为耶路撒冷的一家音乐学院筹款，但实际上这只是讨好留美犹太人的说辞，毕竟音乐家的收入只够勉强养活他们自己。他们带来了一些相当有趣的犹太音乐，可以将不同乐器排列组合进行演奏，例如双小提琴、双重奏等。他们托普罗科菲耶夫写一首六重奏序曲，并给了他一个犹太主题的笔记本。普罗科菲耶夫一开始拒绝了，理由是他只用自己的音乐素材。不过他一直保留着这个笔记本。有一天晚上，他打开翻了翻，从中选择了几个合适的主题，到钢琴前即兴演奏。很快，几个结构严密的乐段流淌而出。第二天，他继续打磨作品，当天晚上就完成了序曲的创作。后来，他又花了十天进行完善，形成了终稿。

手头拮据的作曲家以创纪录的速度完成了《希伯来主题序曲》（*Overture on Hebrew Themes*，作品34）[1]，用他自己的话来说，这首曲目相当成功。

1920年初，普罗科菲耶夫开始了他的加拿大音乐会巡演：

185

---

[1] 1934年，普罗科菲耶夫将其改编为交响乐版本，把器乐安排得满满当当，曲目失去了原作的新颖感。——作者注

在一个小镇上发生了一件趣事。在我前往小镇之前，纽约的经理提醒我要提前收取费用，否则可能会被赖账。等我到了那里，与当地的音乐会经理做了约定，他耸了耸肩，应诺下来。演出的音乐厅规模巨大，票价为25美分，购票的大多是学生。音乐会开始前，经理提着一个小保险箱，走进更衣室。"学生用银币付的钱，"他说，"我以同样方式支付给你。"他递给我25个巨大的银币美元、100个50美分的硬币和100个25美分的硬币。我把硬币挨个塞到口袋里，感觉身上背了100普特①的银子。一个可怕的想法一闪而过：万一演奏会进行到一半，衣服口袋裂开，成堆的硬币洒落一地怎么办？我会成为全美国人的笑柄！经理说："我帮你换成纸币，中场休息的时候给你。"但是我再也没能见到这位经理，只带着应得收入的三分之一回到了纽约。

---

① 普特是俄罗斯重量单位，1普特等于16.39公斤。——译者注

面对惨淡的演出市场，普罗科菲耶夫纯粹出于消遣目的，着手创作另一部歌剧《火天使》。达基列夫的俄罗斯芭蕾舞团重操旧业，普罗科菲耶夫将目光锁定巴黎。他没有断掉和美国的联系——《对三个橙子的爱情》还有待制作，莱娜也在那里；到1938年，他将在美国各地举办漫长的巡回演出。但在当时看来，欧洲似乎是更有前景的根据地。他决定暂时不回俄国。年轻的苏维埃共和国遭到西方国家封锁，可以说是真正地与世隔绝。年轻的苏维埃作曲家绝对不愿意铩羽而归。

1920年4月，普罗科菲耶夫来到巴黎。他很快同达基列夫和斯特拉文斯基重新建立了联系，获得了巴黎艺术圈的入场券。他遇到了巴勃罗·毕加索和莫里斯·拉威尔：

在一场社交音乐会上，斯特拉文斯基、安塞梅等诸多知名音乐家到场。一个小个头男人走了进来，他棱角分明，头发有些发白，看上去与常人不同。他就是拉威尔。有人向他介绍了我。我说，能够与他这样的卓越作曲家握手，实在令我欣喜不已。我称呼他为maître①。拉威尔收回手，仿佛害怕我亲吻他的手掌，他惊呼道："拜托，请别叫我maître！"他为人非常谦逊。

拉威尔很清楚自己拥有卓越的作曲才华，这一点我从不怀疑，不过他讨厌任何形式的奉承，尽量避免听他人的恭维话。

普罗科菲耶夫到法国后不久，就把身体欠安的母亲接了过来。后来，莱娜也来到法国待了一段时间。普罗科菲耶夫备受鼓舞，在芒特拉若利（Mantes-La-Jolie）附近租了一套小房子。他在家里埋头工作，同时照料视力日益下降的玛丽亚·格里戈利耶夫娜。按照计划，《丑角》将在来年夏季由俄罗斯芭蕾舞团表演。他开始彻底修改剧本，全作中唯有开头部分未经改动。开头那尖利的口哨声和咔嗒声，就像有人在演出开始前为管弦

①即大师，法语里常用它来称呼知名艺术家。——译者注

乐器除尘。

同年秋天，普罗科菲耶夫回到了美国。《音乐美国》（*Musical America*）刊登报道，其中一张照片的标题赫然写道："作曲家斯特拉文斯基与钢琴家普罗科菲耶夫。"普罗科菲耶夫以钢琴家身份出现在公众视野，不难想象他会做何反应。12月，他来到加利福尼亚巡演，为俄国女高音尼娜·科谢茨（Nina Koshetz）创作了五首无词歌（作品35）。

1921年5月17日，《丑角》在巴黎首演，成为当时乐季的新颖之作。不过它的伦敦演出则更像是一场丑闻：

6月9日是芭蕾舞剧在伦敦的首演日。演出前一天彩排时，我发现有个地方不合我意，便让交响乐团停下来了。达基列夫立刻来找我，面部因怒火而扭曲，压低声音说："我为了你，聚集了全伦敦的精英，你倒好，彻底搞砸了！现在请你继续，无论如何也不要停下来。"

普罗科菲耶夫、达基列夫和拉里诺夫参加《丑角》彩排，1921年，米哈伊尔·拉里诺夫画
（苏富比）

演出在公众之中的反响非常好，但是媒体的评论却对我不利，听上去像在辱骂。英国本应是礼仪之邦，不过音乐评论家显然是个例外。英国评论家有着全世界最为粗鲁的言语，与美国人不相上下。经验丰富如达基列夫，

也一度失去耐心，打破行规，做出业内闻所未闻的决定——他没有向《泰晤士报》的主要音乐评论家寄送邀请函。规矩是这样的：若评论家受邀参加一场音乐会，他可以畅所欲言，自由地发出褒奖或批评的声音。但倘若自行购票的观众诋毁演出内容，他可能会被索求赔偿。伦敦的音乐世界相较于巴黎更加保守。英国人要花更长的时间接受新鲜事物，不过一旦接受，他们更不容易立刻变更想法。

《丑角》稳固了普罗科菲耶夫怪诞大师的地位，它的出奇之处在于残酷又怪异的情节，而非音乐里的荒谬元素。芭蕾舞剧的故事发生在一个俄国村庄，丑角和妻子密谋从邻居那里骗取钱财：他假装要谋杀妻子，后又用一根"魔法鞭"抽打尸体，让她复活。其他七个丑角见后大为惊叹，于是纷纷掏钱买了鞭子。他们各自杀害了自己的妻子，却发现魔鞭突然失去了魔力。主人公丑角为了躲避灭顶之灾，佯装成自己的妹妹。七个丑角愤愤不平，将丑角妹妹带走，让她做他们的新厨师。不久之后，一位富商来到村庄里挑选老婆，他拒绝了七个丑角的女儿们，而看上了女厨师。在富商的卧室里，扮成厨师的丑角为了避免穿帮，用一只羊替换掉自己。接着，在一片混乱中，不幸的羊儿被杀。最后，主人公丑角再次现身，这回是为妹妹的失踪索求赔偿！

　　《阿拉与洛利》效仿《春之祭》，《丑角》则是《彼得鲁什卡》的模仿品，允许在曲调上有发挥空间。单从这一原因来看，后者更具创意。尽管部分乐段的连接稍显弛豫，但普罗科菲耶夫的和声运用自始至终令人赏心悦目，管弦乐配器光彩夺目，风格尖锐，别具特色。既然《丑角》作为芭蕾舞音乐的辨识度如此之高，为什么它的名气不敌普罗科菲耶夫的其他芭蕾舞剧？1921年的观众尚且可以怪罪拉里奥诺夫的立体派布景、戏服和编舞太过粗糙，但是既然普罗科菲耶夫的音乐本身在聚焦剧场内上演，那么它不甚光彩的舞台历史也就不足挂齿。

米哈伊尔·拉里诺夫为《丑角》所作的设计。图为剧中早期的风景设计（苏富比）

米哈伊尔·拉里诺夫为《丑角》所作的设计。图为第五幕富商卧室里的场景（苏富比）

米哈伊尔·拉里诺夫为《丑角》所作的设计。图为主人公丑角、妻子和其余两个丑角的设计草稿,早在1915年就已完成(苏富比)

《丑角》1921年首次演出时最后一幕的剧照

涅斯捷耶夫对《丑角》的批评毫不留情，予以最荒谬的谩骂。实际上，这首曲子简洁有趣，旋律异常优美。苏联作家误读了它，认为它"从根本上是悲观的"，"显著体现了……虚无的怪诞风格"。普罗科菲耶夫反驳道：

对《丑角》友善点……民间传说无一不是邪恶的，你不能揪住这一点不放。《丑角》具有丰富的音乐性，应当推荐给听众。

1921年春天，知名艺术家亨利·马蒂斯（Henri Matisse）选录了达基列夫最新作品制作的排练现场。他听完后印象深刻，为普罗科菲耶夫制作了一幅精美的肖像画，准备放在节目册里。不幸的是，原稿被丢在了达基列夫的酒店房间里，再也不见踪影。几年后，制作人本想说服马蒂斯为《浪子》（*The Prodigal Son*，作品46）设计布景，但他未应允下来。

普罗科菲耶夫从剧场的兴奋劲头中抽离出来，退

195

居到埃特尔塔，继续创作搁置已久的《第三钢琴协奏曲》：

过去很长一段时间里，我多次迸发灵感，所以曲目的很大一部分实际已经完成了。早在1911年，我还在完善《第一钢琴协奏曲》时，就已经萌生想法，要写一首大型协奏曲，体现我的精湛技艺。但是进展甚微，我只保留了一个平行三和弦乐段，最后我将它用在第三奏鸣曲第

普罗科菲耶夫肖像画，马蒂斯画（原件遗失）

一乐章的结尾。1913年，我曾经谱写了一个变奏主题，多年以来都没有用上。1916—1917年，我多次尝试回到《第三钢琴协奏曲》的创作。我写好了曲目的开头（双主题）和第二乐章主题的两个变奏。与此同时，我计划着写一首"白键四重奏"，顾名思义，一首全部由自然音阶组成的弦乐四重奏，每个音符都是钢琴白键上的音。我原本的打算是，四重奏包含两个乐章，即奏鸣曲形式的慢速第一乐章和四分之三拍的末乐章。白键四重奏主题的灵感来自世界各地，有些是我在彼得格勒写的，有些是在太平洋或美国。不过我发现任务太艰巨了。我害怕最后的作品会太过单调，于是在1921年决定把曲目里的素材拆开：副部主题成了《火天使》中勒娜特的主旋律；主部主题用于《定情在修道院》（*Betrothal in A Monastery*，作品86）；终乐章的第一和第二主题进入《第三钢琴协奏曲》的最后乐章。所以，当我开始创作《第三钢琴协奏曲》时，手头已经有了主题素材，只需将第一乐章的副部主题和末乐章的第三主题填满即可。成品怎么样？当然是我最具吸引力、最为流行的作品之一诞生了。乐曲采用传统的三乐章形式，掩盖了作品东拼西凑的本质。

《第三钢琴协奏曲》通常被认为是普罗科菲耶夫五首协奏曲中最成功的一曲。其钢琴独奏部分不乏作曲者一贯使用的技巧创新，不过这一回，管弦乐队配合钢琴独奏，积极地予以回应。休·奥塔韦认为，《第三钢琴协奏曲》成功"融合了普罗科菲耶夫所有为人熟知的特征"。它是许多音乐名家的备演曲目之一。

在布列塔尼，普罗科菲耶夫与移居海外的诗人巴尔蒙特重建联络，在1921年夏天以五首新诗为题材进行创作，并将音乐作品五首诗（作品36）献给莱娜。巴尔蒙特为《第三钢琴协奏曲》献上一首十四行诗，以他独有的方式致敬：

火焰中，一朵深红色花朵欣然绽放，

一个唠叨的琴键闪闪发光，

突然间，火焰伸出了舌头，火光四溅。

愤怒的熔岩流喷涌而出。

此时此刻，跳一支华尔兹，来一曲加沃特。

突然，敌人激怒了狂野的公牛，

它挣断锁链，屏气凝神，准备用角发动攻击。

但温柔的声音又一次从远处传来。

孩子们用小小的贝壳建造起一座城堡。

乳白色的阳台赏心悦目，做工精细。

突然间波涛汹涌，一切化为泡沫。

普罗科菲耶夫！音乐与青春一同绽放，

在你心中，管弦乐队渴望夏日的狂欢，

坚韧不屈的斯基夫人敲打着铃鼓一样的太阳。

10月，普罗科菲耶夫动身前往美国，这是他第三次去那里。《对三个橙子的爱情》的芝加哥首演推迟已久，普罗科菲耶夫事无巨细地监督曲目制作：

歌者水平不错，布景堪称完美，但是舞台经理科尼（Coini）为人则是毫无趣味：他就像一位老派专家，将100首歌剧烂熟于心，但是完全没有自己的新鲜想法。一开始我只是暗自抱怨他缺乏创意，但过了不久，我就亲自去后台，向歌手解释音乐段落，直接在舞台上指导合唱团。有一次，我讲到兴奋之处，犯了一个英文错误，合唱团的一位成员说："你不用大费周折说英语，因为我们有一半人都是俄裔犹太人！"最后，科尼大发雷霆："谁是这儿的掌事人？你？还是我？"我回答："你是掌事人。但你的工作内容是实现我的愿望。"

《对三个橙子的爱情》在芝加哥反响不错，但在纽约却遭遇滑铁卢。评论家不仅挑剔高昂的制作费用（总费用13万美元，平均下来每只橙子4万3千美元），还抨击音乐本身。新的钢琴协奏曲在各大城市同样是反响平平。普罗科菲耶夫盼望着芝加哥歌剧院能够制作《火天使》，但1922年春天，他在剧院里的支持者玛丽·加登

（Mary Garden）辞去了董事职位。"美国乐季以辉煌开始，以惨败告终，"普罗科菲耶夫写道，"到最后，我脑袋胀痛，口袋还剩1 000美元。我渴望着离开这里，去个安静的地方，让工作回归平静。"

1922年3月，普罗科菲耶夫回到欧洲，四年之后，他终于住进了一个像模像样的家。他和母亲以及诗人鲍里斯·韦林（Boris Verin）一起，在巴伐利亚阿尔卑斯山脉上阿玛高（Oberammergau）附近的埃塔尔（Ettal）小镇租了一套房子。他继续举办音乐会，准备将近期创作的多首曲目出版，不过他当前的精力主要在于创作一部新歌剧。普罗科菲耶夫最为古怪的歌剧作品即将诞生。

故事发生在16世纪的超现实主义德国，人们刚刚发现了新世界，黑魔法与宗教法庭盛行，科学的种子开始萌芽。士兵鲁普奇特（Ruprecht）在新世界服役，遇到一个美丽而古怪的女孩，她歇斯底里的哭声扰动了他。他安慰女孩，知道了她的名字叫作勒娜特，也知道了她的身世。勒娜特小时候，一个叫作马迪尔（Madiel）的天使时常来拜访她。她长大后祈求天使给予凡人之爱，但是天使愤怒地斥责了她，之后就消失了。后来，勒娜特坚信海因里希（Heinrich）伯爵就是马迪尔的真身，与他共同生活了一段时间。现在，她被伯爵抛弃了。（勒娜特的扮演难度极高，只有数一数二的歌唱型演员能够胜任。）鲁普奇特被勒娜特吸引，尝试着向她示爱，但是勒娜特拒绝了他，因为她的心中只容得下自己的天使和他的凡人化身。

此时的鲁普奇特深陷于勒娜特的痴情故事中。他为了帮助勒娜特找回天使，尝试了多种新魔法，还挑起了一场不可能的决斗——对战海因里希，并险些丧命。最终，勒娜特离开了他，进入一家女修道院。最后一幕时，宗教法庭的法官审问勒娜特，她的激情之火再次点燃，感动了在场的其他修女。鲁普奇特作为证人出席，一言不发。戏剧的最后，勒娜特被判有罪，因与魔鬼交媾而必须被处死。她怀着如火一般热烈的幻想，在烈火中魂归天国。

　　普罗科菲耶夫想借这首火热而原始的歌剧表达什么？没有人知道确切的答案。有人试着从理智的角度正儿八经地解读它，例如作品的主旨是善与恶、神圣与世俗之爱、性别之争，或者人类、上帝、恶魔之间的关系，却无一不是徒劳。作品讲述的是勒娜特作为精神分裂症的故事吗？或者借用杰里米·诺布尔（Jeremy Noble）的话，它只是"一部16世纪的《卡门》，披上了超自然的外衣"？我们如何理解剧中浮士德和靡菲斯特（Mephistopheles）的痕迹？毕竟普罗科菲耶夫从儿时起就迷恋《浮士德》里的角色。

　　从某种程度而言，普罗科菲耶夫大概想让《火天使》在表现主义的音乐戏剧中脱颖而出。魔鬼附身的情节在剧中不可或缺，它沿袭了德国浪漫主义的一大传统，可以回溯到韦伯（Weber）的歌剧《自由射手》（*Der Freischütz*）。普罗科菲耶夫痴迷于魔法、形而上学和基督教科学派，象征主义诗人瓦莱里·布吕索夫

（Valery Bryusov）的小说正合他意。他恰好可以借由创作歌剧的契机，满足自己展现内心的强烈渴望，将创意个性中神秘和疯狂的一面公之于众。而且，普罗科菲耶夫喜欢玩夸张的戏法，魔法世界里神秘的敲墙声、张口说话的骷髅头和满是疯狂修女的修道院都是他的心头爱。

1930年，纽约的大都会剧院表示愿意上演《火天使》，于是普罗科菲耶夫开始修改第三版。如果整部戏剧的五幕被浓缩为三幕，它的冲击力和控制力是否会更强？我们永远也无法得知答案。最后登上舞台的是第二版，它在威尼斯凤凰剧院上演。1954年11月25日，普罗科菲耶夫去世后，作品由查尔斯·布鲁克（Charles Bruck）执棒，通过法国电台首演。普罗科菲耶夫一定是在回国之际舍弃了修改的第三版本。他对苏联不抱幻想，认为当局不会欣然接受此类描绘堕落生活的大杂烩式作品。在随即的意识形态恢复运动中，《火天使》摇身一变成了反教权的讽刺作品。

作品于1965年7月27日在英国萨德勒威尔斯剧院首映，由新歌剧团进行制作。不过就算是在今天，这部具有极其重大意义的歌剧仍然不如第三交响曲浅显易懂，尽管两部作品都改编于1928年的素材。

当普罗科菲耶夫奋力创作《火天使》时，莱娜正在距离埃塔尔不远的米兰学习歌剧，二人得以常常碰面。1922年夏天，莱娜首次以《弄臣》（*Rigoletto*）中吉尔达（Gilda）的形象登台亮相。普罗科菲耶夫在现场独奏了一首钢琴曲。后来二人又共同举办音乐会，莱娜演唱了普罗科菲耶夫的几首曲目。他们一起经奥地利蒂罗尔州（Tyrol）回到埃塔尔。莱娜很快发现谢尔盖对她的感情不止于音乐。除了谈情说爱，两人还度过了共观天象和照料植物的快乐时光，下象棋也是他们的常规活动之一。莱娜初学象棋时非常开心，但是难度增加后，她逐渐难以招架，有时会哭起来。

一直以来，普罗科菲耶夫的结婚日期都是个谜，答案直到20世纪60年代晚期才浮出水面。由于莱娜带有世界主义意识形态，涅斯捷耶夫在所著的普罗科菲耶夫传记中几乎未提及她。回顾苏联历史，许多不受欢迎的人踪迹全无，无论是生者的叙述，还是死者的记事中，都找不到一丝关于他们的痕迹。无论如何，现在公认的婚礼日期是1923年9月29日。经慕尼黑司法部批准后，普罗科菲耶夫和莱娜在埃塔尔举办民间婚礼，耗费100万马克。不得不说，当时的通货膨胀率高得吓人。

1923年春天，普罗科菲耶夫收到第一封官方信函，邀请他回俄国，并承诺为他安排多场与彼得格勒交响乐团合作的演出。米亚斯科夫斯基、梅耶荷德等朋友已经向他阐述了国内的发展情况。尽管物资匮乏，俄国音乐家们没有停下手头的工作，仍然继续作曲，持续创新。1922年8月，工程师雷奥·特雷门（Leon Theremin）发明了新的电子乐器特雷门琴，它是具有象征性意义的未来主义发明，彰显出艺术家们的创作热情。1922年2月，无指挥第一交响乐团在莫斯科首演。这在意识形态上具有重要意义，象征着音乐上的解放，原来的指挥自

尤里·安南科夫设计的宣传海报《苏维埃的进步》，从图中可见1921—1923年图书出版数量
猛增

己不用演奏，但有权力挥舞指挥棒，而此举则是为了剥夺乐团老大的权威。到1923年，普罗科菲耶夫的近作开始出现在苏联音乐会的节目单上。自1926年2月起，《对三个橙子的爱情》在列宁格勒连演49场。

回国的诱惑无疑不小，但是普罗科菲耶夫拒绝了祖国的邀请，他不愿放弃自己在欧洲看似前途光明的事业。当然，其他因素也制约着普罗科菲耶夫。当时他需要照料自己眼盲的母亲。1924年12月母亲去世时，儿子斯维亚托斯拉夫（Sviatoslav）已经出生，他与西方的联系进一步加深。不过普罗科菲耶夫行事谨慎，为自己留了条退路。他在任何时刻都保持着与新俄国的纽带，绝不会和祖国的新一代观众一刀两断。

第
六
章 /

城里的丑角

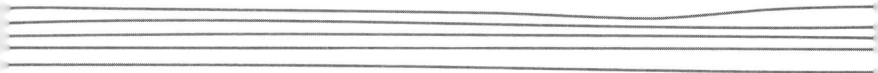

普罗科菲耶夫的音乐表达风格有些不同寻常。它蕴含了某种俄国本土的天真无邪，混合了多种复杂元素，既有冷冰冰的不谐和音，又有接近温柔的抒情特征，再加上普罗科菲耶夫个性十足，所以他一定很难融入20世纪20年代早期的巴黎社会，赢得观众喜爱，更不用提令人刮目相看。

——丽塔·麦卡利斯特

和斯特拉文斯基不同，普罗科菲耶夫从未成为真正的巴黎人。法国绝非他的第二故乡，首都巴黎仅仅是满怀希冀的作曲家与家人的暂居之地，一切顺理成章。普罗科菲耶夫的多首大作还未与观众见面，其中包括《第一小提琴协奏曲》《他们七个人》和修改后的《第二钢

琴协奏曲》，他和库塞维茨基完全可以让巴黎观众大饱
耳福，在此举办1923—1924乐季的多场首演。观众反响
注定是有好有坏。

1924年3月，普罗科菲耶夫推出了一首近作——
《第五钢琴奏鸣曲》（*The Fifth Piano Sonata*，作品
38）。虽然他在垂暮之年彻底修改了这部作品，并重新

指挥家库塞维茨基，他是普罗科菲耶夫最坚定的支持者［美国广播公司（Radio Corporation of America）］

命名为作品135，但是《第五钢琴奏鸣曲》的基本风格
依然是在1923年定下的。不少人认为，那一阶段的普罗
科菲耶夫正接受"资产阶级现代主义"的熏陶。《第五
钢琴奏鸣曲》是一首C大调奏鸣曲，魅力十足，处处可
见"古典乐"路线的痕迹。后来，普罗科菲耶夫坦言自
己并不满意曲中某些错综复杂的风格（涅斯捷耶夫则欣
喜发现钢琴部分中有"冷冰冰的、形式化的思考"），
但作品的成功秘诀，"正是它精心设计的淳朴感和田园
式的优雅"，只不过巴黎人向来追求感官刺激，对淳朴
的音乐提不起兴趣。

法国的音乐圈爱好狂欢作乐，普罗科菲耶夫觉得自
己格格不入。他没有时间去钻研爵士乐。斯特拉文斯基
依然是所有音乐家中最紧跟潮流的一位，但普罗科菲耶
夫认为他受到了"伪巴赫主义"的蛊惑；他原本对米
约（Milhaud）、普朗克等"六人团"成员的音乐不屑
一顾，但后来和成员们一起面对面打桥牌时，态度有所
改观。他适时地欣赏到了弗朗西斯·普朗克音乐作品动

人和幽默的一面。普罗科菲耶夫之所以与芭蕾组曲《母鹿》（*Les Biches*）的作曲者（即普朗克）交好，完全不在于两人的作曲方式多么相似。据普朗克本人回忆，原因有两点：

首先，我们都喜爱钢琴，我们经常一起演奏，我还帮他练习他的协奏曲作品。第二个原因无关音乐，我们都喜欢打桥牌……我们经常打整晚的桥牌，音乐是用来助兴的。如果我到得早，我们就先吃一顿冷餐作为晚饭，接着四手联弹……我和谢尔盖的友情，就是这样一点点升温的。

在一场难分胜负的牌局后，普朗克向普罗科菲耶夫寄送了自己的《乡间协奏曲》（*Concert Champêtre*）总谱，并题词，"致谢尔盖·普罗科菲耶夫，我的手上没剩几张王牌"。普朗克知道，他的朋友很快会在牌桌上与他重聚，但出席他的音乐会则是遥遥无期：

不不不，我们的关系归根到底是桥牌、钢琴和友谊。举个例子，1932年6月，在他离开美国之前，他曾经到法国的诺泽（Noizay）度过周末，那是他最后一次来我家，我记忆犹新。他带了一大罐的鱼子酱。索盖（Sauget）来了，奥里克也在。我们都是音乐家，对我而言，这是一段难忘的经历，因为你知道，我们之间非常融洽……

那罐鱼子酱可真够大的。招待完客人，我发现还剩了一半！

普朗克非常仰慕普罗科菲耶夫的钢琴技艺：

他的手始终与键盘同高，手腕用力极为平稳，指间流淌出奇妙的断奏。他很少抬高手臂砸琴，不是那种从五楼跳下来砸出重音的钢琴家。他的神经系统如同钢铁一般有力，所以哪怕手腕与键盘齐平，他也能演奏出充满力量感的高强度音符，而且……节奏永远、永远不变。在他归国前，我有幸同他一起排练了他所有的协奏曲……我们在巴黎夏沃（Salle Gaveau）音乐厅彩排，从1932年6月开始……单穿一件衬衣……后来我们把衣服脱了……最后我们光着膀子……就像在多维尔（Deauville）一样。普罗科菲耶夫的节奏毫不留情，我们排练《第五钢琴协奏曲》时，偶尔会出现一个非常难的乐段，彼时我对他说："那是管弦乐团的部分，我尽力了。"然而，他安慰我道："没关系，不要改变节奏……"

大约一星期之后，普罗科菲耶夫就离开了：

排练结束后，我们走出夏沃音乐厅。谢尔盖上了公交车，用法语跟我说："一会儿见。"他朝着我挥了挥手。我大声喊道："给我写信……"但我从未收到过他的来信……他回到苏联，我们从此断了联络。我曾经托朋友给他带了两三次口信，以表善意，但是我再也没有收到过有关他的任何消息。一位苏联的音乐领导曾有一次来到布鲁塞尔，我碰巧见到了他，我告诉他："听我说，你对我不客好意，所以我想请你帮我个忙。替我找到普罗科菲耶夫，告诉他我依然喜欢他、仰慕他。"他是否将信息送达？我无从得知……

普罗科菲耶夫在旅美期间还结识了另外一位挚友，苏联籍的流亡音乐家尼古拉·纳博科夫（Nicolas Nabokov）：

连续四五年的时间里，我们都会演奏彼此的新作品。无论是对于喜欢或厌恶的事情，我们都会激烈地予以批评。我们经常打长时间的电话，在电话里无所不谈，如讨论最近的音乐会，评价梅耶荷德的《总监察长》（*Inspector General*）和斯特拉文斯基的《阿波罗》，分享巴黎最美味的餐厅。我们的聊天气氛不同寻常，有时紧张，有时欢快，刚好与当时俄罗斯芭蕾舞团所象征的氛围相一致。

217

从大约1930年开始，普罗科菲耶夫养成了每天绕着荣军院散步的习惯。和其他日常活动一样，普罗科菲耶夫的散步严格遵循时间表，不过这段时间足以让他抨击法国的音乐生活，一吐为快。纳博科夫回忆道：

我们步行经过荣军院前的陈旧大炮，普罗科菲耶夫停下脚步，指着其中的一枚大炮说："我参加巴黎的音乐会时，感受就如同这大炮一样。所有的伯爵夫人、公主和愚蠢的势利小人都令我愤怒。他们的一举一动，仿佛是在说，世间的一切物品都是为了取悦他们。而且……"他越说越激动，声音都变得尖锐起来："看看他们的沙龙主义对法国音乐的侵蚀。自夏布里埃（Chabrier）和比才（Bizet）之后……就再也没有出现过一流的法国作曲家。因为法国的作曲家都忙着服务贵族，为公主、侯爵和伯爵夫人们挠痒痒。"

"但是谢尔盖·谢尔盖耶维奇……"我试着表达我的观点。

"我知道，我知道，"他打断了我，"你喜欢一切带法国风格的东西，你甚至喜欢萨蒂（Satie）那个古怪的老家伙。而且我知道你对他的追随者的看法，你觉得他们很重要。实际上却并非如此，他们什么也不算。在法国所有音乐家中，只有拉威尔一个人知道自己在做什么。其他人都毫无希望。"

"但是……德彪西怎么样？"我胆怯地说。此时我们转弯进入了华伦泰·阿羽依（Valentin Haüy）大道。

"德彪西！"他的嘴角露出不屑的微笑，"德彪西！你知道德彪西是哪种人——他是个肉冻……像果冻一样……音乐完全没有骨气。"他说着兴奋起来，抬高了音量："别人崇拜德彪西，我可不敢苟同。当然有人除外。"他再一次咧嘴笑道："德彪西这枚肉冻非常具有个人特色，生产商清楚自己的目的，你懂的。"他突然停顿下来，抬起右手，伸出手套里的食指。我们在他的房子前停下来。他看了看表，眉开眼笑地说："太好了！26分钟零20秒，时间把控完美。不如你来我家吃午饭吧？"

普罗科菲耶夫的个人境遇时好时坏，不过他对音乐的投入始终如一，尤其是对他自己的音乐。在纳博科夫的眼里，普罗科菲耶夫的为人就如同他的手稿一样，完完全全的有条不紊：

就音乐作品的纯语法而言，普罗科菲耶夫比起我认识的任意一个作曲家都更加小心谨慎。他的手稿字迹自然不如斯特拉文斯基那样完美无瑕（斯特拉文斯基的乐谱就像装饰华丽的手稿），但是出版商对其手稿的评价总是精准无误。普罗科菲耶夫在节拍标记、作品号和创作日期都不会犯丝毫的错误。他的务实习惯不仅渗透在音乐里，也体现在记谱体系中。

我尤记得，20世纪30年代时，我们一行12人在普罗科菲耶夫那拥挤不堪、烟雾缭绕的公寓里过了整整14天。当时是5月，我们从下午开始打桥牌，一直打到凌晨……普罗科菲耶夫为本次桥牌锦标赛设计了一套图表系统，完整展现了每位玩家在游戏各个阶段的相对位置。

普罗科菲耶夫还迸发创意，设计了一套古灵精怪的书写系统，舍弃单词中的全部元音以节省空间，常常在起草演讲或写明信片的时候使用。"他的明信片开头是'Dr frnd'……结尾则是'Yrs，Srg Srgvtch Prkfv'。"[1]

普罗科菲耶夫狂热地追求诚实、效率和秩序，但是他的性格也有不讨喜的一面。他同年轻气盛时一样，有时表现得异常无礼：

有一回，在巴黎的音乐厅里，位小有名气的作曲家来到普罗科菲耶夫面前自我介绍。他按照无趣的法国人惯常使用的最高礼仪，向普罗科菲耶夫表达盛赞之意："亲爱的大师，我深深地仰慕你的作品，我的激动之情溢于言表……见到你，带给我无尽的快乐。"普罗科菲耶夫生气地盯着他，眼睛瞪得滚圆，抱怨道："我一点没觉得快乐。"然后转身离开。

221

---

[1] 全文为Dear friend……Yours，Serge Sergeyevich Prokofiev，即亲爱的朋友……你的，谢尔盖·谢尔盖耶维奇·普罗科菲耶夫。——译者注

在另一场音乐会上，一位著名歌唱家刚刚演唱完几首他的曲目，普罗科菲耶夫指出，她对于他的音乐一无所知，最好不要丢人现眼。他的言语非常粗鲁，让现场的一大群旁观者目瞪口呆，可怜的胖女士不禁落泪。"你看看，"他变本加厉地说，"你们女人，只知道用哭来逃避，却学不会采纳别人的观点，改正自己的错误。"普罗科菲耶夫的直率行为，伤害了周围敏感的职业音乐家、评论家和作曲家，也破坏了自己的良好名声。结果是普罗科菲耶夫陷入没完没了的争执、宿怨和官司当中，成为树敌最多的作曲家之一。

一年夏天，纳博科夫做了一个错误的决定。他陪着普罗科菲耶夫一家参加了法国的美食之旅活动：

活动冗长且累人，部分原因是我们的大多数时间都花在了点菜、进食和消食上，而且普罗科菲耶夫一家几乎每过一小时就要为后续安排吵一次架，最后往往以眼泪收场。莱娜想在每个村庄都停下来逛逛，不想错过任何一间教堂、城堡和博物馆，而普罗科菲耶夫则只想按照计划走，从一家三星餐厅吃到另一家……他对参观教堂、城堡和博物馆毫无兴趣，称其为"虚假的挖墓游戏"，当他不得不加入我们时，脸上写满了厌烦和沮丧。他参观沙特尔大教堂时，唯一感兴趣的是："我不知道他们怎么把雕塑修得这么高，却不会砸下来。"不过，当他手上拿着菜单，得以品尝多种精美菜肴时，他的态度大变，立刻愉悦起来，为我们每个人点当日推荐或本店特色菜，再配上优良地区餐酒。

普罗科菲耶夫的开车技术拙劣，令我的旅途更加疲惫不堪。如果我没记错的话，这是他第一次开长途车。他过于谨慎，开得非常慢，每次换挡或停车时车子都摇摇晃晃。所以我们坐在新的迷你四座车上，以20英里的时速，沿着法国的道路缓缓前行。他已经按照行车速度计算好每段路程需要的时间，并提前计划好所有的停靠点。我们必须整点到达每个地点，再整点离开……

普罗科菲耶夫通知我们，早晨9点30分准时离开栋雷米（Domrémy），晚一分钟也不行。但是我和莱娜想去看看栋雷米博物馆和大教堂。我们8点30分出发，那时他还在刮胡子。我们从圣女贞德（Joan of Arc）一个纪念碑开始，画面惨不忍睹，接着一个一个地看，最后来到了贞德封圣之后建成的巨型大教堂……

我们离开教堂时，已经9点35分了。我们跑回酒店，心想他要大发雷霆了。普罗科菲耶夫站在酒店门口，脸上因怒火而青筋暴起。他先朝着妻子愤怒地咆哮，惹得莱娜掉泪。看到妻子的泪水，他愈发疯狂，更加用力嘶吼，一顿狂轰滥炸。然后他把攻击目标转向了我。"你们是什么意思？"他吼叫道，"你觉得我是谁？我不是随时等你的侍从。你现在拿着包滚蛋，坐火车回去。"他发泄了至少一刻钟，与此同时，门童平静地将行李搬运上车。

我们终于上路了，我和普罗科菲耶夫坐在前座，一言不发。他噘着嘴，嘴唇比任何时候都更厚，衬托出他的郁郁寡欢。他的心情平复了一些，神情依旧严肃。后座的莱娜努力屏住泪水，但依然阻挡不住阵阵啜泣声。

僵局持续一个小时后，我转向普罗科菲耶夫说道："谢尔盖·谢尔盖耶维奇，要么你现在别闹了，要么你下一个村庄放我下车，我自己乘火车回去。"一开始他没有回话，过了大概五分钟，他挤出一丝尴尬的笑容，小声说："我们看起来多滑稽啊！两个成年人拉长了脸坐在前座，另一个人在后座咩咩叫。"

　　普罗科菲耶夫为人粗鲁无礼，性格暴躁，但好处是他因此而获得了真挚长久的友谊。普罗科菲耶夫的天性决定了他不会撒谎。他甚至说不出最常见不过的客套话，如果他不欣赏一部作品，他根本不会昧着良心说"这首曲子真动人"。如果有人给他听一部新作品，他也不会缄默不言，甩脱评论的责任。恰恰相反，他会真实表达自己的全部想法，大谈特谈作品的缺陷和特点，给出改进作品的宝贵建议。如果人们能够包容他偶尔粗暴的行事风格，并愿意接纳他的坦率之言，他们也就收获了一段无价的友情。

225

普罗科菲耶夫对自己的音乐同样坦率，他的《第二交响曲》便惨遭作曲者的激烈批评。1924年秋冬季，普罗科菲耶夫勤奋谱曲，希望作品"和钢铁一样坚硬"。他和奥涅格（Honegger）一同创作的当季热门曲目《太平洋231号》（*Pacific 231*）引起了轰动。1925年6月6日，库塞维茨基执棒作品首演。后来普罗科菲耶夫以批判性的眼光看待自己的作品：

> 无论是我，还是观众，都没能理解作品的一丝一毫……整首曲子织得太密了，有太多层的对位声部，除音型华丽之外毫无优点。有一位评论家赞赏了这首曲子的七度对位，但我的朋友们都保持着尴尬的沉默。这应该是我平生第一次觉得，自己也许注定只是二流作曲家。

普罗科菲耶夫的担忧并非毫无道理。一位当代乐评人认为，《第二交响曲》明显体现出"普罗科菲耶夫的标准下降，野心退化……极具天赋的作曲家完全错估了自己的能力，写出了平庸之作"。

《第二交响曲》的双乐章结构达到了古怪的平衡。据称，它是作曲家模仿贝多芬的第32号c小调钢琴奏鸣曲所作，但二者只是在表面的形式上相似。普罗科菲耶夫的目标并非结构创新，而是纯粹的标新立异。作曲家本想借此修复自己日益衰退的激进形象，有意在作品中填充不谐和音，让它"晦涩难懂"。但不幸的是，聪明的巴黎人并不买账，曲目失败了。

也许《第二交响曲》的现代性根本就是人们的臆想。尽管如此，全曲的管弦乐编曲依然怪诞得过了头。第一乐章的几大主题在一阵阵喧嚣之中几乎被全然淹没。极强的乐声继续没完没了，反而弄巧成拙；突兀的抒情线更像是来自芭蕾舞剧，而非交响乐曲；乐句的发展古怪随意，冷酷无情。第二乐章更具代表性，它由一系列自由变奏组成。有时乐句的处理让人想到斯特拉文斯基的多首芭蕾舞剧，不过曲目的主题本身还是个人风格鲜明，呈现冷酷的抒情性质。曲目取材自普罗科菲耶

227

夫在1918年夏天构想的从未成形的白键四重奏，当时他正在东京等待美国签证。

毫无疑问，普罗科菲耶夫知道灵感可贵，他很久以来一直想要修改《第二交响曲》。在生命即将走到尽头时，他将曲目重新拆分为三个乐章，赋予作品新的标号——作品136。但是如同许多计划一样，他能做的也仅是在纸上做些涂改而已。作品的好坏，要靠今天日益宽容的观众来评估。弗朗西斯·普朗克提及它总是赞不绝口：

> 我非常喜欢《第二交响曲》。这首交响曲是普罗科菲耶夫献给库塞维茨基这位低音提琴乐手的，所以里面有大量的低音提琴乐段。

在谱写《第二交响曲》时，普罗科菲耶夫为了挣点钱，接受了四处巡演的罗曼诺夫芭蕾舞团的委托创作一部芭蕾舞剧。舞团的要求是呈现出多首室内乐团伴奏的短芭蕾舞曲。

我提交了一首由双簧管、单簧管、小提琴、中提琴和低音提琴组成的弦乐五重奏。《秋千》（*The Trapeze*）描述马戏团生活，情节简单，我刚好以此为借口，创作室内乐团单独演奏的纯音乐。所以全曲的节奏才会那么不切实际……让编舞老师费尽周折。无论如何，芭蕾舞剧《秋千》在德国和意大利的多座城市巡演时都获得了成功。

这首弦乐五重奏和《第二交响曲》同样具有探索精神，但都未能令观众信服。五重奏的风格即便在普罗科菲耶夫看来也相当古怪，旋律动机界定清晰，但和声语言复杂且密集，两者矛盾地混合在一起。尽管器乐结构丰富且具有原创性（或许正是由于这一点），五重奏就算到今天也鲜有公开演奏。

显然，如果达基列夫没有交给普罗科菲耶夫新的工作，那么这位作曲家会陷入深深的绝望之中。普罗科菲耶夫回想起往事：

"但是我写不出让你满意的作品。"我暗指奥里克和米约为他创作的内容毫无新意。达基列夫回应道："你必须写出自己的风格。"暗示我应该写一首苏联主题的芭蕾舞剧。我难以相信自己的耳朵。仿佛一缕清风飘进了我的窗户……

我们决定邀请艺术家乔治·雅库洛夫（Georgy Yakulov）加入，他前不久在巴黎展览，大获成功。

我和雅库洛夫坐在巴黎郊外沿河的一家小咖啡厅里，花了半小时大致写下了几版歌词草稿。我们认为，当前阶段的重中之重并不是娱乐大众，而是展现苏联的新生活，尤其是建造工作。我们筹划设计一部以建造工作为主题的芭蕾舞剧，大大小小的锤子挥来挥去，传送带和飞轮旋转不停，灯光信号来回闪耀，一切都是为了高潮的创意做铺垫，舞蹈演员们演绎操作机器，与此同时舞台舞蹈展现机器运作的过程。雅库洛夫有多年苏联生活的经历，他提出了上述创意，并绘声绘色地描述了自己的想法。

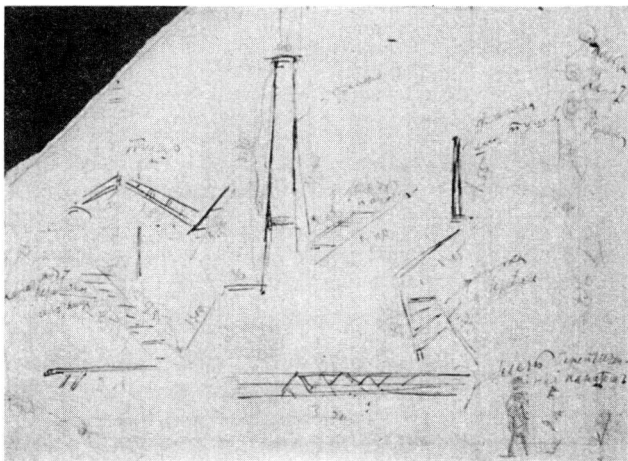

雅库洛夫的《钢铁时代》设计之一：舞台布景图纸（苏富比）

雅库洛夫的《钢铁时代》设计之二：三位舞者的服装（苏富比）

雅库洛夫的《钢铁时代》设计之三：更多服装。图上的文字为："电灯闪耀，一片壮观。食指扣下扳机，惊恐的发言人听到枪声倒了下来。灯光忽闪忽灭，红色和蓝绿色交替着……"（苏富比）

雅库洛夫的《钢铁时代》设计之四：舞台布景模型（苏富比）

用普罗科菲耶夫的话来说，音乐刻意背离现代主义，挑战法国人轻浮的音乐品味。实际上，它更多吸取了法国先锋派机器音乐的精髓，而非任何特定的苏联元素。达基列夫认为它是真实的"建构主义"，恰到好处。他已经为这首最新的狂妄之作拟好题目，准备叫它《钢铁时代》，里面的动词有多重理解，可以翻译为钢铁的踏步、跳步、踱步、散步，最过分的一种是钢铁的小跑！

1925年12月，普罗科菲耶夫和妻子在时隔四年后重新踏上美国的土壤：

我举办了14场音乐会，其中有7场（遍布5个城市）是和库塞维茨基与他执棒2年的波士顿交响乐团合作。我演奏了《第三钢琴协奏曲》。法国人施米特所创立的现代音乐社团"专业音乐"在多个城市都有分支，他们赞助了6场演出。我的夫人莱娜作为演职人员加入，演唱了米亚斯科夫斯基、塔涅耶夫和我的歌曲。我还演奏了米亚斯科夫斯基的《奇思妙想》(*Whimsies*)。在一个偏远小镇上,在场的300名社团成员想和我们握手。接下来的仪式是这样的:一名社团成员来到干事面前,说:"我是史密斯先生。"主席对着我说:"向你介绍史密斯先生。"接着我握住他的手:"很高兴见到你,史密斯先生!"然后史密斯会说:"很高兴见到你,普罗科菲耶夫先生!"接着轮到我的妻子。这时,琼斯先生再走上台来,与此往复,重复三百遍!

将巡演里的小插曲放在一边,普罗科菲耶夫继续专注于《钢铁时代》的编曲:

"专业音乐"社团的分支遍布全美各地。从纽约到旧金山,我在火车车厢里度过了相当多的时间,我试着把赶路的时间用于芭蕾舞剧的创作。我很难在摇摇晃晃的火车里写谱,所以我决定把在路上的时间投入前期的准备工作,不仅选择乐器,还仔细地写每一小节,包括和弦配器、运弓、重音和其他细微之处。我在钢琴谱上用铅笔拟了一张管弦乐谱，在前期工作完成后，只需机械性地誊抄上去即可。一开始我觉得在钢琴谱里写不下所有的乐器标记，但是熟能生巧，慢慢就习惯了。而且，我在连谱号之间总会留下一行额外的五线谱，用以插入额外的声部和重音。如果空间太小，我会做上标记，将额外的乐段或复杂的弦乐和弦转移到另外一张五线谱上。

后来，总谱的誊写由文书助手帕维尔·拉姆（Pavel Lamm）完成。多位权威人士认为，兼有音乐学家身份的拉姆除了誊抄还做了修改。当然，普罗科菲耶夫究竟有没有看到过《战争结束的颂歌》（*Ode to the End of the War*，作品105）的完整总稿，我们也无从得知。在1969年出版的总谱中，有很多存疑之处，上面标记着"有待作曲者确认"，却没有作曲者本人的评论。或许他已经口头同意了这些改动。

普罗科菲耶夫回到美国后，又于1926年前往意大利：

235

在那不勒斯的一场日间独奏会之后，马克西姆·高尔基来看我，带着我去他家吃晚饭……他的状态不错，我和他共度了一个极为美妙的夜晚。

来到高尔基住的豪宅，我感到一丝寒意，尽管意大利气候宜人，我依然浑身不舒服。高尔基也没有完全适应，我问他健康情况，他回答道："我已经失去了一侧的肺，另一只也只剩一半。"

1926年夏天，普罗科菲耶夫受达基列夫委托创作的新芭蕾舞剧被重新排档，即将在来年进行制作。普罗科菲耶夫还有很多事情要做，不久前，布鲁诺·瓦尔特（Bruno Walter）看中了他的旧作《火天使》，同意在柏林上演。他怀着满腔热情，着手改编自己最为青睐的曲目之一。（当时的他并不知道，这场演出将会无止境地延期。）他还写了一首古怪的曲目《美国序曲》（*American Overture*，作品42）。

马克西姆·高尔基的肖像，摄于1928年

序曲的来龙去脉是这样的：我与美国皮阿诺拉自动钢琴的合同还未到期，但是自动钢琴已经不再流行了，于是公司逐渐转向其他的业务线，其中之一是在纽约建立音乐厅。这回，公司没有要求我为新作品录音（本可以在伦敦完成），而是让我为音乐厅的落成典礼写一首序曲，因为相较于录音而言，我更偏好作曲。

尽管《美国序曲》的和声风格相对简单，但是儿歌的韵律，加上古怪的配乐，都让它成为令人耳目一新的独特之作。普罗科菲耶夫后来又创作了同曲的交响乐版本，这一回更加实际，乐曲更加丰满。

同年年末，普罗科菲耶夫再一次和苏联的音乐权威人士取得联络。这一次，他决心重返心中的故土，举办声势浩大的巡演。不过，他会得到什么样的待遇？

238

俄国诗歌从19世纪90年代开始繁荣，绘画和雕刻大步向前，文学、戏剧和芭蕾舞剧遍地开花。俄国独特的艺术世界并未受到战争和革命的摧残，而是怀着对新世界的期许，从中汲取灵感和活力，继续百花齐放。卢那察尔斯基和同事们虽然艺术品位保守，但是他们原则上允许以及鼓励任何抨击资产阶级格调的作品。20世纪20年代初期的俄国经历了一场真正的文艺复兴，小说家、诗人、艺术家、音乐家、历史学家、评论家和科学家跨界合作，相互滋养。

然而无序的艺术革命活动也遭到了质疑。1917年曾被驳斥的无产阶级集体主义美学卷土重来，对百花齐放的盛况持怀疑的态度。很快，评论家阿维尔巴赫（Averbakh）就带领狂热的意识形态门徒为艺术家们扣帽子，称他们放肆地信奉个人主义，在文学上恣意妄为，是追求形式主义艺术和唯美主义的堕落分子，或者直接抨击他们"向腐化的西方国家磕头"。很快，艺术作品就被群起而攻之。

俄国音乐界的美学辩论逐渐分化为两个阵营：一个是成立于1924年的俄国无产阶级音乐家协会，另一个是当代音乐协会。后者的莫斯科分部成立于1923年。俄国无产阶级音乐家协会发布了数不胜数的政策文件，指出："无产阶级的霸权要延伸到音乐领域"；音乐要"体现无产阶级的丰富多彩和精力充沛的心理状态，歌颂无产阶级这一最先进、敏锐和宽容的阶级"；拒绝

239

"与无产阶级精神格格不入的当代资产阶级音乐"；禁止"极端主义创新"；同化"音乐中流淌着无产阶级理想的过往大师们"。当代音乐协会则呼吁苏联作曲家学习阿尔班·贝尔格（Alban Berg）"刚劲有力的、明晰合理的、充盈着深层情感"的音乐，并认为新音乐比过去的伟大音乐更能触及无产阶级新社会的灵魂：

> 柴可夫斯基的悲观主义、贝多芬一个世纪前自称的英雄气概、戴谢沃夫（Deshevov）激动人心的作品《铁轨》（*Rails*）里有棱有角的旋律，究竟哪一个更贴近无产阶级？工人聆听贝多芬演奏时，会感到彻底厌倦，他们出于礼貌，耐心忍耐到曲目结束。但是当代苏联作曲家的音乐却能调动起所有观众的情绪……

俄国无产阶级音乐家协会和现代主义者只在一件事情上立场一致，他们都反对柴可夫斯基。最危险的莫过于盲目推崇现代主义，将其"等同于新纪元"，不过"当代资本主义城市里情色的舞曲"除外；"狐步舞使

得人的身体、意志和思想退化为机械运动。这就是资本
主义社会里的节奏与脉动。"甚至高尔基也曾撰文《胖
人之舞》（*The Dance of the Fat Men*），阐述堕落的爵
士乐与衰败的资本主义之间的共性。

"轻"音乐领域里也带有了政治意味，例如阿尔伯
特·柯特比（Albert Ketèlbey）的《波斯市场》（*In A
Persian Market*）。克拉斯努卡（Krasnukha）认为：

英国作曲家（柯特比）的意图是说服听众——在殖
民地和半殖民地地区，人们快乐无忧；美丽的公主们晒
着日光浴；乞丐和哈里发共同享受生活……当一切骤然
失序，那就是罪犯和共产国际煽动者在搅局。

早期苏联批判流亡者时，卢那察尔斯基一直坚定地
站在普罗科菲耶夫一边。然而1926年6月，他警告道：
"在极大程度上而言，斯特拉文斯基已经掉进了闪闪发
光的圈套里。考虑到普罗科菲耶夫的全面发展，他必须
在受到美国主义的蛊惑前回到祖国。"

20世纪20年代的音乐操控同步于布尔什维克党内上层的关键斗争。有些争论容易让人不屑一顾，例如，音乐里的对位法究竟偏向于灌输哪种理念，集体主义还是个人主义？不过其中也不乏前途未卜的严肃议题，如作曲家是否有权利创作高深的作品，即苏联的大部分民众难以理解的作品？[1]

1927年1月18日，普罗科菲耶夫时隔九年第一次回到故土俄国，并持续三个月巡演。他所到之处皆得到明星一般的待遇：

1月19日，我到达了莫斯科。回到故土了，我要怎么抒发内心的情感啊！我受到无指挥第一交响乐团的成员接待，直接乘轿车来到都市酒店，车窗上结着一层霜，我发现很多朋友已经在酒店里等我了……

我去看管弦乐队彩排时，听到了《对三个橙子的爱情》里《进行曲》的演奏声音。我本以为他们在彩排，

---

[1] 大多数政治领导人也无法理解，但他们有权颁布法令来独断艺术争端。——作者注

就说："他们演奏得有点慢了。"但实际上乐队是为我

演奏，以示敬意。

　　1927年1月24日，第一场音乐会举行，演奏曲目包括

《丑角》组曲（十首曲目）、《第三钢琴协奏曲》和选

自《对三个橙子的爱情》的组曲。

伊萨克·拉比诺维奇（Issac Rabinovich）对莫斯科大剧院上演的《对三个橙子的爱情》（1927年）的设计之一：厨师角色［莫斯科巴赫鲁辛国家戏剧博物馆（Bakhrushin Theatre Museum）］

我在莫斯科受到了绝佳的招待。《第三钢琴协奏曲》表演完后，我演奏了米亚斯科夫斯基的《奇思妙想》作为安可曲，但我因作者本人在场而慌了神，弹得乱七八糟，以至于原作者都认不出这是他的作品。他们在莫斯科为我安排了两场交响乐演出（第二场演出，我演奏了《第二钢琴协奏曲》）和两场钢琴独奏会，每场重复两次，一共是八场音乐会。

每逢新作品彩排，音乐家们都会表达出热情，但是在《美国序曲》之后，他们却保持着令人尴尬的沉默——他们没有理解。公众也没有。

普罗科菲耶夫总共举办了21场音乐会。小提琴家大卫·奥伊斯特拉赫（David Oistrakh）回忆起他在奥赛德歌剧院看到的轰动情景：

独奏会在奥赛德歌剧院举办，演出开始前大型的大厅里就挤满了人。几乎城里每一位音乐家都到场，还有资深的爱乐之人和一大群年轻人，大家都来一睹著名作曲家的风采。音乐会大获成功。不知为何，我的激动之情溢于言表，仿佛自己是时代英雄。那时的我已经能够理解和欣赏普罗科菲耶夫的音乐，不过他的表演方式依然为我留下了前所未有的深刻印象。他极为简单的演奏打动了我，没有任何多余的姿势和任何夸张的情绪表达，不会为了追求效果而故作声势。

独奏会结束后，有一场为普罗科菲耶夫举办的宴请，本地音乐家上台演奏他的作品。根据安排，我要演奏他的小提琴协奏曲里的谐谑曲。我自然感到万分激动，因为即将亲眼见到这位作曲家。演出的日子越来越近，时年18岁的我既开心又害羞，怀着复杂的心情等待着那一天的到来。终于到了。我没有预想到最终的结局会有多么令人悲伤。

奥赛德歌剧院的精英人士们聚集到科学家俱乐部，参加即将开始的普罗科菲耶夫欢迎晚宴。作曲家坐在正对舞台的贵宾席。我开始了演奏。我注意到他的脸色越来越差。等我弹完，观众鼓掌，但是普罗科菲耶夫并没

伊萨克·拉比诺维奇的设计之二：两个角色（苏富比）

有。他走上台，无视大厅的喧闹，坐在了钢琴前，转向我说："年轻人，你完全弹错了。"接着向我示范正确的演奏方式。我的表演彻底失败。

多年后，我和普罗科菲耶夫关系甚密，于是我重提了奥赛德歌剧院的巡演和这个小插曲。我惊讶地发现，他能够详尽地回忆起整件事情，哪怕是最小的细节，包括节目单、安可曲的数量、宴席上和他一起表演《丑小鸭》的乌克兰作曲家兼歌手奇什科（Chishko），甚至是他"仔细敲打"过的"不幸的年轻人"。当我告诉他，自己就是那个年轻人时，他真情流露出尴尬和苦恼的神色，让我感受到他温暖和人性化的一面。

巡演取得空前成功，一个突出的问题也摆在眼前：普罗科菲耶夫在短期是否有永久定居苏联的计划？毫无疑问，故国人民的热烈欢迎深深打动了作曲家。他感知到自己有可能成为苏联最重要的作曲家，不会被另一个斯特拉文斯基抢占风头。祖国慷慨地为音乐家提供了重要条件，他的旧友和年轻同事都从中受益不少。那时，还没有出现强大的当权者去谴责任何与官方教条相悖的作品。

在1928年9月21日的信件中，普罗科菲耶夫回应达基列夫的询问，向他详细介绍了"提过的年轻苏联作曲家"：

肖斯塔科维奇、莫索洛夫（Mossolov）和波波夫（Popov）都是旷世奇才……肖斯塔科维奇最为才华横溢，布鲁诺·瓦尔特成功指挥了他的交响曲，斯托科夫斯基（Stokowski）打算将它带到美国上演。

我个人只听过他最早期的作品里的钢琴奏鸣曲，曲目生动活泼，绝对体现了他的才华，当然也受到了我的影响。

在几位作曲家里，我愿意把赌注下在波波夫身上，尽管斯托科夫斯基更加擅长于营造自己的名声。而且，斯托科夫斯基难以相处，任何与他在商业上打交道的人都不得不谨慎行事……

一个非常有趣的猜想是，如果达基列夫未去世，俄罗斯芭蕾舞团可能会上演肖斯塔科维奇的芭蕾舞剧。

第
七
章 /

浪子回头金不换

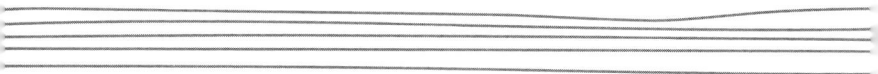

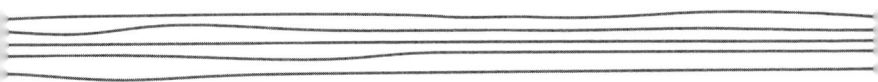

普罗科菲耶夫从莫斯科满载而归，对故乡人民的热情记忆犹新。尽管新鲜想法已经喷涌而出，但是他并不情愿割断自己与时髦的西方的联结。5月29日，著名赞助人波利尼亚克公主（Princesse de Polignac）举办聚会，普罗科菲耶夫和斯特拉文斯基用双钢琴为《俄狄浦斯王》伴奏，略去原本错综复杂的表演，演奏简化版本。普罗科菲耶夫的"布尔什维克芭蕾舞剧"《钢铁时代》的彩排已经紧锣密鼓地开展：

1927年6月7日，《钢铁时代》在巴黎首演。和达基列夫的所有制作一样，作品演绎精美，大获成功。法国媒体评价其为："一个怪异的制作，从标题、音乐到编舞，无一例外。作曲家是否想要超越《为沙皇献身》

（*A Life for the Tsar*）？"白卫军媒体抨击作品为"无产阶级文化多刺的花儿"。舞台上的捶打让斯特拉文斯基厌恶不已。但是青年观众为之疯狂。7月4日，芭蕾舞剧在伦敦拉开帷幕。剧院里满是王爵贵族，仿佛一场绚丽的宝石展览。"大厅座无虚席，掌声雷动，"报纸文章

《钢铁时代》中的卢博夫·切尼切娃（Lubov Tchernicheva）和谢尔盖·利法尔（Serge Lifar）

GRANDS CONCERTS SYMPHONIQUES
SERGE KOUSSEVITZKY

4ᵉ CONCERT, le Jeudi 14 Juin 1928, à 21 heures

Avec les concours de

Mᵐᵉ NINA KOCHITZ
ᴇᴛ
MM. POPOFF ᴇᴛ RAÏSSOFF

PROGRAMME

1. La Pskovitaine, *suite pour orchestre* .. RIMSKY-KORSAKOW
   (1ᵉ audition)

2. Symphonie (1ᵉ audition) . . . . .. Vladimir DUKELSKY

3. L'Ange de Feu (2ᵉ acte de l'Opéra) *pour
   soprano, ténor, baryton et orchestre* . .. Serge PROKOFIEFF

ENTR'ACTE

4. Tableaux d'une Exposition .. .. MOUSSORGSKY
   Orchestrée par RAVEL

Orchestre de 100 Exécutants sous la Direction de Serge KOUSSEVITZKY

塞奇·库塞维茨基1928年的演出节目单，曲目里有普罗科菲耶夫的《钢铁时代》

记载道，"普罗科菲耶夫的名声是应得的。作为布尔什
维克主义的信徒，他无与伦比！普罗科菲耶夫到我国四
处巡演，却拒绝照搬我们的思想。"

253

苏联的反应则很冷淡。带有恶意的评论家对演出不
予理会，称其只是一整场"都市把戏"：

普罗科菲耶夫从未亲眼见证或了解过苏联真相……
在《钢铁时代》的作曲者们看来，革命活动等同于吵吵
闹闹又别具一格的场景，只需描绘一群咆哮之徒、糊里

糊涂却慷慨激昂的发言人和蒸汽机的隆隆作响即可——上述所有要素都无异于机械主题的城市艺术，是资产阶级所珍视的作品。尽管作曲者怀有的善意不假，但是在西方看来，苏联生活的愿景已经名誉扫地了。

普罗科菲耶夫完成新版《火天使》的管弦乐编曲后，又开始着手修改前作《赌徒》，该作品的手稿被保存在前马林斯基剧院的图书馆里。普罗科菲耶夫和梅耶荷德本想安排一场苏联首演——梅耶荷德甚至去往巴黎，协商是否能够继续在列宁格勒演出《赌徒》，在《对三个橙子的爱情》之后乘胜追击。然而提议遭到俄国无产阶级音乐家协会的拒绝，列宁格勒首演的计划就此搁置。苏联方的兴趣大减。于是首演地点改至比利时。

1928年6月14日，库塞维茨基指挥《火天使》音乐会的第二幕，普罗科菲耶夫终于听到了这首作品的部分现场表演。作曲家本想将其改编为一套组曲，听完后他认为，作品主题鲜明，完全可以改编为一整首交响乐。《第三交响曲》就此诞生，1929年5月17日在皮埃尔·蒙都（Pierre Monteux）的指挥下首次公演。

经历过《第二交响曲》的失败后，普罗科菲耶夫进行了激烈的自我批评，在《第三交响曲》中投入了更多的野心。当然，效果也让他甚为满意，毕竟这首曲子是他献给笃定的交响乐作曲家老友尼古拉·米亚斯科夫斯基的作品。1933年，他决定将其介绍给俄国听众：

《第三交响曲》在莫斯科和列宁格勒演出，效果令我满意。我认为自己在这首作品中成功地进一步深化了音乐风格。我不希望苏联观众仅仅依照《对三个橙子的爱情》里的《进行曲》和《古典交响曲》里的加沃特舞曲来评价我这个作曲家。当然，这有个问题，一旦表现内容变得深入，语言就必定会更难琢磨。不过，苏联观众对交响曲的反响不错，让我更加欣慰。

普罗科菲耶夫将《第三交响曲》视为自己最优秀的作品之一，它体现作曲者的内心活动，引起共鸣。全曲比例划分专业，记谱无可挑剔。不过仍然有不足之处，第一乐章毫无疑问是仓促且缺乏一致性的，而最后乐章的素材严重过度，和其余部分不成比例（虽然已经塞入了先前乐章的素材，但也只有六分钟）。

瑕不掩瑜，《第三交响曲》预示着普罗科菲耶夫"伟大苏联交响曲系列"的出现。丽塔·麦卡利斯特指出，听众唯有从作品的戏剧性和高强度中找到些许先前歌剧的痕迹。里面的确有《火天使》特定音乐段落的场景和角色的影子，但是这无助于我们理解普罗科菲耶夫试图打造的"交响戏剧"：

我想指出一点……人们仅仅因为我的《第三交响曲》里有歌剧《火天使》里的素材，就视它为程序性作品……这是错误的。《火天使》的主题原本要用在交响乐中，它早在歌剧创作前就诞生了。后来，我把它用在《第三交响曲》里，只是让它物归原处，不再受到歌剧的玷污。

1928年秋天，达基列夫再次出乎意料，给普罗科菲
耶夫指派了一项非常规的任务，让他以圣经里浪子的寓
言为主题进行创作。为了使戏剧本身能够具有说服力，
他们针对情节进行了修改，将焦点更多放在浪子本身。
鲍里斯·科奇诺（也就是达基列夫）设计了详细情节：

浪子离开家，尽情放纵，为一名美丽少女而倾倒。
最后，他遭到抢劫，一无所有，爬回了家，发现父亲依
然欢迎他，并原谅了他。整部剧共三幕，情节简单，但
包含了一切必要元素。因此我的工作轻松愉快。达基列
夫11月曾打电话问我工作进展，我当时就告诉他，钢琴
部分的草稿已经完成。"什么，已经完成了？"他大
吃一惊，"那肯定不够好。"但是他听到音乐时表示
满意。

普罗科菲耶夫的同事们就没那么高产了。后台一片
混乱，演职人员在妒忌心的驱使下密谋破坏整场演出。后
来乔治·鲁奥（George Rouault）的设计方案未能实现，

257

乔治·鲁奥为《浪子》第一幕设计的草图（苏富比）

乔治·鲁奥为《浪子》设计的舞台垂幕

达基列夫不得不潜入艺术家的巴黎公寓，将合适的手稿偷偷带走。与此同时，谢尔盖·利法尔对自己的主角角色并不满意。维克托·塞罗夫（Victor Seroff）描述了1929年5月21日发生的事件，称情况到最后一刻都反复不定：

闷闷不乐的利法尔卧床不起，他告诉达基列夫的表兄，自己拒绝去剧院。"我认为自己无法理解《浪子》中的情感，恐怕会表演失败。我无法理解他们为何要我来扮演这个角色。让他们自己表演吧。我演不了，也不想演，我更想待在家里。"

达基列夫的表兄虽然惊恐不安，一言不发，但是幸好他留下来了，偶尔紧张地看着手表。他恳求利法尔，但是徒劳无果。利法尔就是不愿下床，哪怕他被告知已经8点10分，距离正式开始只有几分钟了，还是一动不动。

用利法尔的话来说，他在一瞬间看到了自己的一生，就像一名乖巧的精神科病人一样，先从他离开俄国前的漫长生活开始；回忆与达基列夫的共同时光，他"慷慨给予温柔的爱与照顾，成为自己的精神父亲"；再到后来，受他影响成为一名艺术家，诸如此类。突然，他将自己置身于《浪子》的角色。利法尔从床上一跃而起，向剧院奔去，不想抛弃自己的"精神父亲"。

普罗科菲耶夫对于这场恶作剧浑然不知，他早早在指挥台冷静就位，在一片寂静中额外等待了15分钟。利法尔一来，他就举起了指挥棒，开始芭蕾舞剧的表演。

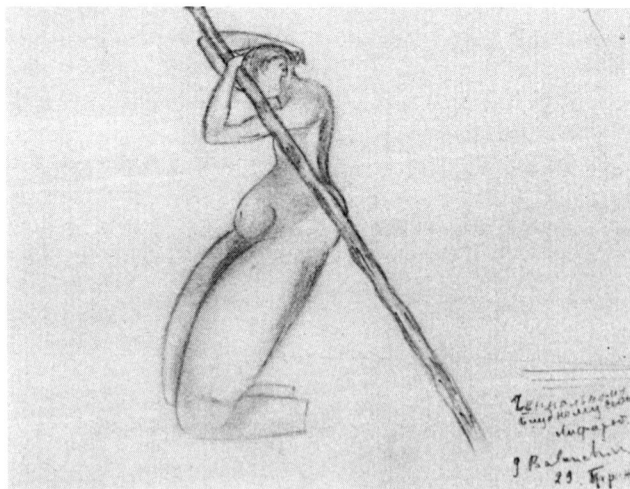

乔治·巴兰钦（George Balanchine）为《浪子》中的谢尔盖·利法尔绘制的肖像图

即便如此，《浪子》依然获得了相当大的成功：

我先指挥乐团，而后斯特拉文斯基作为指挥表演了他的芭蕾舞剧作品《勒纳尔》（*Renard*）。拉赫玛尼诺夫坐在前排，几次发出带有优越感的掌声。公众和媒体大多给出热情反应。我对于编舞一点也不满意，它常常跟不上音乐。当时我忙着修改《赌徒》，联系制作人太晚，最终于事无补。我和达基列夫在这部作品上起了冲突。斯特拉文斯基也和他有过不和。

普罗科菲耶夫对编舞不甚满意，但真实情况却大相径庭。乔治·巴兰钦的芭蕾舞剧至今仍在常演曲目中，1973年，皇家芭蕾舞团制作了《浪子》，主角由鲁道夫·纽瑞耶夫（Rudolf Nureyev）饰演。不过，作曲者对于音乐的判断是正确的。《浪子》意义重大，既预示了成熟苏联芭蕾舞剧中更加丰富的抒情性，又不失作曲家早期作品中的驱动力量和讽刺幽默。作品冷静大胆，结构易懂，令人耳目一新，象征普罗科菲耶夫的掌控力

261

回归。涅斯捷耶夫认为，剧中塞壬（Siren）的音乐具有重大意义，后来普罗科菲耶夫作品中的朱丽叶、辛德瑞拉和娜塔莎（出自《战争与和平》）这三位最伟大的女主角都以她为原型。

此时，斯特拉文斯基和普罗科菲耶夫都不再理睬达基列夫了。1929年6月11日，斯特拉文斯基致信安塞梅：

前几天，普罗科菲耶夫和帕查兹（Païchadze，普罗科菲耶夫的出版商，俄罗斯音乐出版社的董事）收到传讯，要于本周三（明天）出席法庭，回应原告鲍里斯·科奇诺的指控。他控告二人未获得原作者的允许，擅自出版了《浪子》（出版物上的名称是《流浪小孩》）。普罗科菲耶夫曾与科奇诺签订协议，其中规定了二人的合作者关系。

普罗科菲耶夫和帕查兹受到指控的原因是，他们谋杀了这部文学大作（科奇诺在指控中称自己是"文

皇家芭蕾舞团制作的《浪子》，鲁道夫·纽瑞耶夫饰演主角，安东尼·克里克梅（Anthony Crickmay）拍摄

人"），篡改标题，使得"作品"完全失去了科奇诺先前构思的意义，诸如此类。（我必须承认，普罗科菲耶夫和帕查兹的确没有在作品里写上科奇诺的名字。）长话短说，他们昨天咨询了一位律师，不幸的是，律师提醒二人可能陷入麻烦，因为文件中列出了预防性措施，

其中包括没收普罗科菲耶夫的所有芭蕾舞剧版本。

我的朋友，你看看，俄罗斯芭蕾舞团的英勇的绅士们，那么文雅，投身于艺术事业，却身陷这种麻烦……

两个多月后，威尼斯传来消息，达基列夫去世了。普罗科菲耶夫与西方世界的一条纽带就此断裂。

1929年10月23日，斯特拉文斯基写道："我和普罗科菲耶夫受库塞维茨基之令，为波士顿爱乐管弦乐团进行创作（我记不得要求是什么了）。"实际上，创作契机是波士顿交响乐团50周年纪念活动，斯特拉文斯基完成了他最高深的作品之一——《诗篇交响曲》（*The Symphony of Psalms*）。普罗科菲耶夫则贡献了《第四交响曲》，首演于1930年11月14日，由库塞维茨基指挥。

塞奇断定，普罗科菲耶夫并未如他自己所说的那样，在这首交响乐中停止循环使用旧的素材。事实恰恰相反。普罗科菲耶夫自称只有第三和第四乐章里出现了《浪子》的素材，但实际上旧作的影子在新作中无处不在。乐段在《浪子》里极具吸引力，但是在这里却显得枯燥乏味。慢速乐章改编自芭蕾舞剧的最后一幕，是普罗科菲耶夫作品中最为宁静的抒情音乐，但在交响乐中，没有冲突，没有戏剧性，也没有真正意义上的方向感。涅斯捷耶夫曾抨击普罗科菲耶夫的音乐"毫无生机""对比不足"，他的嘲弄之言在这里再恰当不过。作品里有一连串的美妙曲调，其余部分则全是冗余。

今天，人们更常听到的是作曲者在1947年修改完成的《第四交响曲》第二版本，成品构想拙劣。第一版《第四交响曲》一改《第二交响曲》全曲和《第三交响曲》局部的疯狂乐音堆积，令人耳目一新。作曲家亨利·索格（Henri Sauguet）曾对这一转变表示赞赏：

　　作品的质朴令人赞叹……作曲者让美妙的音乐自然地流淌，不加限制，并未刻意追求乐器的多样、主题的花哨和展开的学术性——事实上，他没有以任何形式表达对现代主义和唯美主义的崇敬之情。

265

诸多迹象表明，作曲家正朝着更流畅和稳定的风格发展。

普罗科菲耶夫的1928年俄国之行取消后，他一直到1929年11月才再一次访问莫斯科。这一回他没有举办音乐会，因为他不久前刚刚遭遇车祸，双手受伤。他利用这次机会聆听苏联的新音乐，欣赏苏联音乐权威派的作品。当然，作曲家第二次访问受到的待遇不如以往。随着大环境的恶化，文化事业也开始走下坡路。

多年来，托洛茨基"左派"分子一直推崇快速工业化和"永久革命论"，反对"一国建成社会主义论"的主流思想。布哈林（Bukharin）和李可夫（Rykov）等领导的"右派"认为，在大方针的引领下，俄国应渐进地发展工业，逐步实现农业集体主义，减弱独裁主义中的严苛部分，修正外交政策，与西方民主国家加强连接，并获得经济让步。而现在，斯大林与旧时的盟友反目成仇，诬蔑他们是"右派敌对分子"。唯有"一国建成社会主义论"的口号保留下来。当局颁布政策，加强工

斯大林仅在四年内就完成了第一个五年计划，任何人的愤怒抵抗都徒劳无果（福托马斯索引）

业化，逼迫农民实行集体化，以此巩固斯大林的独裁主义。1928年，第一个五年计划开始实施，波及苏联生活的方方面面。

1929年1月21日，布哈林在《真理报》（*Pravda*）上发表文章《列宁的政治遗言》（*Lenin's Political Testament*），最后一次公开反对新路线。他认为，列宁的终极立场在本质上是宽容的，即要想建立社会主义体制，只能通过长期的"和平组织和文化工作"。胁迫引发进一步的革命，这种手段在列宁主义里毫无痕迹。

无论如何，当苏联经历内乱和工业转型时，普罗科菲耶夫扮演了明显的宣传角色。宽容的新经济政策落下帷幕，取而代之的是五年计划，布尔什维克党用军事态度对待艺术。1929年，启蒙艺术政策的代表人物卢那察尔斯基退任，毫无音乐经验的党内官员安德烈·布勃诺夫（Andrey Bubnov）掌管艺术事务。现在，共产主义作家更受器重，他们用文学作品直接满足党的政治目的。新路线的正当性在列宁的特定美学评论文章中得到佐证。1905年的一篇文章被单独列出，用以论证坚持党的精神的重要性。当俄国无产阶级作家协会的地位上升，规模更小的音乐家协会也获取了新的权力。在《真理报》号召整合艺术后，俄国无产阶级音乐家协会在1929—1932年获得了垄断式地位，但苏联的评论家们却视而不见。例如，俄国无产阶级音乐家协会就干预了莫斯科音乐学院的课程。作曲家维萨里翁·谢巴林

268

1929年，马雅可夫斯基、肖斯塔科维奇、梅耶荷德和罗德钦科（Rodchenko）彩排《臭虫》
（*The Bedbug*）。如果这部作品由普罗科菲耶夫大作曲，梅耶荷德会更满意

（Vissarion Shebalin）抱怨道：

我的学生跟着谢赫特（Shekhter，一位受人尊敬的
无产阶级音乐家）学习，给我看三到四小节的笨拙旋
律。接着，他们开始讨论，这三四小节的笨拙音乐是否
能描绘出喀琅施塔得起义中无产阶级的经历。

在投身于苏联文化贩卖多年后，马雅可夫斯基于

1928年发布了骇人的讽刺作品《臭虫》，公然对抗无产阶级市侩、新经济政策受益者和党内平庸作家。在剧中的一段对话里，奥列格·巴德（Oleg Bard）把手扑在琴键上，婚礼引座员警觉起来，言语里带着威胁：

"为什么你只弹黑键？我猜你觉得无产阶级听黑键演奏就够了。你只有为资产阶级演奏时，会黑白都弹，不是吗？"

"拜托了，市民们，拜托！我正在专注听白键声音！"

"所以你觉得白键是最好的？黑白都要弹！"

"我就是黑白都弹！"

"所以这回你向白军妥协了，多会投机取巧！"

"但是，同志……琴键是……"

"谁说了'情'字？还当着新婚夫妇的面说！看我不教训你！"

（用吉他击打他的后颈）

1929年，来到苏联的普罗科菲耶夫不免陷入激烈
争议：

《钢铁时代》已作为音乐会作品三次登上莫斯科的
舞台，莫斯科大剧院也打算上演这一作品。然而，俄国
无产阶级音乐家协会的成员提出了相当尖锐的批评，莫
斯科大剧院因而取消演出计划，我只能用同期的国外
版本来自我安慰。1931年，纽约大都会歌剧院上演《钢
铁时代》，由斯托科夫斯基领衔指挥，效果绝佳。在最
具资产阶级风格的剧院舞台上，一枚巨大的红旗高高飘
扬，此情此景令人兴奋不已。

在上述文字中，普罗科菲耶夫对于反对运动一笔带
过。在某些地区，他的芭蕾舞剧遭到摒弃，他被辱骂为
"苏联文化的敌人"，他的芭蕾舞剧被贬低为"枯燥
的反苏联笑话，革命的反对面，几乎是法西斯主义作
品"。攻击言辞之激烈，迫使他三思是否要永远回归

1930年的普罗科菲耶夫（俄新社）

苏联。

1930年年初，普罗科菲耶夫重新踏上长期巡演之路，游走在美国、加拿大、古巴等国。在美国，他的作品更加为人所知，而且"当时无论是公众还是媒体都对他相当重视"。美国国会图书馆甚至邀请他表演弦乐四重奏。从最后的行版乐曲看，他愈发靠近典型的"俄国"旋律风格——米亚斯科夫斯基对于这一趋势表示欢迎：

终乐章里的旋律线贯穿始终，感情强烈，体现出真正的深刻，走进了人们的心里……如果他身上的这种趋势可以稳固下来，那该有多好啊！

1930年夏天，巴黎歌剧院委托普罗科菲耶夫创作一部新的芭蕾舞剧。他的合作者谢尔盖·利法尔并没有构想出剧情，于是作曲家就在没有剧本的情况下着手创作。当天晚些时候，作曲家决定把故事背景放在第聂伯河（Dnieper）。再到后来，他们意识到法国人难以发出"Dnieper"一词的音，所以就把原来的斯拉夫河流名称改为古希腊版本，将芭蕾舞剧重新命名为《在第聂伯河上》（On the Dnieper，作品51）。

舞剧由拉里奥诺夫布景，贡恰洛娃负责服装，于1932年12月16日首演，但在几场演出之后就被喊停。普罗科菲耶夫给自己的失败找了尚可接受的理由：

273

我早期的抒情音乐在创作十年后才受到关注，所以我猜想这部芭蕾舞剧终有一日也会重见光明。

不幸的是，作品在今天听来也是毫无生机，等同于《浪子》去除曲调后的冗长版本。

1932年12月16日，特里顿协会于巴黎正式成立，专注于新室内音乐的演奏。协会成员包括奥涅格、米约、普朗克和普罗科菲耶夫。在成立仪式上，普罗科菲耶夫为两架小提琴而作的奏鸣曲首次与西方观众见面：

纳塔利娅·贡恰洛娃为《在第聂伯河上》的谢尔盖·利法尔设计的两套服装（苏富比）

幸运的是，芭蕾舞剧的演出时间是半小时后，我们在听完奏鸣曲之后立即冲向了大剧院——音乐家、评论家和作家一齐行动。

普通的双小提琴奏鸣曲大多没什么魅力或深度，但是普罗科菲耶夫的第56号作品则是个例外。

普罗科菲耶夫有许多年没有创作过钢琴作品了，1931年，他收到了一个不同寻常的委托任务：

我在奥地利钢琴家维特根斯坦（Wittgenstein）的要求下，写出了为左手而作的钢琴协奏曲（第四首）。他在战争中失去右手，于是将全部精力投入左手，试着积累一套音乐会的可演曲目，但并不成功。理查德·施特劳斯创作了一些交响练习曲，用于管弦乐队加风管四重奏表演。"我可怜的左手，怎么能和四重奏管弦乐团竞争！"维特根斯坦绝望地说，"但是轮不到我来教施特劳斯如何编排管弦乐……"拉威尔创作了一首协奏

275

保罗·科林（Paul Colin）为谢尔盖·利法尔设计的平面海报，1932年（苏富比）

曲，开头部分是大量为左手量身定制的华彩乐段。维特

根斯坦愤怒不已："如果我想表演独奏，就不会请他写

协奏曲了！"他要求拉威尔进行修改，但是指挥们纷纷

站在拉威尔一边，坚持按照拉威尔的原谱演奏，丝毫

不差。我把协奏曲寄给维特根斯坦，得到的回复是：
"谢谢你的协奏曲，但是我看不懂一个音符，我不会演
奏的。" ①

　　普罗科菲耶夫打算将作品修改为双手协奏曲，但是
他未能完成心愿。1956年，作品首演于柏林，由左手钢
琴家西格弗里德·拉普（Siegfried Rapp）演奏。《第四
钢琴协奏曲》（*The Fourth Piano Concerto*，作品53）精
准无误，令人愉快，规模适度，也不乏键盘技巧，管弦
乐整体明亮又轻盈。第三乐章中板里有斯特拉文斯基的
影子，但是第二乐章阴沉的行版具有表现力，完完全全
是普罗科菲耶夫的原创。最末乐章"活泼的"虽然篇幅
不长，却是普罗科菲耶夫最有效率的乐段。它完美总结
了第一乐章中的全部必要元素，总长不到一分半钟。

　　在完成《第四钢琴协奏曲》后不久，普罗科菲耶夫

277

---

① 普罗科菲耶夫将这段轶事讲述得丰富多彩，但是他曲解了理查德·施特
劳斯和拉威尔。——作者注

就投身于《第五钢琴协奏曲》的创作中：

抛开为左手而作的《第四钢琴协奏曲》不论，我已经有十多年没有写钢琴协奏曲了。从那以来，我对于这种形式的感知已经发生变化，并有了一些新的想法（一个乐段跨越整个键盘，左手接过右手继续演奏；钢琴和管弦乐队的和弦相互打断等）。终于，我在笔记本里积累了足够数量的生动主题。我本不想写一首太过复杂的协奏曲，一开始甚至想过将其取名为"为钢琴和管弦乐队伴奏所作的音乐"，以免弄混协奏曲的曲号。但是最后依然写出一首复杂的作品，与同时期的大量作品没什么两样。如何解释？我希望作品简洁明了，但又害怕重复过去的规范，不想回到"旧式的简单"，这是所有现代作曲家都努力避免的。

在《第五钢琴协奏曲》的光鲜外表下，普罗科菲耶夫是否感知到其中的情感过于单薄？对于很多听众而言，他歌颂生活之乐的作品不再具有吸引力，沦落为华

而不实的炫技，正如休·奥塔韦所言，象征着"作曲家
在后期现代主义中的内在危机"。连米亚斯科夫斯基也
认为"第一和第三乐章并非那么令人愉快"。

1932年10月31日，普罗科菲耶夫首次演奏了《第五
钢琴协奏曲》，同富尔特文格勒（Furtwangler）指挥的
柏林爱乐乐团联袂演出。当天，柏辽兹（Berlioz）的作
品《哈罗尔德在意大利》（*Harold in Italy*）同样在节目
单上，作曲家亨德密特（Hindemith）担任中提琴独奏
者。斯特拉文斯基等多位名人列席台下。据普罗科菲耶
夫回忆，"音乐会进展非常顺利"。但是，在之后的多
年里，没有一位钢琴家愿意尝试这首绝妙的五乐章协奏
曲，因为它尽管技艺高超，却太过刺耳。到了1941年
2月，25岁的斯维亚托斯拉夫准备表演这首作品，便和
海因里希·涅高兹（Heinrich Neuhaus）在家里首次排
练了整首作品。他的伴奏者是阿纳托利·维德尼科夫
（Anatoly Vedernikov）。

普罗科菲耶夫和太太一起到场，房间里充满了巴黎人浓郁的香水气味。他直截了当地开场，用他独有的方式讲述美国的黑帮故事，一本正经而又幽默风趣。我们围坐在一张小桌子前，腿都伸展不开，一边饮茶，一边咀嚼每次都吃的纽豪斯火腿切片。后来我们玩了游戏。

普罗科菲耶夫挺高兴，他站在刚刚演奏的两架钢琴后，身子朝向我们，从两边口袋里同时掏出两条巧克力棒，做出夸张的动作送给我们。我们当即确定好了彩排日期。

1932年底，普罗科菲耶夫回到美国，开启他的第六次音乐会巡演：

布鲁诺·瓦尔特在纽约演奏了《赌徒》里的《肖像》，此前他在莱比锡和柏林曾成功指挥了这套交响组曲。演出本身可圈可点，但是观众反响不甚理想。演出

1932年6月，普罗科菲耶夫在伦敦和伦敦交响乐团一起录制《第三钢琴协奏曲》，皮耶罗·科波拉（Piero Coppola）执棒，劳伦斯·科林伍德（Lawrance Collingwood）为百代唱片的"主人之声"制作

结束后，我走出包厢，看到一位非常典型的美国富人从邻近包厢里走出来，朝着里面的工作人员高声评论："我想见见这家伙。让我来教教他音乐是什么！"我连忙逃走。

20世纪30年代中期，普罗科菲耶夫比以往更为频繁地回到俄国，逐渐巩固自己在苏联音乐世界的地位。"最高权威"为了催促他永久定居在这里，从1933年起将莫斯科一套公寓的使用权赠予他。同年，他甚至同意在莫斯科音乐学院任教，为一些研究生开设作曲课程，走上上一辈苏联作曲家们注定要走的教育祖国后一代的道路。[1]在俄国无产阶级音乐家协会解散后，普罗科菲耶夫受到了尊重，并时不时赢得了喜爱。他是否会继续做西方世界的流亡者，像拉赫玛尼诺夫与斯特拉文斯基一样承担久居海外的代价？丽塔·麦卡利斯特说"俄国

---

[1] 哈恰图良（Khatcha turian）回忆说："普罗科菲耶夫的评论友善具体，切中要害。"但其他学生称他傲慢冷漠。——作者注

的标签已经不再时髦"，而普罗科菲耶夫的音乐生涯也停滞不前，至少他已经不再是引领潮流的先驱者。

塞罗夫在普罗科菲耶夫的传记中，描述了1932年与作曲家的一次对话，从中可见普罗科菲耶夫的心意已决。法国评论家谢尔盖·莫鲁克斯（Serge Moreux）记录了普罗科菲耶夫在1933年的一段话：

> 外国的空气和土壤无法激发我的灵感，因为我是俄国人，深受流亡生活之害……我必须回归故土，沉浸于故乡的氛围里……我必须听到俄语，与亲近之人交谈，弥补因身处异国他乡而出现的空白，因为祖国的歌就是我的歌……我害怕自己沦落为墨守成规之人。是的，我的朋友，我要回家了。

据其他史料记载，普罗科菲耶夫回国前并非如此坚定不移。他很可能感到前途未卜，同1918—1922年的状态相似。

283

涅斯捷耶夫当然渲染了一个创意枯竭、身陷危机的作曲家形象。不过，至少有些许迹象表明，他的作品的确朝着两个方向发展。《美国序曲》《第五钢琴协奏曲》以及钢琴作品集中的作品45、作品54和作品62看似迥然不同，却都是与《第二交响曲》和五重奏一脉相承，呈现出理性的欧洲风格。《浪子》和弦乐四重奏等作品则是显著的"俄国"风格。

个人层面而言，普罗科菲耶夫想家了。虽然他的家人在身边，包括1928年出生的二儿子奥列格（Oleg），但是他的密友们都还在苏联，他怀念他们的建议和支持。当前，政治因素甚至都不再重要。吸引他的是俄国，而非苏联政权或马克思主义。尼古拉斯·古米廖夫解释道：

普罗科菲耶夫全然接受了俄国革命，他将新的俄国看作沙俄的自然延续，是长达一个世纪解放的最终成果。他是……一个真诚的天生爱国者……他从未有过政治思想。和许多美国艺术家不同，他认为自己的主要任务是完成手头的工作，至于政治事务和纠葛则是别人的事。与此同时，他强烈感受到自己与俄国国土、人民和文化有着深层联结，这是属于他的不可分割的纽带。尽管他多年旅外，在西方世界也享有盛名，但是他骨子里依然是俄国人，他的习惯、行为和艺术中都散发出俄国元素。

苏联政府公布苏联音乐的未来发展早期计划时……普罗科菲耶夫对官方布告持欢迎态度，认为自己能一展身手，按照自己的想法来实现音乐的某些功能。"我一直想创造旋律，"他常常说，"简单、朗朗上口的旋律，普通大众也能理解。"他认为，这是现代作曲家最重要同样是最艰难的任务。

普罗科菲耶夫做出决定后，曾向弗农·杜克吐露心声：

我的想法是这样的：我并不在乎政治，我的首要身份是作曲家。只要任何政府能让我安宁地创作音乐，发表我费尽心思写出的一切作品，表演我的作品里的每一个音符，何乐而不为？我们在欧洲时，都得自己寻找表演机会，好声好气地恳求指挥和剧院经理；而在俄国，演出会自己找上门来，甚至供不应求。而且，我在莫斯科有一套舒适宜人的别墅和一辆崭新的汽车。我的儿子们可以在莫斯科上优质的英语学校……

普罗科菲耶夫逐渐下定决心。1936年春天，普罗科菲耶夫定居莫斯科，携妻儿和全部家当回到祖国的怀抱。巴黎是他在海外的根据地，1932—1936年，他的大部分音乐作品都是在巴黎完成的。他的作品委任方当即发生了变化。很快，他应苏联之令完成了诸多大型作品。

1934年11月16日的《消息报》上，普罗科菲耶夫记录了自己对于苏联音乐未来的构想：

许多苏联作曲家都有疑问，现今我们究竟应该创作什么类型的音乐？我在过去两年当中苦苦思索，终于想到了答案：我们需要创作伟大的音乐，在理念构思和技艺设计上，都跟得上我们所处的传奇时代。对内，可以激励本国的音乐发展；对外，则是展示真正的国民精神。现代苏联作曲家应该规避固守成规的风险，毕竟想找到这类音乐的正确定位并非易事。首先，旋律需优美，而且必须简单易懂，不会过于复杂琐碎。很多作曲家难以创作任何类型的旋律，更不用说有确切功能的旋律了。在曲目技艺和风格上也是如此，应简单清晰，才不会平淡乏味，我们必须寻觅一种新的简洁性。

1934年的普罗科菲耶夫仍然将自己的作品归为两个截然不同的类别：一类为音乐行家所作，一类为普通听众所作。前者是伟大的音乐，甚至能够引发一流音乐家的思考；后者则是严肃的轻音乐，普通大众也能轻易理解，哪怕他们从来没有接触过艺术。

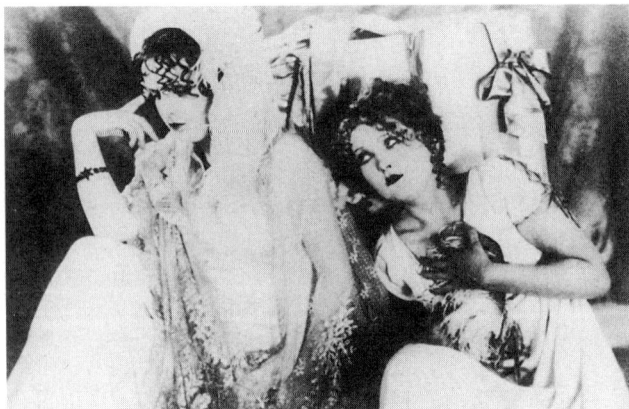

《基热中尉组曲》的剧照，电影由亚历山大·芬兹默（Alexander Feinzimmer）于1934年拍摄。剧中，纳塔尔尼科娃（Chaternikova）饰演加加林伯爵夫人，索菲·马格里尔（Sophie Magarill）饰演她的侍女（国家电影资料馆）

《基热中尉组曲》的剧照，米哈伊尔·亚尔辛（Mikhail Yarshin）饰演保罗一世沙皇（国家电影资料馆）

《基热中尉组曲》自然属于后者，它是一首独特之作，是普罗科菲耶夫首次受苏联委托创作的乐曲，也是他第一次为电影配乐。《基热中尉组曲》基于虚构故事，体现出语言的生成能力，也被视为行为主义文学理论的基础模型，令人赞叹不已。尤里·廷亚诺夫（Yuri Tynyanov）的原作具有温和的讽刺性幽默，这一特质无疑吸引了普罗科菲耶夫。故事情节并不令人陌生：一位莫须有的军官因为笔误而诞生，他就是基热中尉。

基热的出现本是办事员一时疏忽，但是特立独行的保罗一世沙皇却唯独断定他本人的确存在，并要求获悉他的方方面面。既然沙皇不可能犯错，足智多谋的军方就不得不凭空捏造出一位军官。基热的故事从被流放到西伯利亚开始。后来他升官加爵，喜结良缘，在婚礼上，新娘向宾客解释说，基热"人不在了"，一语双关。后来，神出鬼没的英雄遭到杀害。实际的电影并非人们想象的那样老套，普罗科菲耶夫的配乐具有感染力，为这部非写实的喜剧作品增色不少。

289

海因·赫克罗斯（Heine Heckroth）为1942年福基涅（Fokine）的芭蕾舞剧《基热中尉组曲》
设计的六幅背景图，用来投在舞台幕布上（苏富比）

1934年7月8日，普罗科菲耶夫将零零散散的电影配
乐插曲改编为一套"令人愉快却毫无意义"（丽塔·麦
卡利斯特）的五乐章套曲，它是普罗科菲耶夫当今最受
欢迎且最为成功的曲目之一（此曲另有上低音乐器独奏
版本，却鲜有人知）。

拉威尔常常将器乐谱写和管弦乐编曲区分开来，前
者是排列音符的技艺，成品尚可让人接受，而后者则是
精妙的炼金术，将两个及以上的音符熔接起来，生成全

新的听觉效果。在《基热中尉组曲》中，普罗科菲耶夫
用敏锐的察觉能力，挖掘管弦乐队的表达潜能。带有显
著俄国式怀旧情愫的主人公基热兼有多愁善感和狡黠幽
默的气质，与作曲者的配乐不谋而合。普罗科菲耶夫在
曲中玩转各种乐器，从著名的《三套车》（ *Troika* ）里
活力满满的钟、打击乐和竖琴，到其他重要乐段里富有
生气的短号、短笛、次中音萨克斯管和大号，无一不为
作品增添色彩。旋律自始至终都浅显易懂。"《基热中
尉组曲》让我受尽折磨，"普罗科菲耶夫后来在信中同

海因·赫克罗斯为芭蕾舞剧《基热中尉组曲》设计的两套服装

朋友倾诉，"但是音乐多么欢乐无忧啊！"

同为由配乐改编的交响套曲，《埃及之夜》（*Eqyptian Nights*，作品61）就不那么激动人心。1934年夏天，普罗科菲耶夫改编了此前受莫斯科卡默尼剧院（Kamerny Theatre）委托创作的配乐。作品由亚历山大·亚科夫列维奇·塔伊罗夫（Alexander Yakovlevich Tairov）进行戏剧式精心编排，融合了普希金《埃及之夜》、莎士比亚（Shakespeare）《安东尼与克莉奥佩特拉》（*Antony and Cleopatra*）和萧伯纳（George Bernard Shaw）《凯萨与克丽奥佩拉》（*Caesar and Cleopatra*）中的台词。《埃及之夜》于1935年4月与观众见面，演出只持续了短暂的一段时间。

普罗科菲耶夫于1933—1934年还创作了不少更具开拓性的作品，为巴黎生涯画上了圆满的句号。其中包括《思念》（*Pensées*，作品62）、《交响歌》（*Symphonic Songs*，作品57），以及应著名流亡大提琴家格里高利·皮亚蒂戈尔斯基（Grigor Piatigorsky）之

托完成的《第一大提琴协奏曲》（*The Cello Concerto*，
作品58）草稿。普罗科菲耶夫佯装对大提琴一知半解，
借机一窥皮亚蒂戈尔斯基部分耀眼的常演曲目。他告诉
皮亚蒂戈尔斯基："你不该把这些谱子留在家里。都积
灰了！"曲目于1938年完成。事实上，普罗科菲耶夫的
《第一大提琴协奏曲》已经少有人知了。1950—1952
年，他将其改编为交响协奏曲（作品125），尽管此前
的多年里，他一直拒绝改任意一个音符。普罗科菲耶夫
在1941年曾对涅斯捷耶夫抱怨："不要小瞧了《第一
大提琴协奏曲》，它可与《第二小提琴协奏曲》（*The
Second Violin Concerto*，作品63）媲美，只有愚蠢之人
才会漠视它。"

　　1934年4月14日，《交响歌》在莫斯科的首演是一
场显而易见的灾难。据米亚斯科夫斯基回忆："毫不
夸张地说，大厅里只响起了三声鼓掌。"《苏联音乐》
（*Soviet Music*）杂志警告说，苏联观众永远也无法接受
这样忧郁的抽象音乐：

普罗科菲耶夫的《交响歌》并不会歌唱，从任何一种意义上来看，它都不是一首歌……在我们眼里，它是少数人的交响独白，是一则悲哀传说，传唱着日落西山的个人主义文化。

普罗科菲耶夫终将改变他的"西化"观念。

同年晚些时候，有传言称马林斯基剧院将上演普罗科菲耶夫一套全新的完整版芭蕾舞剧。作曲者从不久前的失败中吸取教训，选择了一个相对"安全"且抒情性强的主题：

有人建议用莎士比亚的《罗密欧与朱丽叶》（*Romeo and Juliet*）作为主题。但是马林斯基剧院临时变卦，我转而与莫斯科大剧院签订了合同。1935年春天，我和拉德洛夫共同定下了剧中场景，与编舞老师沟通芭蕾舞的技术问题。我们在夏天完成了音乐，但是莫斯科大剧院却表示无法上演舞剧，于是合同就失效了。

我们打算为《罗密欧与朱丽叶》写一个喜剧结尾，

最后一幕，罗密欧提前一分钟到达，发现朱丽叶还活着，皆大欢喜。此举在当时引起一片哗然。我们之所以如此武断，纯粹是为编舞之便——活人可以跳舞，死人不行。我们的说辞是，据说莎士比亚当时也常常举棋不定，犹豫作品的结尾走向，如《李尔王》（*The King Lear*）。《罗密欧与朱丽叶》的确是以悲剧收场，但带喜剧结尾的《维洛那二绅士》（*Two Gentlemen of Verona*）同样也出自他手。普罗科菲耶夫要以《罗密欧与朱丽叶》为主题创作一部喜剧结局芭蕾舞剧的消息，并未在伦敦乐界掀起波澜，反而是我们本国的莎士比亚学者们，比教宗更操心，纷纷起来捍卫原作者，实在令人难以理解。我之所以改变主意，是因为有人对作品的一句评论："严格上而言，你的音乐结尾没有表现丝毫的欢乐。"这一点倒很正确。我们和编舞老师多番商议后，发现依然可以用舞蹈呈现悲剧结尾，于是我们终于完成了相应的音乐。

在接下来的几个月里，普罗科菲耶夫开始彻底修改他"无法起舞"的音乐，不过《罗密欧与朱丽叶》与俄国观众见面，则是多年之后了（1936和1937年，前两首管弦套曲和由其改编的十首钢琴作品表演，收到热烈反响）。

相较之下，几乎与《罗密欧与朱丽叶》同期完成的《第二小提琴协奏曲》在上演之际就大获成功，两首曲目的风格相似：

1935年，法国小提琴家索顿斯（Soetans）的崇拜者们让我为他写一首小提琴协奏曲，并给他为期一年的独家演奏权。我欣然同意，因为我正有打算创作一首小提琴作品，并已开始搜集素材。创作流程和以前的协奏曲一样，我先构思作品的标题，例如为小提琴及管弦乐队所作的音乐会奏鸣曲，但是最后我回到了最简单的版本——第二协奏曲。无论如何，我希望这首曲目在音乐和风格上都与第一协奏曲整体区分开来。

我当时正在巡演，像个流浪儿一样四处奔波，协奏曲就自然而然地以四海为家：第一乐章的主部主题在巴黎完成，第二乐章的第一主题诞生于沃罗涅日，我在巴库完成了第一部分的管弦乐编曲，首次表演则是在1935年12月的马德里。当时我和索顿斯一起开展了一次极为激动人心的巡演之旅，从西班牙、葡萄牙、摩洛哥、阿尔及利亚到突尼斯，巡演曲目除了我自己的作品，还有德彪西和贝多芬的奏鸣曲。

普罗科菲耶夫本意是创作一首完全不同于第一首协奏曲的作品，但是他的《第二小提琴协奏曲》显然和18年前的成品如出一辙。二者皆不吝笔墨抒情，情绪丰厚自然，小提琴和管弦乐队之间达成精致的平衡。新作的形式设计得完美无瑕，但是相较之下欠缺想象力。不过它的衔接精美，比起前作更加令人舒适。且不论阴沉的开场是否让人想起涅斯捷耶夫口中"白雪皑皑的俄国平原的画面"，富有魅力以及具有暗示意味的副部

普罗科菲耶夫1935年的演出海报

主题无疑是"成熟期的普罗科菲耶夫最令人愉快的旋律之一",与《罗密欧与朱丽叶》中的爱情音乐稍有类似。沉着的慢板格外显眼,作曲者一改年轻时期的锋芒毕露,写出如同咏叹调一般从头至尾平静安宁的乐段,在曲终穿插锐利的音色作为平衡,用休·奥塔韦的话来说,"它是普罗科菲耶夫版本的农民回旋曲,类似于19世纪最具盛名的多首小提琴协奏曲"。

苏联的评论家们印象深刻,伊什列·涅斯捷耶夫回忆道:

多年之后,他又一次为小提琴独奏作曲,意义非凡。他似乎确信形式主义的尝试是徒劳无功的,于是重拾青年时期的渴求,选择最具歌唱性的乐器,意在表达真实的人类情感。

《罗密欧和朱丽叶》还未公开亮相,于是这首浪漫主义的新协奏曲就成为艺术家彻底转型的象征之作。浪子回头金不换。

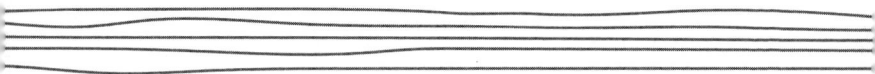

PART 8
Movement

第
八
章

斯大林万岁

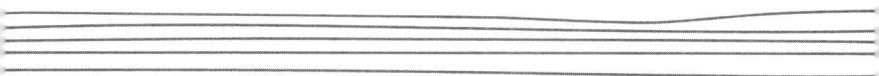

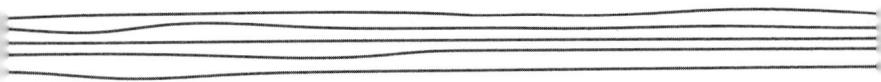

1936年5月15日，普罗科菲耶夫携家人抵达莫斯科，回归祖国的怀抱。至少在当时，他对祖国的新生活是满意的。

鲍里斯·阿萨菲耶夫曾评论道：他生命的最后20年虽在"祖国"度过，却并非毫无波澜——他经历过失败，体味过失望，遭受过不留情面且毫无理由的批评。与此同时，他也受到了热情的接待和真诚的仰慕，置身于故土和人民之间，沐浴在本国语言和传统之中，他的灵感喷涌而出。在这里，他的音乐形成了宽广的抒情性风格，人文主义情怀进一步加深，他与听众之间建立了新的沟通纽带。

据伊利亚·爱伦堡（Ilya Ehrenburg）回忆，普罗科菲耶夫在经历可怕的政治迫害时极其沮丧，但他的态度却始终如一："今天，人们必须得工作。工作是唯一的任务，是唯一的救赎。"

普罗科菲耶夫的回归，是苏联音乐发展史上的里程碑事件。俄国无产阶级音乐家协会解散后，苏联作曲家协会随即成立，中央政府牢牢握住了音乐创作领域的管理权。官方号召作曲家回归民间音乐传统，留意音乐中的社会内容及其对普通大众的吸引力。"西化"的普罗科菲耶夫显然站在中央指导方针的一边。然而，他和其他艺术家一样，未能领悟新方针的精髓。

1932年10月，斯大林在高尔基家中与作家们开会时提出了苏联艺术的新口号，即"社会主义现实主义"[①]：

艺术家要想正确地描述我们的生活，就不能无视其背后的社会主义驱动力。所以未来的作品是社会主义艺术，是社会主义现实主义。

---

① "社会主义现实主义"是苏联20世纪30年代早期至80年代中期文艺创作的官方指导方针，提倡用艺术描写社会主义现实，促进实现社会主义理想。——译者注

　　独此一家的文学教条对于苏联音乐家而言意味着什么？上一次与高尔基在莫斯科会面时，普罗科菲耶夫曾问他，人们应当创作什么类型的音乐。

　　"你的心里自有答案，"他笑着回答。我说："众所周知，音乐应当散发出活力和乐观，同苏联人民的新生活相匹配。""没错，"他补充道，"但同时也应该温暖亲切。"

　　就这样，普罗科菲耶夫跌跌撞撞地进入了一场由孤立主义和沙文主义主导的文化大革命，这是继1917年首次布尔什维克党革命、1928年集体主义革命后的第三次革命，它同样与马克思有（微弱的）联系，领导层的坚定决心不输前两次革命。

　　马克思和恩格斯与当代许多人一样，明显偏好"现代主义"艺术，他们虽然强调文学的社会相关性，却从未明确宣扬过此类观点。他们认为，在虚构世界里理解生活的种种矛盾，描绘出令人信服且个性十足的角色是一种重要能力，这比抽象修辞、神圣情感和善意说教更胜一筹。艺术家的直觉总是胜过政治立场。无人会质疑莎士比亚是否比席勒（Schiller）写得更好。马克思并不赞同堕落的时代所产出的艺术一定是堕落的，他认为，人们谈及那些变革社会的观点时应该意识到，"旧"社会里并不是没有新观点，新的元素也在源源不断地涌现。

"社会主义现实主义"作为上述"现实主义"艺术的改良版被提出。提倡者表示，伟大的19世纪小说家正是具有批判精神的现代主义者，无论他们自认为的意识形态是什么，他们都忍不住在作品中披露当代社会的恶习。不过，作为资本主义艺术家，他们无力从大环境中逃脱，进而陷入宿命论的绝望深渊，不能自拔。而苏联艺术家则不必走进这条死胡同。社会主义为艺术家们铺设了康庄大道，"社会主义现实主义"则是进步社会中的革新艺术。

在社会转型期，"现实主义"和"社会主义"之间的矛盾不可避免：前者呼吁写实描绘生活，而后者则是对现实生活的规范。当时的苏联艺术绝对不止于还原事实，它必须在意识形态重建中发挥重要作用，也必须展现党的精神、阶级意识和人民主义。

斯大林政权从列宁主义中有选择性地汲取了养分，用以证明他的文化策略的正当性。列宁明确劝告受教育程度高的上层阶级，强调革命是重中之重，呼吁他们牺牲个人的艺术爱好。列宁的号召进而发展为民族性原则（narodnost）[①]：

当工人和农民群众还啃着黑面包，我们应该给少数人吃精致甜美的蛋糕吗？

307

无论如何，列宁希望发展群众的文化意识，提升而非拉低文化标准。他自始至终都认为，不能用壮观景象

---

① 民族性原则，即俄语中的 н а р о д н о с т ь，是"社会主义现实主义"方针的重要原则，强调苏联艺术家有义务描绘普通大众的生活，创作出群众能够接受的艺术作品。——译者注

和马戏表演来糊弄群众，反对所谓的无产阶级文化。

要想让艺术进入千家万户，让人人得以欣赏，我们必须首先提升大众的教育及文化标准……（人民）有权享受真正的伟大艺术。所以我们才把最大规模的公众教育放在第一位。

斯大林对形式创新的憎恨始终如一，这也许同样可以追溯到列宁时代。但是列宁自称为"野蛮人"，自嘲不懂现代趋势，并明确表示不能将他的观点视作权威指令，至少在艺术上是如此：

我们将跟不上新式艺术的脚步，我们只能在后面慢慢踱步。

卢那察尔斯基在1933年表示：

列宁不是浅薄之人，他一直憎恨半吊子，所以他从不愿意就艺术发表任何评论……我再说一遍，弗拉基米

尔·伊里奇（列宁）从不基于个人的美学喜恶，给出任
何指导性原则。

无论"社会主义现实主义"一词确切的来源是什
么，它在音乐领域的诠释都并非易事。1933年，作曲
家工会出具了一份指导文件。鲍里斯·施瓦茨（Boris
Schwarz）评论道，文件"内容含糊不清，只是呼吁艺
术家奋起斗争"：

苏联作曲家的主要重心应当转向现实的胜利及进步
原则，转向英雄、明亮和美好的一面。这是苏联人民独
有的精神世界，必须体现在充满魅力和力量感的音乐画
面中。现代主义是衰退的当代资产阶级艺术的典型特
征，社会主义现实主义者需要奋力对抗其中背离人民的
路径，不对现代资产阶级文化卑躬屈膝。

理想状态下，新世界的音乐家应当带着对乌托邦未
来的向往看待当代问题，将当今社会的缺陷描绘为积极

力量，目标是从真正意义上推动社会发展，以期达到社会主义的最终形态。

既然无法一一解释每首交响作品的结构设计，不如用具体的言语来描述音乐的意义，这勉强可以让人接受。不过苏联的美学家们为了弄清音乐作品是否符合已有教条的准则，不得不将语言和音乐形式紧密联系在一起。至于随之出现的方法论上的断裂，则是由普罗科菲耶夫在音乐学院结交的挚友音乐学家鲍里斯·阿萨菲耶夫加以填补。

阿萨菲耶夫基于马克思和列宁主义辩证法，发展出一套音乐音调理论。在1947年的重要著作《音调论》（*Intonanzia*）中，他将音乐表达视为思维的呈现形式，正如言语是人声的承载。言语中，声调的高低体现出细微的情感差异，同样的，音乐也需要用不同音调来表达真正的"意义"。

音乐的音调能够在不同层面承载意义，透过最简单的音调形式，艺术家就能将共同的生活经历转换为音乐术语。因此，特定的音乐表达常常让人想起军号声。但是作曲家若想触及广大听众的内心，还需要保留原始声音素材之中更深层次的核心品质。这样一来，非写实的号角齐鸣才能有更为普遍的象征，塑造英雄主义和爱国主义的音乐形象。

当今苏联的音乐学家们坚持认为，音乐表达的语义远远不止于解释说明，它在最深层次的人类和社会意识层面起到了作用。每个历史时期都有各自的规范和习惯，以此作为新作品的评判基础。"音调字典"是一切规范的源头，将生活经历和志向同音乐表达和风格紧密相连。在20世纪30年代早期，"社会主义现实主义"的口号才刚刚出现，当时的普罗科菲耶夫认为那些是学术探讨，仅此而已。等到他下定决心举家迁回，投身纯正的俄国生活，当局才开始采取实际措施，毫不含糊。

1936年1月，斯大林出席肖斯塔科维奇的《姆钦斯克县的麦克白夫人》（*Lady Macbeth of Mtsensk*）演出，这部歌剧已经演了两年。如果苏联的音乐家在1月28日早晨打开《真理报》，翻到第三页左侧，会看到一篇题为《混乱而非音乐》（*Chaos Instead of Music*）的批评文章，篇幅长达三栏。评论人可能是列宁格勒的新任党委书记兼斯大林中央委员会文化政策发言人安德烈·日丹诺夫（Andrei Zhdanov）。据说，肖斯塔科维奇也知道这位"领袖兼教师"是幕后操控的黑手：

СУМБУР ВМЕСТО МУЗЫКИ

Об опере «Леди Макбет Мценского уезда»

Вместе с общим культурным ростом в нашей стране выросла и потребность в хорошей музыке. Никогда и нигде композиторам не имели перед собой такой благодарной аудитории. Народные массы ждут хороших песен, но также и хороших инструментальных произведений, хороших опер.

Некоторые театры как новинку, как достижение преподносят новой, выросшей культурно советской публике оперу Шостаковича «Леди Макбет Мценского уезда». Услужливая музыкальная критика превозносит до небес оперу, создаёт ей громкую славу. Молодой композитор вместо деловой и серьёзной критики, которая могла бы помочь ему в дальнейшей работе, выслушивает только восторженные комплименты.

Слушателя с первой же минуты ошарашивает в опере нарочито нестройный, сумбурный поток звуков. Обрывки мелодии, зачатки музыкальной фразы тонут, вырываются, снова исчезают в грохоте, скрежете и визге. Следить за этой «музыкой» трудно, запомнить её невозможно.

Так в течение почти всей оперы. На сцене пение заменено криком. Если композитору случается попасть на дорожку простой и понятной мелодии, то он немедленно, словно испугавшись такой беды, бросается в дебри музыкального сумбура, местами превращающегося в какофонию. Выразительность, которой требует слушатель, заменена бешеным ритмом. Музыкальный шум должен выразить страсть.

Всё это не от бездарности композитора, не от его неуменья в музыке выразить простые и сильные чувства. Это музыка, умышленно сделанная «шиворот навыворот», — так, чтобы ничего не напоминало классическую оперную музыку, ничего не было общего с симфоническими звучаниями, с простой, общедоступной музыкальной речью. Это музыка, которая построена по тому же принципу отрицания оперы, по какому левацкое искусство вообще отрицает в театре простоту, реализм, понятность образа, естественное звучание слова. Это — перенесение в оперу, в музыку наиболее отрицательных черт «мейерхольдовщины» в умноженном виде. Это левацкий сумбур вместо естественной, человеческой музыки. Способность хорошей музыки захватывать массы приносится в жертву мелкобуржуазным формалистическим потугам, претензиям создать оригинальность приёмами дешёвого оригинальничанья. Это игра в заумные вещи, которая может кончиться очень плохо.

Опасность такого направления в советской музыке ясна. Левацкое уродство в опере растёт из того же источника, что и левацкое уродство в живописи, в поэзии, в педагогике, в науке. Мелкобуржуазное «новаторство» ведёт к отрыву от подлинного искусства, от подлинной науки, от подлинной литературы.

Автору «Леди Макбет Мценского уезда» пришлось заимствовать у джаза его нервозную, судорожную, припадочную музыку, чтобы придать «страсть» своим героям. В то время как наша критика — в том числе и музыкальная — клянётся именем социалистического реализма, сцена преподносит нам в творении Шостаковича грубейший натурализм. Однотонно, в зверином обличии представлены все — и купцы и народ. Хищница-купчиха, дорвавшаяся путём убийств к богатству и власти, представлена в виде некой «жертвы» буржуазного общества. Бытовой повести Лескова навязан смысл, какого в ней нет.

И всё это грубо, примитивно, вульгарно. Музыка крякает, ухает, пыхтит, задыхается, чтобы как можно натуральнее изобразить любовные сцены. И «любовь» размазана во всей опере в самой вульгарной форме. Купеческая двуспальная кровать занимает центральное место в оформлении. На ней разрешаются все «проблемы». В таком же грубо-натуралистическом стиле показана смерть от отравления, сечение почти на самой сцене.

Композитор, видимо, не поставил перед собой задачи прислушаться к тому, чего ждёт, чего ищет в музыке советская аудитория. Он словно нарочно зашифровал свою музыку, перепутал все звучания в ней так, чтобы дошла его музыка только до потерявших здоровый вкус эстетов-формалистов. Он прошёл мимо требований советской культуры изгнать грубость и дикость из всех углов советского быта. Это воспевание купеческой похотливости некоторые критики называют сатирой. Ни о какой сатире здесь и речи не может быть. Всеми средствами и музыкальной и драматической выразительности автор старается привлечь симпатии публики к грубым и вульгарным стремлениям и поступкам купчихи Катерины Измайловой.

«Леди Макбет» имеет успех у буржуазной публики за границей. Не потому ли похваляет её буржуазная публика, что опера эта сумбурна и абсолютно аполитична? Не потому ли, что она щекочет извращённые вкусы буржуазной аудитории своей дёргающейся, крикливой, неврастенической музыкой?

Наши театры приложили немало труда, чтобы тщательно поставить оперу Шостаковича. Актёры обнаружили значительный талант в преодолении шума, крика и скрежета оркестра. Драматической игрой они старались возместить мелодийное убожество оперы. К сожалению, от этого ещё ярче выступили грубо-натуралистические черты. Талантливая игра заслуживает признательности, затраченные усилия — сожаления.

《真理报》1936年1月28日发表的文章《混乱而非音乐》

开头有一连串的不谐和音和混乱音符，是作曲者有意为之，令听者一上来就大吃一惊。旋律片段及乐句雏形若隐若现，又在刺耳的喧嚣声及尖叫声中淡去……原作是一部受到排斥的歌剧……在音乐和剧场设计里，梅耶荷德主义的负面特征被无限放大，呈现出来的不是自然的人类音乐，而是左派混乱……这种趋势显而易见危害了苏联音乐。左派思想毒害了绘画、诗歌、教学和科学，转而将魔爪伸向歌剧。狭隘的资产主义创新使得艺术、科学和文学都与现实脱节……一切都粗俗下流，原始落后。作曲家为了尽量自然地表达出情欲片段，穿插了嘎嘎、哼哼、隆隆的音乐，听起来令人窒息。歌剧采用最粗俗的形式，将爱撒得遍地都是。商人的双人床摆在舞台中央，所有"问题"都在上面解决……

《姆钦斯克县的麦克白夫人》揭露了狭隘资本主义的德行浅薄，虽然在意识形态上无可挑剔，然而正确的立场还不足以拯救这部作品。当前的俄国生活形式的确是社会主义，但是新文化的内容需要立足过去，清心禁欲，展现民族主义精神。"社会主义现实主义"的美学本身是模糊的，而现在，因为其模棱两可的特性，艺术家受到了羞辱。事先的自我审查本是艺术发展的阻碍，却成为官方鼓励的行为。为了避免争议，最稳妥的做法是保持旋律流畅，尽量少地冒风险，沿用19世纪的和声风格，尤其在纯器乐音乐中，更应低调行事，选用老套的风格，明哲保身。伴奏音乐的文本则需要经过意识形态审查。一股牵强的乐观主义风潮不可避免地盛行起来。

肖斯塔科维奇面临窘迫的处境，普罗科菲耶夫则稍好一些。两位作曲家身上有诸多共同点，但是现在看来，他们从未成为亲近的朋友。苏联的官方记载未必完全可信，尤其是所罗门·伏尔科夫记录的肖斯塔科维奇口述回忆录《见证》在西方世界出版后，虽然备受争议，却为我们提供了新的视角。《见证》里的肖斯塔科维奇认为，普罗科菲耶夫不是苏联传说中"鼓舞人心的

楷模"，他是"汤里的鸡"，有"受溺爱神童的坏脾
气"。二人的摩擦由此而起：

　　普罗科菲耶夫和我从来没有变成朋友，原因大概是
他并不爱保持友善关系。他是一个冷酷的人，对除自身
和音乐之外的任何事物都不感兴趣。我讨厌别人拍我的
头，普罗科菲耶夫也不喜欢，但是他纵容自己在他人面
前摆出高高在上的姿态……他最常将两句话挂在嘴边。
第一句是"真有意思"，用于评价身边的一切事物，从
人物、事件到音乐，无一幸免。在他看来，《沃采克》
（*Wozzeck*）从头到尾都"真有意思"。第二句是"听
懂了吗"，他用这句话来确认自己的表达是清楚的。而
我却被他的两句口头禅惹得生气……

　　我和普罗科菲耶夫从未面对面坦诚沟通，但是我感
觉自己懂他，而且我也可以想象他这个欧洲佬为何更愿
意回到俄国。普罗科菲耶夫是一位顽固不化的赌徒，但
是从长远来看，他总能赢得筹码。普罗科菲耶夫以为

自己算尽利弊，这回也是赢家。在约15年的时间里，普罗科菲耶夫一直占尽两头的好处——西方听众认为他是苏联人，而俄国民众将他奉为西方贵客，以礼相待。

但是，随着时局变迁，掌管文化事务的官僚开始鄙视普罗科菲耶夫："这个巴黎佬是谁？"普罗科菲耶夫认为，回到苏联是更有利的选择。此举提升了他在西方的名誉，毕竟苏联标签在当时刚刚变得流行起来，苏联人民也不再把他当成外国人，于是普罗科菲耶夫在海内外名声大振。

顺便一提，普罗科菲耶夫爱好打牌，还赌债成了他回国的最终动力。他在海外期间债台高筑，不得不尽快筹集资金，他希望回到苏联后能够有财力还款。就这样，普罗科菲耶夫恰如其时地回到了祖国的怀抱，就像"汤里的鸡"。他来到莫斯科教课，同时也接受当局的教导。他和其他人一样，也得背诵《真理报》里具有历史意义的文章《混乱而非音乐》。不过，他浏览了我的

《姆钦斯克县的麦克白夫人》总谱，评论道："真有
意思。"

关于普罗科菲耶夫的遭遇，成熟的肖斯塔科维奇都
看在眼里，他意识到普罗科菲耶夫也被迫"吞下许多屈
辱"。但是肖斯塔科维奇对他的作品漠不关心，认为它
们肤浅又随意。马勒（Machler）才是肖斯塔科维奇的主
要影响者，普罗科菲耶夫根本算不上什么。

普罗科菲耶夫的音乐地位独一无二，所以反对音乐
"形式主义"的运动并未深刻影响到他。普罗科菲耶夫
完全知道这一困境的存在，他打趣道："有时，人们初
听无法了解一首曲子，就叫它'形式主义'。"他乐于
学习，但同样不吝啬批评，他一直对以格拉祖诺夫为代
表的陈旧的俄国传统主义冷眼旁观。现在，西方的激进
音乐不再出现在音乐会的曲目单里，他继续奋起反抗，
以免陷入狭隘的"地方主义"之中：

在音乐中……我一直努力写出清晰明了和旋律优美的曲子。但与此同时，我并没有用老生常谈的旋律与和声来应付了事。所以，写出清晰的音乐并非易事，得推陈出新。

普罗科菲耶夫于1937年4月9日曾给作曲家联盟的活跃分子演讲，手稿大纲保留至今（是以普罗科菲耶夫惯用的去原音法简写而成）。当时叶若夫（Yezhov）的整肃运动正盛，号召"疯狂地将个人和团体全部打倒，无一例外，之后再扫灭所有民族"，而普罗科菲耶夫依然不加掩饰地勾画出美学纲领。普罗科菲耶夫为人傲慢又天真，不会审时度势，他谴责"缺乏教养的同志"错误解读了"形式主义"，蔑视真正的技能，迎合残缺的品位：

我们苏联经济的方方面面都迎头猛进……那么为什么我们的音乐家同志们却唯独例外，幻想可以靠着吃昨天的馊面包和烂牛肉苟且度日？

　　在《姆钦斯克县的麦克白夫人》事件后，普罗科菲耶夫将重心转向小型音乐作品和电影配乐。他未能成功上演《罗密欧与朱丽叶》，于是打安全牌，发布了一系列短作品，刻意拉近与观众的距离，其中有不少是儿童音乐。其中包括十二首简易钢琴小品《儿童音乐》［*Musical for Children*，作品65，后来作曲者在20世纪40年代选取其中七首，改编为交响组曲《夏日》（*A Summer's Day*）］、三首儿童歌曲（作品68）中的两首以及《彼得与狼》。

　　普罗科菲耶夫的《彼得与狼》是一首脍炙人口的音乐作品，但曲目本身的耀眼光芒掩盖了作曲者的个人特色。他在自传笔记里，对这首作品只是一带而过：

　　当时儿童音乐需求旺盛，所以我在1936年春着手创作一首写给孩子的交响童话——《彼得与狼》，我自己配的解说词。每个角色都有其对应的主旋律，由同一种乐器扮演：双簧管代表鸭子，巴松管代表祖父，诸如此

尼古拉·贝诺瓦（Nicolai Benois）为1949年米兰斯卡拉大剧院版的《彼得与狼》设计的三幅帷幕之一

《彼得与狼》三幅帷幕之二

《彼得与狼》三幅帷幕之三

类。在每场演出开始之前，乐团会先向孩子们展示各种
乐器，为他们分别演奏各个主题；演奏时，孩子们会听
到同一主题重复多次，学会区分不同乐器的质感。这就
是童话的教育意义。短暂的解说穿插在音乐之间，长度
和音乐不成比例——我觉得故事解说的价值仅限于吸引
孩子聆听音乐。我很快完成了谱曲，大约一周不到，另
外花了一周进行管弦乐编曲。

《彼得与狼》在中央儿童剧院登台。纳塔利娅·萨茨（Natalia Satz）讲述了她和普罗科菲耶夫的创作故事：

我一直认为，新的交响乐应当为儿童而作。我希望孩子从上学的第一天，就培养音乐品味，热爱音乐，理解音乐……我决定去说服普罗科菲耶夫接受我的想法，让他成为首部交响童话的作曲者。我给他打电话，问他我能否过去同他商议一件最为重要的事务。非常专心地听完我的话后，他说："我喜欢你陈述想法的方式，非常具体。"显然，我成功调动起了他的兴趣……几天后，他给我打电话，说有了儿童交响曲的一些构思，想和我见面聊聊。他来到我的住所，我们畅所欲言，一直聊到末班车时间。我们设计了各种各样的剧情，他负责音乐，我负责文字。我们达成了一致，需要找到特定的角色，将其与不同乐器的声音一一对应。我第一个想到的是长笛，模仿小鸟的声音。我说完立刻就反悔了，不知我的庸俗观点会让谢尔盖·谢尔盖耶维奇做何反应。

但是他说："长笛模仿小鸟，当然可以。我们用些儿童的原始概念，完全没问题。最重要的是找到和儿童的共同语言。"

我们决定，既然交响童话的受众是最为年幼的听众，那么每个角色都必须具有显著鲜明的特色，便于区分。

"我认为，交响乐里可以有鸟儿等动物的角色，这主意不错，但是至少要有一个人类角色。"我说。

谢尔盖·谢尔盖耶维奇点头表示赞许："如果我们每种动物都选择一样乐器，那人类角色就需要用弦乐四重奏之类的合奏来扮演，这样他的人物形象才能更饱满。"他思路大开，继续说道："是的，没错，我们得在开头塑造具体的形象，让人印象深刻，最重要的是，对比要鲜明。狼和鸟，善与恶，大和小。引人注目的角色，明显有差异的音色，每个角色都有各自的主旋律。"

我们打算设计激动人心的剧情，包含一个又一个故事，否则孩子们不可能在整首交响诗的20分钟或25分钟内保持注意力集中，不乱动。

四天后，普罗科菲耶夫带来《彼得与狼》的钢琴谱。隔壁屋子里有一群孩子，于是我让谢尔盖·谢尔盖耶维奇去那里，将他的新作演奏给孩子们听。小朋友们全程没有走神。在他们的要求下，普罗科菲耶夫将结尾部分的进行曲演奏了三遍。

成年人鲍里斯·阿萨菲耶夫认为，用夸张的方式吹捧这首"朴素"的作品未尝不可。他的观点具有代表性：

324

> 你想想，我们难道不是迎来了一种全新的苏联交响风格吗？它既不受知识分子自我分析的约束，也没有折射对现实的悲观态度。

据普罗科菲耶夫回忆，《彼得与狼》于1936年5月2日在莫斯科爱乐乐团的日场音乐会首演，"效果相当糟糕，并未引起太多关注"。近些年，作品在世界范围内广泛流行，吸引了孩子之外的听众。《彼得与狼》是一首幸运的作品，它的年轻魅力经久不衰。

相较之下，普罗科菲耶夫三首音乐会序曲之三《俄罗斯序曲》（*Russian Overture*，作品72）就没那么符合成年听众的胃口。前两首序曲皆为室内乐作品，作曲家在最后一首序曲中仿佛有意选择庞大的乐团配置，这首为大型管弦乐队而作的作品喧闹不已：短笛加上三支长笛，三支双簧管、中音双簧管、三支单簧管和低音单簧管，三支低音管加一支倍低音管，八支圆号、四支小号、三支长号和低音号，定音鼓、大鼓、小鼓、铃鼓，铙钹，三角铁，响板，锣，木琴、钟琴、两台竖琴、钢琴和弦乐。普罗科菲耶夫于1937年进行修改，缩小了乐团规模，尽管如此，《俄罗斯序曲》依然是少有的华丽之作。涅斯捷耶夫认为作品的大部分地方过于花哨，其余部分则略显黯淡。毋庸置疑，作品是由松散的片段拼凑而成的，从一个主题胡乱跳转到另一个，最后再累积达到喧闹的高潮。有些主题是作曲者原创，其他则是

"直截了当地借鉴民间音乐"。作品生机勃勃，具有感染力，但作曲者的疏忽同样不应忽视。

1936年，苏联政府开始准备两项庆典，即十月革命20周年和普希金逝世100年活动。普罗科菲耶夫应允为《欧根·奥涅金》（*Eugene Onegin*）、《鲍里斯·戈都诺夫》（*Boris Godunov*）的舞台改编版及电影版本的《黑桃皇后》（*The Queen of Spades*）创作配乐，作为普希金纪念活动的一部分。这三首作品均有著名的歌剧背景，普罗科菲耶夫用文字记录下了自己的决心，要将"普希金的真正精神"传递给当代观众：

326

但是我的普希金作品从未登上舞台。音乐在书架上沉寂了很长一段时间，后来我将它们陆续写入其他作品里。只有三首曲目（作品73）在普希金逝世100年活动上表演，这是我为庆典做出的唯一具体贡献。

但《欧根·奥涅金》居然到1980年才首次演出！英国观众一直到1984年才得以聆听普罗科菲耶夫为《鲍里

斯·戈都诺夫》所作的音乐，由英国广播公司第三台在
3月8日的普希金历史戏剧活动上转播。

　　《庆祝十月革命 20 周年大合唱》（*The Twentieth
Anniversary of the October Revolution*，作品74）则是没
那么幸运了，尽管作曲者真诚地希望实现"社会主义现
实主义"那令人捉摸不透的目标，但是它似乎注定失
败。它和普罗科菲耶夫后来的应景之作不同，绝不是他
应政治领袖之名，应付了事的结果。普罗科菲耶夫在巴
黎开始谱曲，而且他对于马克思、列宁及斯大林的文本
异常热情。这里并没有虚伪的老生常谈。第六乐章"革
命"尤其扣人心弦，合唱团依次高声歌唱，列宁的文字
片段此起彼伏，节奏愈来愈快，最终音乐积聚力量，爆
发形成惊人的效果——手风琴乐队乐声相互叠加，扩音
器里传出人声，火警铃声和警报鸣声响起。音乐本身并
不"安全"，因此普罗科菲耶夫在世期间曲目从未公开
表演。它犯了"庸俗的左派倾向"（涅斯捷耶夫）的过
失，因而沦落为《亚历山大·涅夫斯基》（*Alexander*

Nevsky，作品78）的预演，最终为人遗忘。终于，作品
在1966年沉冤昭雪。1967年，它的留声机版本与世人见
面，虽然作品中删去了第八乐章"斯大林的誓言"和第
十乐章"斯大林的宪法"。这回涅斯捷耶夫大改立场，
愤慨地称其是难得的大作。

　　20世纪30年代末，普罗科菲耶大踏上他人生中最后
的大型巡演之路。1936年12月，他来到西欧和美国；
1938年初，他访问捷克斯洛伐克、法国、英格兰和美
国。在美国西海岸时，他在好莱坞的电影公司度过了大
部分时间。他仔细研究电影音乐技巧，希望将其用在苏
联电影配乐中：

　　电影出现时间不长，它是一项非常现代的艺术，为
作曲家提供了全新的诱人机会。我们不能白白浪费机
会。作曲家应当主动学习，寻求发展，而不是埋头创
作，将音乐交给电影公司，任其处置。

329

谢尔盖·爱森斯坦（国家电影资料馆）

他回到俄国后不久，就得到了一次大展身手的机会。谢尔盖·爱森斯坦邀请他为电影《亚历山大·涅夫斯基》配乐。虽然二人此前多次碰面，但是人们未曾预想到此次合作会带来怎样巨大的成功——两位才华横溢的天才艺术家的合作完美无瑕，就像同一个人那样流畅自然。

普罗科菲耶夫和爱森斯坦首次见面就一拍即合，相当有默契：

电影的故事发生在13世纪，俄罗斯人和条顿骑士是相互对立的两派。历史上的真实音乐本是绝佳之选，但是我们粗略了解了一下13世纪的天主教合唱，发现经过整整七个世纪的沉淀，此类音乐已经彻底过时，无法激发当今观众的想象，引起情感共鸣。所以，我们决定放弃七个世纪前的音乐，重新为冰湖战役配乐，以悦现代听众。同时期的俄罗斯音乐也有同样的问题，需要与现代元素相融合。

作曲家和导演就音乐的整体特征达成了一致，接着为电影的核心片段"冰湖之战"配乐。爱森斯坦列出草稿，阐述了他对这组镜头在情绪和结构上的设计，接着普罗科菲耶夫在几天的时间内创作了一首绝佳的音诗

（tone poem）①。经过录制后，该曲成为整部电影的基调音乐。冰湖之战后一幕，俄国女孩置身于血肉模糊的尸体群里，寻找爱人的遗体，配乐是一首咏叹调，烘托出令人毛骨悚然的美丽，使得情景的感染力大大提升。

两位合作者在配乐时都绝不会牺牲对方的利益。爱森斯坦回忆：

我们有时根据事先录制好的音乐来剪辑画面，有时则根据剪切完毕的镜头设计整段音乐……有一个片段，俄国士兵胜利归来，我需要管乐和打击乐来衬托战争胜利的快乐，但是我不知如何向普罗科菲耶夫解释具体要求。经过一番徒劳无果的沟通，我让工作人员准备一些乐器道具，拍摄了管弦乐和打击乐演奏的画面（无声的），呈现给普罗科菲耶夫看。很快，他就将音乐成品返还给我，堪称为那副无声画面所创作的精准配乐，和我的构想分毫不差。

331

---

① 单乐章管弦乐形式作曲体裁，与交响诗相类似。——译者注

当天的排练持续到午夜结束。离开前，普罗科菲耶夫记录下镜头的长度，承诺在第二天12点前准备好新的音乐。爱森斯坦确信，普罗科菲耶夫在11点55分，将会开着他那辆小型蓝色轿车出现，他的音乐可以和电影剪辑严丝合缝地搭配在一起。哪怕是录制音轨，普罗科菲耶夫也积极参与进来，测试失真的麦克风发出的极度戏剧性的声音、敲打莫斯科电影制片厂的浴缸、发出打击乐的声音。1939年，他回归传统，将电影配乐改编为古典乐，康塔塔形式的《亚历山大·涅夫斯基》成为20世纪最流行的合唱作品之一。但是肖斯塔科维奇对此却喜忧参半：

亲爱的谢尔盖·谢尔盖耶维奇：

不久前，我听斯塔谢维奇（Stasevich）表演了你的《亚历山大·涅夫斯基》。优美乐段层出不穷，不过整体而言我并不喜欢这首作品。我感觉它打破了某种艺术规范，有太多嘈杂和说明性质的音乐，尤其是很多乐段还没开始就戛然而止。冰湖之战的开头以及女低音的整首歌都为我留下了深刻的印象。不过，剩下的部分我不能给出同等评价。无论如何，如果作品荣获"斯大林奖金"①，我会非常开心。因为除去瑕疵不看，它还是胜过许多其他的候选作品……

和你热烈击掌

肖斯塔科维奇

这首爱国主义作品大获成功之后，普罗科菲耶夫更加坚定决心，要以当代苏联故事为主题创作一部歌剧。他酝酿了五年左右，在1938年夏天找到了合适的主题——瓦连京·卡达耶夫（Valentin Kataev）的内战故事《我是劳动人民的儿子》（*I Am the Son of the Working People*）。梅耶荷德任制作人，卡达耶夫本人同意亲自写歌词。普罗科菲耶夫清楚背后存在的问题：

---

① 后来并未获奖。——作者注

写一部苏联主题的歌剧绝非易事。面对新的人民、新的情绪和新的生活方式，传统歌剧的形式和设计不再适用。设想苏联农村主席唱起咏叹调，作曲者或许只是觉得些许尴尬，听众则会极其困惑。又或是一位政委边打电话边唱起宣叙调也不自然。

作曲者和剧本作者之间出现了分歧。思想陈腐的卡达耶夫将作品定位为乌克兰民间歌剧，与普罗科菲耶夫的现代歌剧理想相冲突。和以前的歌剧冒险一样，普罗科菲耶夫不愿意为了赶时髦而牺牲作品中的剧情流动。在《谢苗·科特科》（*Semyon Kotko*，作品81）中，既没有激动人心的进行曲，也没有常规的歌曲和舞蹈。他告诉卡达耶夫："我不需要韵律和咏叹调。"

虽然作品总体让人尚可接受，但是普罗科菲耶夫因作品里间歇出现的黑暗元素和不谐和音而招惹上致命的灾难：

莫斯科大剧院首次上演的《谢苗·科特科》的海报，该剧一直到1970年才列入剧目之中

335

　　显然，若想获得短期成功，更有利的做法是在歌剧
中照搬已有模式，创作熟悉的旋律，以便在不同场合重
复使用。然而，我更想另辟蹊径，尽量多地写出新鲜旋
律，体现全新模式。这类音乐乍一听难以理解，但是
听众重复两三次后就会更加明白它的含义。希望听众每
次聆听都能有新发现，而不是第二回听就感到厌倦：
"哦，我全听过一遍了，没必要再来一次。"

新的生活，新的主题，需要与新的表现形式搭配。听众只不过多花一点精力来理解新的形式，他们没什么好抱怨的。

不难看出，作品本身并不是为国外市场而作。丽塔·麦卡利斯特评论道："它并不比糟糕的西方作品好到哪去。"

无论作品有何缺点，它的失败都是政治权衡的结果。1936—1937年，纳粹德国和共产俄国的关系降到冰点，之后双边关系断断续续地缓和起来。

1939年5月，斯大林撤下持国际主义立场的外交部原部长犹太人利特维诺夫（Litvinov），让亲德派的莫洛托夫（Molotov）上位。同年8月，莫洛托夫和里宾特洛甫（Ribbentrop）签署了臭名昭著的《苏德互不侵犯条约》。盟国共同对波兰开展军事入侵，一致对抗芬兰和波罗的海国家。1941年年中，苏联和纳粹德国形成了某种程度上的军事、贸易及文化联盟，与其他西方国家

为敌。一夜之间，人民阵线分崩离析，普罗科菲耶夫还
曾在该体系中扮演重要角色，尽管他自己未必察觉。艺
术的出口市场随即崩溃，普罗科菲耶夫再未出过国。
海外的战火也烧到了苏联国内。在荒谬的柏林—莫斯
科轴心体系下，《谢苗·科特科》受到波及，毫无演
出机会。据《见证》记载，肖斯塔科维奇用他惯有的
敏锐话语，将《谢苗·科特科》的命运与同时期在莫
斯科大剧院上演的带有政治动机的瓦格纳的作品进行
比较：

　　（普罗科菲耶夫的）歌剧讲述的是1918年德国占领
乌克兰的故事。剧中，德国人被描绘为残忍的屠夫，这
与作曲者创作之时的政治背景相契合……《谢苗·科特
科》在斯坦尼剧院上演，由梅耶荷德亲自制作，也是
他在剧院的收官之作。事实上，他未能完成这部作品；
他在中途被逮捕，名字也由梅耶荷德变为谢苗尼希，据
说是他的地下党代号。这太荒谬了，大概是审讯官在报

纸上读到了《谢苗·科特科》，然后硬生生编出来的名字。

制作人伶仃入狱，但是歌剧的制作工作照常进行，仿佛一切都没发生过。时代的可怕之处正是如此——一个人消失了，而大家都假装毫无异常。制作人是一把手，他统领全局，是整部作品的意义。等到他消失，从人间蒸发，却没一个人吭声。梅耶荷德的名字就此从人们的对话里消失。就这样……

普罗科菲耶夫找到了朋友爱森斯坦。我按照惯例，称他们为"朋友"。不过对于普罗科菲耶夫和爱森斯坦两个人而言，我怀疑他们根本不需要朋友。

他们关系疏远，不常联络，但至少相互尊重。爱森斯坦同样是梅耶荷德的学生，所以普罗科菲耶夫请他完成《谢苗·科特科》的制作。

爱森斯坦拒绝了。当时政治环境已经有所改变，两国交好的时代，歌剧里不得出现对德国人的攻击。作品的未来缥缈不定。为什么要陷入政治风波的泥潭里？所

以爱森斯坦说："我没时间。"众所周知，他匀出时间
制作了《女武神》（*Valkyrie*）。

两首作品的后续发展很有意思，非常有意思。《女
武神》的首演场面盛大，党国领导人以及纳粹德国大使
悉数到场，演出得到热烈赞扬。简而言之，这象征着艺
术领域的又一胜利。《谢苗·科特科》则鲜有人知。自
然，剧本里的德国人被替换为某些无名的占领势力。无
论如何，掌权者并不满意。一想到会惹怒德国人，斯大
林就惊慌失措。每一次彩排，外交人民委员会的官员都
会到场，再皱着眉头一言不发地离开。这是非常糟糕的
迹象……就这样，原本差点被判死刑的作品重获生机，
但没人喜欢它。

339

经过几番激烈辩论，《谢苗·科特科》最终还是被
剔除出曲目清单。在往后数年中，任何人但凡对现代主
义表现出一丝同情，都有过失之举，《谢苗·科特科》
的捍卫者也被投以怀疑的目光。

1966年《罗密欧与朱丽叶》的电影版本，由英国皇家芭蕾舞团制作，玛戈特·芳婷（Margot Fonteyn）饰演朱丽叶

340

不过，《罗密欧与朱丽叶》的大获成功，对于普罗科菲耶夫至少是种抚慰。1940年1月11日，作品终于迎来了在苏联的首场演出。让临时变卦的马林斯基剧院难堪的是，1938年12月，捷克斯洛伐克的布尔诺地方剧场举办了《罗密欧与朱丽叶》的世界首演。列昂尼德·拉夫罗夫斯基（Leonid Lavrovsky）的苏联版本是经典之作，在此基础上，全世界各地的编舞者各显神通，包

括弗雷德里克·阿什顿爵士（Sir Frederick Ashton）、
约翰·克兰科（John Cranko）、肯尼斯·麦克米伦
（Kenneth MacMillan）和纽瑞耶夫，因而《罗密欧与朱
丽叶》在芭蕾舞剧之中立于不败之地。

结果皆大欢喜，但过程是曲折的。伟大的苏联芭蕾
舞女演员加林娜·乌兰诺娃（Galina Ulanova）在剧中饰
演朱丽叶，她道出作品在马林斯基剧院经历的波折。在
首演后，她说了一段幽默的敬酒词：

世上哪有更悲惨的故事，

惨得过普罗科菲耶夫写给罗密欧的音乐。

341

尽管朱丽叶的角色是她最卓越的成就，但是乌兰诺
娃也曾克服不少内心的挣扎。她和其他舞者一样，不仅
害怕音乐本身，还害怕作曲者。在她眼里，普罗科菲耶
夫盛气凌人，难以接近：

　　我不记得第一次见普罗科菲耶夫是什么时候了，只是有个印象，在《罗密欧与朱丽叶》排练中途，我看到大厅里有一个高高大大、看似严厉的男人，他对于自己所见的任何事情都表达出强烈的不满，尤其是对艺术家们。他就是普罗科菲耶夫。我听说，在作品刚刚开始制作时，拉夫罗夫斯基和普罗科菲耶夫曾就音乐本身有过激烈的争吵。拉夫罗夫斯基认为，芭蕾舞剧中的音乐内容不够，撑不起整首作品，作曲者必须添加内容。而普罗科菲耶夫则倔强地回答道："我写的音乐恰恰好够用，我不会增加一个音符。芭蕾舞剧本身就是完整的。你爱演不演。"

　　我和普罗科菲耶夫原本没说过几次话。歌剧制作接近尾声时，大家决定要进行一次正式介绍。我永远也忘不了那次活动。举办地点是列宁格勒的马林斯基剧院——《罗密欧与朱丽叶》的最后几次彩排地。前一天，我刚刚经历了一场极为痛苦的牙龈手术，所以我去彩排的时候，脸上还绑着绷带，眼睛因为哭泣而发红。就这样，普罗科菲耶夫见到了未来的朱丽叶演员。我显

然无法跳舞，所以彩排推迟了……我们正在排练第三幕

的开头……大幕升起时，朱丽叶正坐在织锦沙发上，

罗密欧将头埋在她的大腿上，跪坐在旁边。沙发位于舞

台的后端，离舞台前灯有些距离，自然也就和管弦乐团

相距甚远，所以我们这些《罗密欧与朱丽叶》的表演者

们听不到音乐的声音。突然，拉夫罗夫斯基发出一声吼

叫，让我们吃了一惊："你们怎么不开始？"

　　"我们听不到音乐。"我们回答。普罗科菲耶夫也

在场，他怒气冲冲地吼叫道："我知道你们想要什么！

你们想要鼓声，而不是音乐！"

　　我们并未感到冒犯，而是邀请他上台来，坐到我们

边上。他照做了，整幕表演都坐在那条沙发上，一言不

发，仔细地聆听管弦乐队的声音。离开之际，他的怒火

并未熄灭，不过他说："行了，我会重写这里的音乐，

再加点东西。"①

343

---

① 许多苏联制造的歌剧，在未经原作者许可的情况下，被胡乱修改，让乐
器质感变得粗糙。——作者注

为了和普罗科菲耶夫顺利沟通，拉夫罗夫斯基需要动用他全部的沟通技巧。制作之所以能顺利进行，完全是他的功劳。他和普罗科菲耶夫之间存在观点上的分歧，但是二人的友谊在接下来的岁月里生根发芽，甚至枝繁叶茂。拉夫罗夫斯基也是普罗科菲耶夫最后一首芭蕾舞剧作品《宝石花》（*The Stone Flower*，作品118）的合作者，他在普罗科菲耶夫去世后指导了作品的制作。他在悼念中说道：

普罗科菲耶夫继承了柴可夫斯基的未竟之志。他将芭蕾音乐中的交响乐原则发扬光大。作为苏联芭蕾舞剧的先锋人物之一，他给芭蕾舞表演增添了真实的人类情感，塑造了有血有肉的人物形象。普罗科菲耶夫的音乐处理大胆，人物特征清晰明了，旋律复杂多样，和声不守常规……使得表演的戏剧性鲜明。

可以说，《罗密欧与朱丽叶》融合了抒情和戏剧的双重特征，作品宏大壮丽，浑然一体，柔化了作曲者回

国前更常使用的讥讽手法。音乐充满自信，有力而不莽
撞，多彩而不奢华，而且情感奔放，不同于早期内敛
的作品。它是普罗科菲耶夫到目前为止写过的最长的芭
蕾舞剧，由52段音乐组成，大多是自成一体的单元，包
括传统舞曲和各类风格乐段。尽管受到题材的束缚，普
罗科菲耶夫依然突破自我，写出了他最具整体性的剧院
音乐。作为一部内容丰富的舞蹈戏剧，《罗密欧与朱丽
叶》的音乐清晰明了，场景鲜活逼真，角色心理刻画生
动。剧中的音乐主题灵巧转变，展开各个角色的剧情。
普罗科菲耶夫完全清楚管弦编曲的戏剧张力，他根据情
景的需求灵活调整音乐风格，无论是干净透亮的器乐演
奏，还是引起共鸣的刺耳音乐，都拿捏得精准无误。在
《罗密欧与朱丽叶》中，普罗科菲耶夫实现了自我超
越，在同类风格的探索上更进一步。

　　普罗科菲耶夫忙于演奏新出的戏剧作品（尽管《罗密
欧与朱丽叶》称不上近作）的同时，也在筹备多首新
作。他计划创作一系列古典作品，包括三首大型钢琴奏

《定情在修道院》的歌词草稿

鸣曲、一首《第一小提琴奏鸣曲》和一首爱国题材的康塔塔。从1940年5月起，他还着手筹备两首舞台作品，即芭蕾舞剧《灰姑娘》和歌剧《定情在修道院》。普罗科菲耶夫不愿意从他的歌剧追求中分心，所以他在意识形态上转向逃避主义①。然而，随着二战的爆发，他的创作计划只能搁置。不过，《斯大林万岁》显然是一个特例，它在1939年斯大林60岁诞辰前迅速完成。作品一度是涅斯捷耶夫的钟爱之作，它不但曲调优美，而且夸张的结尾恰到好处。

　　《定情在修道院》在1941年初完成（除去一些小的修改），首演一直推迟到1946年11月3日。作品由理查德·谢里丹（Richard Sheridan）轻松愉快的18世纪风俗喜剧改编而成，音乐保留了原作敏捷灵巧和妙趣横生的风格。《定情在修道院》的台词和音乐都没有触动党内狂热分子的敏感神经，作为歌剧作曲者的普罗科菲耶夫第一次尝到了百分之百成功的滋味，这也是他职业生涯

347

---

① 逃避主义指逃避现实的消遣方式。——译者注

中的最后一次大获全胜。但是令人费解的是，《定情在修道院》并未在国际舞台上流行，它和卡尔·尼尔森（Carl Nielsen）的18世纪喜歌剧作品《假面舞会》（*Maskarade*）[①]境遇相同。

《定情在修道院》的故事发生在西班牙，剧中的真爱之情胜过包办婚姻，剧中角色但凡想要牵红线，都反过来被牵着鼻子走，惹人发笑。普罗科菲耶夫认为："首先得做个抉择，究竟是将重心放在喜剧效果上还是爱情主题上。我选择了后者。"作曲者显然受成功的《罗密欧与朱丽叶》影响。《定情在修道院》中的喜剧部分没有《对三个橙子的爱情》那么荒诞，彰显了十足的人情味和抒情性。

《定情在修道院》在技巧娴熟的原作的基础上改编，它也许是普罗科菲耶夫结构最为缜密的歌剧作品。这一次，观众无须旁人太多解释，就可以享受整首作品。

---

① 《假面舞会》是丹麦作曲家尼尔森于1904年完成的喜歌剧作品，在丹麦国内一经表演便风靡全国，但同期在哥本哈根的公演却毁誉参半。《假面舞会》现被视为丹麦的国家级歌剧作品。——译者注

作品中有多个闪光之处，包括：第一幕的神奇闭幕，夜晚的空气也散发出爱情的味道（多亏舞台下的弦乐团营造出氛围）；第三幕第二场的滑稽场景里，唐·杰尔姆（Don Jerome）和他的三重唱小组展现出业余音乐人的破坏力；第三幕中克拉拉（Clara）的那一场，抒情创新源源不断，体现出一首浪漫主义作品的情感内核。

从某种程度上来说，普罗科菲耶夫和莱娜的浓情蜜意孕育了《对三个橙子的爱情》，而《定情在修道院》的创作则是他与米拉·亚历山德罗夫娜·门德尔松（Mira Alexandrovna Mendelson）日久生情的结晶。1941年的米拉26岁，刚刚从莫斯科文学研究院毕业。这一年是作曲家的人生分水岭，在任何意义上都是如此。春天，普罗科菲耶夫突发心脏病，健康受到严重的威胁，之后心脏疾病这个恶魔从未离开过他。6月，战争爆发，彻底扰乱了他的家庭生活。不久后，德军出乎意料地违反协议，入侵苏联的核心地带。战火不断扩大，迫使苏联政府采取激进的撤离措施，以保护高层文化领导人。普罗科菲耶夫得知撤离计划后，和妻子商量下一步的准备。然而当莱娜得知米拉也在撤离人员之列时，她觉得留下来是更好的归宿，于是同17岁的斯维亚托斯拉夫和12岁的奥列格共同留在了莫斯科。

8月7日晚，普罗科菲耶夫和一群杰出的苏联公民一起，启程前往高加索。他的个人生活蒙上了一层厚厚的迷雾。

有专家认为，普罗科菲耶夫更换终身伴侣从本质上来说是一场政治交易。这对于米拉来说并不公平，她陪伴了他整整12年，悉心照料他的生活。毕竟，她从1938年底就与作曲家熟知。另一方面，塞罗夫也指出，当时的人们"不宜恋爱，只宜生存"。据说，米拉"和党内联系紧密"，而莱娜则是当局怀疑的对象，甚至比普罗科菲耶夫更加可疑。在极权主义的社会里，我行我素的知识分子下场各异，普罗科菲耶夫心知肚明。莱娜的外籍身份足以形成罪名，更何况她还和身处德军占领地——法兰西的母亲保持通信。二人分开后的多年里，

普罗科菲耶夫和米拉，1946年（俄新社）

莱娜依旧未曾与国外断绝联络。莱娜的白喉痊愈后，又有人看到她出现在西方大使馆里。1945年，她陪同时任英国大使馆临时官员的以赛亚·伯林（Isaiah Berlin）前往位于佩列杰利基诺（Peredelkino）的作家聚居区，也就是鲍利斯·帕斯捷尔纳克（Boris Pasternak）的故乡。

1947年2月，苏联最高苏维埃颁布了一项溯及既往的法令，即禁止苏联公民同外国人通婚。普罗科菲耶夫的婚姻立即失去法律效力，他的孩子们也成了私生子。绝望的莱娜一再请求批准带着儿子们离开苏联。普罗科菲耶夫若想娶米拉，也不再需要和莱娜离婚了。尽管苏联官方另有一套说辞，但是一直到1948年1月13日，普罗科菲耶夫和米拉才正式通过民政仪式结为夫妻。2月20日，莱娜因间谍罪被捕：

1948年2月的一天早晨，她接到陌生人的电话。"我刚刚从列宁格勒来，给你带了朋友的包裹。"他报出姓名，刚好莱娜正在等这位朋友的包裹。他接着说：

"我到了列宁格勒车站。快点来，我在街上等你。"

"为什么在街边等？"她回答，"到我家来，离得不远。"

"不了，我赶时间。我就站在角落里，穿着海军制服，你能认出我的。"

她一点也不想去！她得了流感，外头冷得不行。但是她能怎么办？她戴上皮毛帽子，披上一件温暖的毛大衣，出了门。等她到达约定地点，看到了一位穿着海军制服的男人。

"莱娜·伊万诺夫娜？"

"是的。"

这位自由的西班牙公民被推到人行道上，那里停着一辆车。车门摇摇晃晃地打开……至少有两个人坐在车里。

"对不起，我不知道这是什么意思。"

海军军官并未理会，一把将她推到车里，问里面的一个男人："是她吗？"

"是的。"

一切都发生在几秒钟之内。

莱娜·普罗科菲耶娃八年后回到了莫斯科。在西伯利亚劳改营的岁月里，这件皮大衣一定给她带来了不少温暖！

在斯大林的白色恐怖下，知名人士的亲人或密友遭到逮捕已成为人人惧怕的常有之事。迫害范围广泛，政治家和诗人都不能幸免。莫洛托夫的妻子于1949年因莫须有的间谍罪被逮捕；安娜·阿赫玛托娃（Anna Akhmatova）的儿子多次遭到监禁，当局只是为了向她施压，后来又想以此诱使她创作政治宣传的诗篇。苏联政府逮捕莱娜，是否是为了控制普罗科菲耶夫？

在苏联度过长达40年时光之后，这位勇敢的传奇女性在1972年回到西方。1986年8月，她参与了《彼得与狼》的录制，用她的奇特英文口音叙述童话故事。那年，她88岁高龄。

第
九
章 /

战争与和平

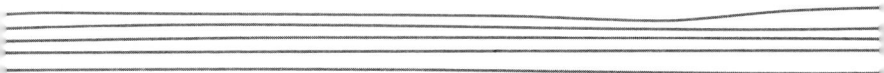

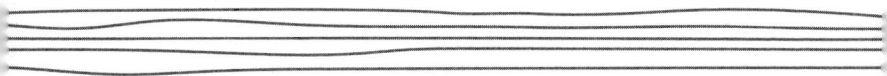

1941年剩下的日子里，"伟大的卫国战争"（即苏德战争）是普罗科菲耶夫最关心的问题。消息送到时，他在莫斯科郊外的克拉托沃（Kratovo）：

6月22日那个阳光明媚、暖意融融的早晨，我正坐在书桌前，突然守门人的妻子神色慌张地走进来，喘着气说道："德国入侵了，说是要轰炸我们的城市。"我大吃一惊……我赶忙去找住在附近的谢尔盖·爱森斯坦。是的，消息属实。

眼看着《亚历山大·涅夫斯基》中描绘的势不可挡的敌军成为现实，两人心中迸发出排山倒海般的爱国情怀。随着暴力进一步升级，他们将自己视为俄国文化的关键守护者，当然，越来越多的人也这么认为。本已全身心投入《伊凡雷帝》（*Ivan the Terrible*）创作的爱森斯坦开始以"疯子般的速度"工作，普罗科菲耶夫则暂时搁置《灰姑娘》，开启了他创作生涯中最大胆的项目。

莱娜回忆称，早在1935年，普罗科菲耶夫就有根据《战争与和平》创作一部歌剧的想法。几年后，米拉·门德尔松开始为普罗科菲耶夫朗诵这本小说——她常常以此帮助他放松。当读到娜塔莎·罗斯托娃（Natasha Rostov）与受伤后奄奄一息的安德烈·博尔孔斯基（Andrey Bolkonsky）突如其来感人至深的重逢时，普罗科菲耶夫评论道，这个场景极具"歌剧性"。1941年4月12日，他草拟了歌剧剧本大纲。一开始，他的想法是将个人命运与时代风云紧密交织。但纳粹德国的进攻改变了他的想法，即对个人命运的详尽描写无法带来积极的社会影响。这样的时代需要的是一部能展现民族全貌的史诗级作品：

长久以来，根据《战争与和平》创作一部歌剧的想法一直在我脑海中萦绕，而在这一时期，这个想法总算成形了。不知为何，书中对1812年俄国人民抵抗拿破仑大军、将法国军队驱逐出俄国土地的描述尤能引起我的共鸣。毫无疑问，这些内容应该成为这部歌剧的基石。

此后许多年，普罗科菲耶夫为这部歌剧投入了前所未有的精力和想象力。直到他的身体每况愈下，足本演出的希望持续受挫，他的信念才有所动摇。米拉·门德尔松说道：

普罗科菲耶夫晚年几乎每天都提到他多么渴望《战争与和平》公演。这个想法无时无刻不占据着他的全部思绪。

普罗科菲耶夫在北高加索纳尔奇克（Nalchik）的一个小镇上待了三个月。在这期间他开始作曲。如以往一般，他花了大量时间与米亚斯科夫斯基一起交流想法，弹奏还在创作中的乐曲。米亚斯科夫斯基之后写道，他并不喜欢普罗科菲耶夫的新交响组曲《1941年》（*The Year 1941*，作品90），认为它中规中矩且制作随意，作为电影配乐效果会更好。[①]然而，《第二弦乐四重奏》（*The Second String Quartet*，作品92）大获好评。米亚斯科夫斯基称赞道："出色的音乐！"

这首四重奏是普罗科菲耶夫数首几乎完全基于民间曲调创作的乐曲之一。同创作《希伯来主题序曲》时一样，他在选择此作曲风格前，还有些犹豫：

"你看，"（纳尔奇克）艺术委员会主席对我们说，"这里有海量的音乐素材尚未开发。若你能趁待在这里的时间对其加以利用，便是为卡巴尔达音乐奠定基石了。"这些素材确实清新独特，我们不久后便开始工作了。

---

① 此后，在1944年3月召开的作曲家协会组织委员会全体会议上，普罗科菲耶夫与战争相关的乐曲遭到肖斯塔科维奇的批评。——作者注

　　米亚斯科夫斯基很快完成了他的第23首交响曲的大纲，而我想创作一首弦乐四重奏。我认为，将全新的、未经修饰的东方民间艺术与古典音乐最为经典的形式——弦乐四重奏融合，应该会有出人意料的有趣效果。但当我开始创作后，我突然意识到，按欧洲标准，卡巴尔达的音乐文化除一些优美的民谣之外，还处于较低的发展水平，纳尔奇克的人们可能根本无法理解我的作品。在我向艺术委员会主席表达了我的担忧后，他的一句话消除了我的顾虑。"你尽情发挥，"他说道，"也许我们现在无法理解你的四重奏，但今后我们会理解的。"

361

　　涅斯捷耶夫对这首作品却不以为意。他认为作品没能充分展现"当时北高加索各共和国①正努力打造的新生活"。在他看来，普罗科菲耶夫对民间素材热情洋

①　北高加索地区曾于二月革命后短暂独立，后被苏联红军收复。今有阿迪格共和国、印古什共和国等多个共和国，是俄罗斯联邦最不稳定的地区之一。——译者注

溢的处理简直是"激进"得令人难以接受。普罗科菲耶夫在1941年12月3日完成该作品时，他和其他杰出的流亡人士已经被转移到格鲁吉亚（Georgia）的第比利斯（Tbilisi）了。后来他了解到，德国占领纳尔奇克时，那位艺术委员会主席加入了游击队，并在一次针对敌方通信线路的攻击中被杀害。

20世纪20年代，普罗科菲耶夫曾在蒙特卡洛（Monte Carlo）用餐。那个年代，在坐落于山顶的贾尔迪诺餐厅，人们甚至有机会与达基列夫、毕加索、德朗（Derain）、巴兰钦、斯特拉文斯基和纳博科夫共享一张餐桌。可他如今的生活大不如前了！在第比利斯乡下的几个月绝不轻松。冬天异常寒冷，物价甚高。普罗科菲耶夫身体状况不佳，不久之后，他甚至不得不停止举办音乐会。但德军仍在不断推进。他也仍在孜孜不倦地工作。"《战争与和平》还有最后几小节就完成了。很快我就任你支配了。"他在1942年3月29日写给爱森斯坦的信中如是说道。他此前同意——他也没法儿拒绝——为《伊凡雷帝》谱写配乐。这个颇具声望的项目渐渐扩展成两部甚至三部史诗级电影，风格汹涌紧凑的《第七钢琴奏鸣曲》也于此时即将完稿。米亚斯科夫斯基称之为"超凡的狂野"。

《第七钢琴奏鸣曲》在国际上的成功并未能连带提升前作《第六钢琴奏鸣曲》的知名度。这是普罗科菲耶夫最为大胆的器乐曲之一，也是率先完成的"战争"奏鸣曲。1940年春天，普罗科菲耶夫带着总谱前往音乐学家帕维尔·拉姆的音乐聚会。斯维亚托斯拉夫回忆道：

普罗科菲耶夫走进房间。可以明显感觉到，他把自己当成座上宾，而不是常客。他的行为举止就好像那天是他的生日，但……也有些盛气凌人。他拿着他的奏鸣曲说："好了，开始吧！"立马又接着说："我来弹。"……他的年纪比在场许多人都小，但大家都一致感觉他似乎在说："虽然我年纪更小，但我不输你们中的任何一个！"他对其他人抱着些许傲慢的态度，但他对米亚斯科夫斯基却绝非如此，反而尤为体贴周到。

普罗科菲耶夫工作既专业又高效。涅高兹认为低音A无法持续五小节，普罗科菲耶夫便听取他的意见，重写了乐段。

我记得他似乎演奏完两遍他的奏鸣曲之后便离开了。他视谱演奏，我为他翻页。

我在普罗科菲耶夫的演奏结束前就决定要弹这首奏鸣曲了。

后来在战争时期，我听他弹奏《第八钢琴奏鸣曲》，已经没有之前弹得好了。

这首乐曲风格清晰、结构完美，令我惊叹不已。我从未听过这样的音乐。这位作曲家带着他的狂野与放肆打破了浪漫主义的理想，嵌入了20世纪狂跳不止的脉搏。这首奏鸣曲极为出色，纵使有尖锐的棱角也无法打破它古典的平衡。

1940年4月8日，普罗科菲耶夫在一次莫斯科无线电广播中首次正式演奏《第六钢琴奏鸣曲》。一时间，争议四起。第一乐章以碰撞打击开场，被认为"过于粗野"。涅斯捷耶夫认为梦幻般的中间乐章——轻快的进行曲和舒缓的圆舞曲——更对他的胃口。末乐章一开始还算简洁和古典，但之后第一乐章素材的重现又再一次掀起不安、质疑甚至恐惧的氛围。

斯维亚托斯拉夫在1943年初收到《第七钢琴奏鸣曲》的乐谱，他很快陶醉其中，四天便学成了：

当时，苏联音乐会正处于紧锣密鼓的筹备中，普罗科菲耶夫希望由我来演奏他的新奏鸣曲。他才刚回莫斯科，还待在国家大饭店。我去找他排练。他孤身一人，房间里有一架钢琴，但一开始我们就发现踏板坏了。普罗科菲耶夫说："那又怎样，修一修……"我们钻到钢琴下，捣鼓了一会儿，还不小心撞到了彼此的脑袋，眼冒金星。普罗科菲耶夫后来回忆称："至少踏板修好

弹琴中的普罗科菲耶夫（俄新社）

了，不是吗！"

这首奏鸣曲的首演在工会大厦十月大厅举行，由我担任首位演奏家。演出大获成功。

普罗科菲耶夫出席了音乐会，并被邀请上台。当观众离席、现场几乎只剩下音乐家时（在场有许多音乐家，我记得有奥伊斯特拉赫、谢巴林……），大家都表示想再听一遍奏鸣曲。气氛热烈又庄严。我出色地完成了任务。

听众尤为敏锐地抓住了反映他们内心最深处情感和关切的作品精神。

涅斯捷耶夫注意到中间乐章热烈的行板展现了"优美如歌的主题"。与之形成鲜明对比的是首尾乐章，其中迸发出的"鲁莽和惊人的力量"是"如此夸张，以至于听众难以感受和苏联现实有关的任何特征"。其他作家注意到这里是对过时的浪漫主义的回归，如嬉游曲（divertissement）一般的风格与其他内容格格不入。弗朗西斯·普朗克则表达了不同意见："啊！太棒了……普罗科菲耶夫深谙旋律的创作秘诀，这旋律就是例证之一。"但所有感伤的情思都突然被狂暴的、急促的末乐章（7/8拍）一扫而光，这或许是以充满活力的钢琴风格著称的作曲家创作出的有史以来最富有活力的音乐了。1943年3月，普罗科菲耶夫因这首他最为激进的奏鸣曲荣获"斯大林奖金"二等奖。

　　1942年5月，普罗科菲耶夫来到邻近中国边境的阿拉木图（Alma-Ata）。撤退到这里的苏联电影制片厂主要的工作人员正在埋头制作鼓舞士气的项目，而普罗科菲耶夫和爱森斯坦在《伊凡雷帝》项目上的合作就在这里启动了第一阶段。两年后，《伊凡雷帝》第一部的制作进入最后冲刺，两人在莫斯科重启合作。在就宣誓场景的配乐问题激烈争吵之后，爱森斯坦为普罗科菲耶夫提供了更加详细的信息，此后便一切顺利。事实上，总谱的主体部分完成于电影拍摄之后。作曲家德米特里·卡巴列夫斯基（Dmitri Kabalevsky）惊叹道，普罗

《伊凡雷帝》第一部分，由尼科雷·切尔卡索夫（Nikolay Cherkasov）饰演伊凡（国家电影资料馆）

爱森斯坦正在拍摄《伊凡雷帝》（国家电影资料馆）

科菲耶夫工作时节拍器和计时器在手，但他那逻辑缜密、严谨周密的工作方式却"丝毫没有影响他的创造力。和其他作品一样，他在电影配乐方面也倾注了同样的灵感与热情"。

1945年1月18日，《伊凡雷帝》第一部正式上映，广受好评。普罗科菲耶夫充满力量与戏剧性的配乐同电影的从容威严相得益彰。卓别林（Chaplin）在电报中称赞它是"有史以来最伟大的历史题材电影"。但这部电影并未获得所有人的喜爱。斯特拉文斯基在1959年11月27日的日记中写道：

370

中午在（纽约的）格莱斯顿酒店和比尔·布朗（Bill Brown）共进午餐，并一起前往现代艺术博物馆观看了愚蠢至极、狭隘至极的俄罗斯电影《伊凡雷帝》第一部。电影还配上了可怜的普罗科菲耶夫的音乐，真是尴尬。

普罗科菲耶夫并未将配乐的任何一段改编成音乐会演奏版本，而是将精华部分融入他的其他作品中。普罗科菲耶夫去世很久之后，学者艾布拉姆·斯塔斯维奇（Abram Stasevich）整理出了《伊凡雷帝》清唱剧。尽管这部清唱剧时长惊人，又过于依赖台词，人们还是偶尔能听到它的演出。

1942年夏天，普罗科菲耶夫根据帕维尔·安托科尔斯基（Pavel Antokolsky）的文字，创作了一首单乐章康塔塔——《一个无名孩子的叙事曲》（*The Ballad of An Unknown Boy*，作品93）：

371

乐曲的创作灵感来自一个感人的故事。小男孩的妈妈和姐姐被法西斯杀害。为了给她们报仇，小男孩朝着正在撤离他家乡的敌军指挥车扔了一枚手榴弹。我们不知道这个小男孩的名字和结局，但他的英勇事迹传遍各地，激励更多人站起来反抗。我希望能用一首节奏快、戏剧性强的康塔塔展现这个故事的悲壮。男孩破碎的童年、敌人的残酷、无尽的勇气和近在眼前的胜利都是我在创作这首乐曲时想要传递的信息。

不幸的是，最终成品却流于平庸且松散。纳粹入侵的进行曲主题无休止地重复，本意是模仿肖斯塔科维奇《第七交响曲》中著名的入侵主题，但效果却相差甚远。这首乐曲只在1944年2月21日公演过一次，没人喜欢它。"米亚斯科夫斯基礼貌性地咕哝了几句，小胡子一上一下的，"普罗科菲耶夫写道，"我只能说这个'男孩'被踩死了。"

在阿拉木图时，普罗科菲耶夫本计划根据哈萨克族民间素材创作一部歌剧，但之后出现了更加急迫的任务。《战争与和平》必须先完成，而这绝不仅仅是完成管弦乐配器这么简单。一场歌剧若想在任何国立歌剧院上演，必须先获得莫斯科艺术事务委员会的批准。1942年7月，他收到了来自委员会意料之中的反馈。普罗科菲耶夫对原稿进行了修改，增强了过去与现在的映射

[拿破仑/希特勒、库图佐夫（Kutuzov）/斯大林]，进一步渲染了"战争"元素中群众的大无畏精神，并淡化了对"和平"时期贵族的描述。莫斯科大剧院的指挥家塞缪尔·萨莫苏德（Samuel Samosud）的坚定支持给了普罗科菲耶夫信心。在1月的特殊会议上，普罗科菲耶夫坐在钢琴前，"不怎么得体地"试图协商着声乐和器乐事宜。在那之后，萨莫苏德成功得到部门承诺，将在年底前进行演出。他和普罗科菲耶夫希望能请爱森斯坦担任非正式舞台指导，毕竟要在强制性地展现人民英勇无畏的场景中注入独特性与新颖性，他是最理想的人选。他已经建议在"莫斯科在燃烧"这一场中增加一个插曲——面带妆容、身穿戏服的演员仓皇逃离熊熊燃烧的法国剧院。他还提出要给"法国大撤退"的场景搭配上"更具挑衅意味的"送别。普罗科菲耶夫谱写的管弦乐序曲以"嚎叫与呼啸声"出色地完成了这一点。

1943年10月初，普罗科菲耶夫和米拉回到了莫斯

373

科，结束了四处奔波的日子。俄军成功将前线推到遥远的西边。战争的局势已经反转，《战争与和平》的公演仍在筹备之中，至少普罗科菲耶夫是这样认为的。但实际上，莫斯科大剧院的剧团迟迟未回归，破坏了《战争与和平》足本演出的计划。普罗科菲耶夫在1943年11月17日的信中告知爱森斯坦计划有变，萨莫苏德计划于12月举办《战争与和平》音乐会。然而，就在首演即将成为现实之际，后台的政治斗争如过去一样又一次粉碎了普罗科菲耶夫的希望。萨莫苏德被解除在莫斯科大剧院的职务，《战争与和平》就此搁置。在列宁格勒，情况一样糟糕——马林斯基剧院无限期地推迟了演出。普罗科菲耶夫告诉爱森斯坦，新上任的负责人应当复兴"传统"："为了安抚我，他们将上演《灰姑娘》。"

完成那部芭蕾舞剧的创作是普罗科菲耶夫1943年下半年的主要任务。他大部分时间都待在乌拉尔山脉的彼尔姆（Perm）。这个地区舒适悠闲的氛围在《长笛奏

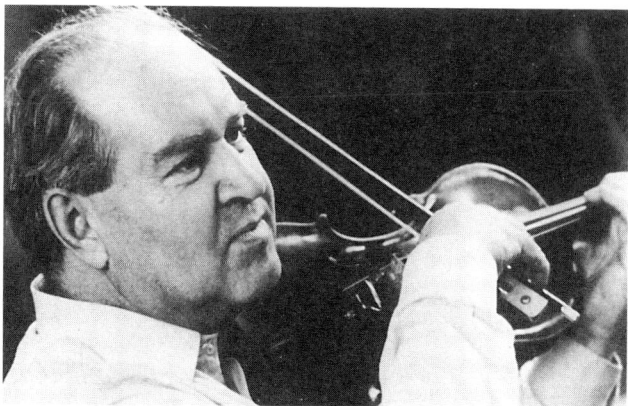

大卫·奥伊斯特拉赫，百代唱片芳特瓦瑟（Lauterwasser）拍摄

鸣曲》（*The Flute Sonata*，作品94）中得到了极好的
体现，涅斯捷耶夫称赞其是"（普罗科菲耶夫）战时
作品中最温暖和煦、最恬静安宁的一首"。作曲家解
释道：

　　一直以来，我都希望能专门为长笛创作乐曲。在我
看来，长笛是一种不应该被忽视的乐器。我希望能谱写
一首奏鸣曲，展现它细腻流畅的古典风采。

　　讽刺的是，这部作品如今更出名的版本是应大

卫·奥伊斯特拉赫要求改编的《第二小提琴奏鸣曲》

（*The Second Violin Sonata*，作品94b）。①

在我第一次听到这首《长笛奏鸣曲》时，我就意识到它非常适合小提琴演奏。那时，这首优美的乐曲刚完成不久，我认为它应该有更加完整、丰满的舞台人生。我便和普罗科菲耶夫提议，把它改编成小提琴版本。他对此很感兴趣，我们便约好碰面详谈。那是我第一次亲眼见到普罗科菲耶夫工作，真是令我大开眼界——我从没想过一个人能以这样的速度和效率工作。他让我针对每个需要修改的乐段提两到三个版本的修改意见，并仔细编号。当我把修改内容给他时，他标注出他认为合适的版本，再用铅笔修改了几处。很快，小提琴版本的奏鸣曲就改编完成了。

在这两个版本中，普罗科菲耶夫又一次展露了他取

---

① 令人生畏的《第一小提琴奏鸣曲》早在1938年便开始创作，但直到战后才首演。——作者注

之不尽用之不竭的旋律天赋，正是这种天赋令他在20世纪的音乐家中独树一帜。肖斯塔科维奇称赞这首奏鸣曲为"完美出色之作"。

直到1944年晚春，普罗科菲耶夫才完成《灰姑娘》的管弦乐配器。毫无疑问，他在这方面倾注了大量心血。这也是这首总体极具抒情性的配乐所展现的独特魅力之一。他刻意制造一种不自然的、"银器般"的音效——这在演奏中很难做到，因为它要求弦乐器在极低与极高音域上营造生动、温暖的氛围。突出的高音小提琴声曾被指责听起来尖锐刺耳；为大提琴、低音提琴和低音管乐器谱写的不同寻常的旋律也有可能变得浑浊不清，毫无美感可言。但也只有在像第二幕双人舞高潮这样过多乐器混乱交织的乐段中，才能将演奏的失败怪罪于旋律创作本身。

相比《罗密欧与朱丽叶》，《灰姑娘》的主题要轻快一些，普罗科菲耶夫便淡化了剧中奢华与浪漫的元素。涅斯捷耶夫非要将灰姑娘视为民主体制下的真实角

377

科文特花园皇家歌剧院的舞台，皇家芭蕾舞团上演《灰姑娘》，图为灰姑娘乘车前往舞会。
佐伊·多米尼克摄影

色，普罗科菲耶夫则是将其当作纯粹的戏剧——一场梦，一场恰如其分的芭蕾之梦：

在《灰姑娘》的音乐中，我最想表达的莫过于灰姑娘与王子诗意般的爱情，他们之间爱情的萌芽与绽放，追爱路途中的阻碍和最终的美梦成真。

这部童话给身为作曲家的我提出了一连串令人着迷的难题——环绕在神仙教母身边的魔法氛围；随着午夜12点钟声敲响而跳出时钟的12位小矮人，提醒灰姑娘马上回家的踢踏舞；王子走遍大江南北只为寻找灰姑娘

时的快速场景切换；象征春夏秋冬四季的四位仙女和她
们的伙伴们所体现的大自然的诗意。但芭蕾舞剧制作团
队只把童话视作故事发生的背景，重点是描绘那些饱
含人类情感和缺陷的活生生的人。N. D. 沃尔科夫（N.
D. Volkov）和我就剧情发展讨论了很久。音乐有三个
主题：第一主题——饱受虐待与欺凌的灰姑娘；第二主
题——朴实、纯洁、忧郁的灰姑娘；第三主题——因爱
情而容光焕发的灰姑娘。我试图通过音乐展现不同人物
的特点——甜美忧郁的灰姑娘，胆小怯懦的父亲，脾气
暴躁的继母，自私任性的姐妹，年轻热情的王子——让
观众情不自禁地投入其中，与剧中人物一同欢笑，一同
悲伤。

除对剧情框架的考量之外，我还希望尽可能增强它
的"舞蹈性"，让各式各样的舞蹈配合故事的发展自然
地流动，并给舞者足够的空间展示他们的技艺。我将乐
曲限制在传统的古典舞剧范畴里，包括双人舞、慢板、
加伏特舞、华尔兹舞、帕凡舞、巴斯皮耶舞、布列舞、

玛祖卡舞和加洛普舞。每一个角色都有自己特定的变奏曲。

直到战争结束，担任女主角的乌兰诺娃才开始排练：

我试图劝说普罗科菲耶夫将神仙教母那首优美的主题曲让给灰姑娘，但只是白费口舌。普罗科菲耶夫将艺术视为神圣之物，决不允许任何妥协。那首乐曲是他为神仙教母创作的，那就是他心目中神仙教母的主题曲，没有什么能说服他将这首曲子让给其他任何角色。

我们对《灰姑娘》一见钟情，初听就理解了大部分内容，它至少比《罗密欧与朱丽叶》更易于理解。看来我们已经学会如何理解普罗科菲耶夫的音乐了⋯⋯

当普罗科菲耶夫这部最优秀的芭蕾舞剧在莫斯科大剧院上演时，他已经病得很严重，无法参加彩排了。只有在极少数情况下，当他身体状况允许时，才会来观看表演。

不过这样也好。指挥家尤里·费耶（Yuri Fayer）强化了乐曲中脆弱的部分，普罗科菲耶夫对此非常不满。

普罗科菲耶夫在作曲家协会运营的静养所度过了1944年的夏天。静养所坐落于莫斯科西面的伊万诺沃（Ivanovo）。涅斯捷耶夫表示普罗科菲耶夫和住在那里的同僚建立了深厚情谊。但也有报道称普罗科菲耶夫故意冷落肖斯塔科维奇，嘲笑卡巴列夫斯基，对赫连尼科夫（Khrennikov）之流更是视而不见。不管真相如何，普罗科菲耶夫一定难以接受这些他眼中的"次级音乐家"竟然有与才能如此不相称的巨大影响力。

381

当然，这是"斯大林文化革命"最潜移默化的负面影响之一。艺术家、评论家和管理人员都是直接由国家任命，艺术评估和党纪国法之间的界限也因此变得模糊不清，文化工作者有时甚至要承担起审讯人或告发者的角色。那些已经爬到文化官僚机构顶端的人自然会选择保住自己的位置，而不是鼓励部门里真正的有才之士自

作曲家兼政府官员赫连尼科夫，他自1948年起担任作曲家协会主席，受苏联青年欢迎（俄新社）

由创作。同样，那些渴望爬到顶端的人也不愿意承担任何可能影响他们远大前程的风险。周围的一切全在激励艺术家不要创新，那他们必然就只能照搬既定的模式。这样的系统非但没能培养出新的文化，反而保留了旧系统中最糟糕的元素，打造出的文化精英就和政治精英一样不讲道德，只想着维持现状。在西方，平庸崇拜源于大众选择，背后由贪婪驱动；在苏联，它则是官方选择

的结果。列宁曾指责"资产阶级个人主义者"所宣扬的
"绝对自由"的概念虚伪无比：

在一个金钱就是力量的社会，没有真正、有效的
"自由"可言……作家们，你们面对身为资产阶级的出
版商时，是自由的吗？你们面对那些要求色情作品的资
产阶级读者时，是自由的吗？

然而，在现代西方社会，那些不愿流于"色情"作
品的艺术家们通常确实是"自由"的，他们可以自由选
择不走这一条路，然后在另一条路上日暮穷途或是飞黄
腾达。普罗科菲耶夫很早以前就选择离开西方，接受苏
联的体系。确实，他看起来也不喜欢苏联这一套，但话
又说回来，他一直不愿意将时间花在任何不与他的创作
直接相关的事情上。

在伊万诺沃，普罗科菲耶夫写完了《第八钢琴奏鸣
曲》——始于1939年的"战争三部曲"的最终曲。《第
八钢琴奏鸣曲》在好多方面都与之前的奏鸣曲略有不

在普罗科菲耶夫的建议下，埃米尔·吉列尔斯（Emil Gilels）于1944年12月29日首次公开演奏《第八钢琴奏鸣曲》（俄新社）

384

同，那狂风暴雨的呼啸和排山倒海的气势有所消减，音乐风格反倒是和他当时正在创作的戏剧作品有些相似。开篇优美的行板与《战争与和平》中娜塔莎的主题曲并无太多差别。只不过在这里，普罗科菲耶夫特有的和声色彩更加突出，扰乱了主旋律，不禁让人联想到——用苏联的分析话术说——某位茫然的幸存者在战后的余波中不知所措的样子。基调柔和的中间乐章延续了《第六

钢琴奏鸣曲》和《第七钢琴奏鸣曲》的风格，梦想般的
行板相对恬静，与小步舞曲类似。活泼的末乐章一开场
就带有普罗科菲耶夫典型的托卡塔风格。只不过这里还
能听到第一乐章的影子，这一点几乎已经成了惯例。涅
斯捷耶夫认为，中部加长的音乐段落带着怪异的沉重步
伐声，让人联想到"英勇的部队义无反顾地前行，决心
横扫路途中一切阻碍"的画面。斯维亚托斯拉夫对这首
奏鸣曲的总体评价如下：

　　它是普罗科菲耶夫所有奏鸣曲中最丰富的一首，有
复杂的内心世界和深刻的对立。有时它似乎一动不动，
就好像在倾听时代那势不可挡的步伐。这首奏鸣曲有些
沉重晦涩，但却是丰富的沉重——像一颗硕果累累的
大树。

　　等到这首奏鸣曲正式首演时，普罗科菲耶夫已经完
成了12首俄国民歌（作品104）的创作。如今，这些欢
快的乐曲成了他浩瀚的人声音乐作品集中较为人熟知的

几首。

1945年1月13日，普罗科菲耶夫在莫斯科亲自指挥新交响曲的演出。斯维亚托斯拉夫回忆道：

我永远忘不了1945年《第五交响曲》的首演，那是在胜利的前夕……是普罗科菲耶夫作为指挥家的最后一场演出。我坐得离舞台很近，第三或第四排。大厅的灯光大概和往常没什么两样，但当普罗科菲耶夫起身时，灯光洒在他身上仿佛圣光一般。他站在那里，如同一座纪念碑。

当他走上指挥台且全场安静下来时，突然炮火齐鸣。

他已经举起了指挥棒，却没有开始。他就这样等着，等炮火声停下来。那是一个极其重要、极具象征性的时刻。一个新的篇章就这样开启了。这是所有人共同的新篇章……也是普罗科菲耶夫的新篇章。

这首乐曲似乎从一开始就淋漓尽致地展现了一个即将胜利的民族的心情。尽管如此，《第五交响曲》的"战争"元素并非普罗科菲耶夫有意而为之。其中的一些主题来自20世纪30年代。它是声望和尊严之作，是普罗科菲耶夫迄今为止倾注最多心血的交响曲：

我在1944年的夏天谱写了《第五交响曲》。它的创作对我很重要，一是出于我在其中使用的音乐素材，二是因为这是我时隔16年再　次谱写交响曲。可以说，《第五交响曲》让我的长期创作生涯更加丰富完整。在创作它时，我的构想是谱写一部能展现人类精神之伟大的交响曲。

这部作品受到了国内外的好评——卡巴列夫斯基毫无悬念地着重称赞了其中深刻的民族元素，《纽约时报》（*The New York Time*）的奥林·唐斯（Olin Downes）则评论道：

普罗科菲耶夫《第五交响曲》开头部分，图为在钢琴谱上扩充的总谱

这无疑是俄国过去25年来最有趣，甚至可能是最好的交响曲之一。毫无疑问，它也是这位作曲家创作的所

有交响曲中最丰富、最成熟的一首。不管是宁静的第一
乐章，还是紧随其后的奇妙发展，都展现了全新的精神
世界……

我们只能认为伊什列·涅斯捷耶夫一直在忙于反驳
西方那些胆敢暗示这首交响曲"过于露骨地讨好大众"
的"唯美主义者"，因为他似乎没注意到西方还有真诚
的溢美之词。不过这不重要。只要一点点编辑，《音
乐美国》中不温不火的文字就被改写成了热情洋溢的赞
歌。涅斯捷耶夫在他的普罗科菲耶夫传记中引用了这些
文字：

万众期待的普罗科菲耶夫《第五交响曲》（与其说
是）像重磅炸弹一样在纽约音乐界炸开（倒不如说更像
是一块甜心软糖）……这样一部如此精心配器，如此巧
妙连接，又如此异趣横生的作品，怎么称赞它都不为
过。（我撰文并不是想抨击它。）

《第五交响曲》根本无须取悦大众。涅斯捷耶夫认为，比起交响性，这部作品中音乐素材的发展更具戏剧性：

乐曲中占主导地位的是不同情绪和场景的切换，而不是主题的发展和变换。在很多时候，主题甚至没有实质性的变化，只是在调性上或在组合方式上有所不同。有时，它甚至更像是一部扣人心弦的交响戏剧，而不是传统的交响曲。

西方评论家则认为，《第五交响曲》的最大优点在于它摒弃了戏剧/标题音乐的结构。最重要的是它在传统四乐章的束缚内对音乐关系的严格把控。与此前三首交响曲相比，这里使用的素材更加和谐统一。推进音乐情节发展的修辞手法和节奏乐旨紧密交织，音乐支线也能得到发展而不是直接弃之不理。简而言之，普罗科菲耶夫尝试谱写了一首"真正的"交响曲。

第一乐章模仿肖斯塔科维奇的作品，更像行板而不

舞台上的普罗科菲耶夫

是快板，所有旋律最终汇聚成高潮，迸发出胜利的荣光。普罗科菲耶夫密集的配乐风格更是增强了它的震撼效果。

第二乐章是一首比例完美的谐谑曲，所用音乐素材本是为《罗密欧与朱丽叶》准备的。开场为持续不断的弦音，犀利而精准，甚至还意外地带着一丝拉格泰姆（ragtime）音乐的味道。得益于普罗科菲耶夫极具个性的鬼斧神工，之后同样振奋人心的三重奏更显清澈明亮，与前者形成动人的对比。谐谑曲的再现听起来出人意料的不祥与可怖，但整篇乐章让人不禁想起年轻时的普罗科菲耶夫以及他那不落芭蕾俗套的魔鬼般的才智。

慢板有作曲家最令人难以忘怀的旋律之一。旋律之下搭配着充满"脉动"的伴奏，与《第二小提琴协奏曲》的慢乐章相似。如果说这里直截了当的简单修辞与他的后期作品更为相近的话，那么末乐章的引子则是对过去的回溯。至少涅斯捷耶夫没听出这里有什么讽刺：

第一乐章的主题如同回忆一般又一次浮现，再次提醒听众这首交响曲的主旋律——人类精神之伟大和力量之强大。

不管作曲家意图如何，快板的主题确实妙趣横生。最终的成品既避免了不食人间烟火的空洞，又躲开了天真幼稚的乐观。朴素的喜悦激发了无限的能量（与《第七钢琴奏鸣曲》相似），结尾尤为振奋人心。

在他的100号作品成功首演的几天后，普罗科菲耶夫不慎滑倒，撞到了头部，造成严重脑震荡。他被紧急送往医院，整个人处于昏迷状态，血压一度升高到危险水平。接下来的几个月，他都没有脱离生命危险。卡巴列夫斯基回忆道：

普罗科菲耶夫一动不动地躺在那里。有时连周围人都认不出来，还偶尔失去意识……就好像他已经走到生命的尽头了。

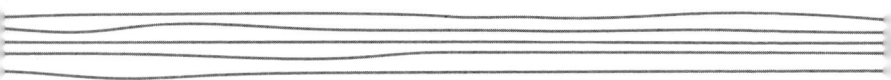

第
十
章 /

垂暮之年

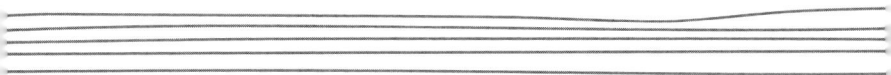

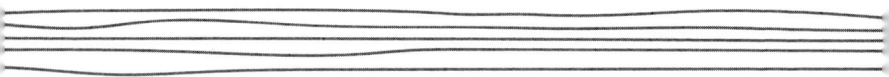

20世纪50年代初，瑞士作曲家奥涅格对西方音乐界深感幻灭，于是发表了如下评价：

作曲家这个职业的荒诞之处在于，你的主要工作是每天绞尽脑汁地生产一堆对所有人都毫无用处的东西。

再来看看普罗科菲耶夫1937年的论断：

为少数唯美主义者创作音乐的时代已经过去。如今，对大多数人而言，严肃音乐已经触手可及，他们焦躁不安地等待着新的作品。作曲家们听好了，如果你对他们表现出漠然，他们会立刻转向爵士乐或通俗音乐。但如果你能留住他们，你将拥有空前庞大的观众群。但这并不意味着你必须迎合他们。迎合总是包含不真诚的

普罗科菲耶夫在苏联家中

成分，从不会带来任何好处。大众想要伟大的音乐、伟大的故事、伟大的爱、热闹的舞蹈。他们的理解力远比一些作曲家认为得要更深，而且他们还想要理解更多。

当然，我们可以就这么理解普罗科菲耶夫的想法——一个与日益残酷的苏联现实格格不入的梦想。苏联对文化发展的承诺，如果真的按接近字面的意思去理解，本身就会导致严重的误判。然而，从整体来看，普罗科菲耶夫苏联时期的发展却恰恰证明了现代音乐大众化的可能性。在形式和质感上，斯大林时代的新俄罗斯音乐必须比20世纪20年代官方允许的那种被冷落的作品更简单，但对普罗科菲耶夫来说，这不一定是一项劣势。他侨居国外时的一些作品就透露出一定程度的刻意阐释，听众很容易觉得不自然。就算苏联当局无法从任何一部普罗科菲耶夫的作品中找到共鸣，他们也渴望利用一批地位颇高的作品来为自己的理论站台。① 难怪这位作曲家从未真正理解他的那群官方评论家。有什么好理解的？无论有没有斯大林，他的创作只依赖于他与生俱来的音乐性，将自己对旋

399

① 《亚历山大·涅夫斯基》《罗密欧和朱丽叶》《斯大林万岁》和《第五交响曲》都是普罗科菲耶夫本人在 1948年为自己辩护时引用的 "模范"曲目。——作者注

律的直觉把握与现代风的词作相结合，少有智力层面的装腔作势，有的只是满满的智慧和幽默。

但这种追求到 20世纪40年代末就不得不停止了，主要是两个原因。首先，普罗科菲耶夫的健康状况不断恶化。虽然他在1945年1月的那场意外中幸存了下来[①]，但反复出现的头痛和不时恶化的高血压困扰着他的余生。他发现精力越来越难以维持。疾病让他的创作动力和讽刺技巧大不如前，并减缓了他一直以来超常的创作速度。第二个因素是战前文化政策的逐渐复辟。随着冷战的开始，日丹诺夫对文学、戏剧和电影的态度逐渐上升到歇斯底里的程度——1948年，他建立了"音乐军事法庭"。

与1936年一样，事件的催化剂依然是斯大林对一出苏联歌剧的不满。瓦诺·穆拉德里（Vano Muradeli）的《伟大的友谊》（*The Great Friendship*）在音乐上平平无奇，有意歌颂独裁者斯大林的故乡格鲁吉亚。但一段

---

① 跌倒给他造成了严重的脑震荡。——译者注

美化共产党早期领导人奥尔忠尼启则（Ordzhonikidze）
的情节成为这出歌剧的致命缺陷。在斯大林的大清洗
中，这位格鲁吉亚的老布尔什维克被迫自杀。日丹诺夫
在1948年1月召集作曲家开展了为期三天的会议，虽曰
"非正式"，但明显是有意挑起争端。随后，中央委
员会于2月10日颁布了《关于穆拉德里歌剧〈伟大的友
谊〉的决定》。而这份充满恶意的文件不过是诽谤普罗
科菲耶夫、肖斯塔科维奇、米亚斯科夫斯基、哈恰图良
和当时几乎所有杰出作曲家的借口。全国各地的作曲家
联盟分支机构里，"悔过自新"的音乐家们纷纷对这份
文件表示支持。4月19—25日，在公众势如山海的压力
下，第一届作曲家协会全员大会举办，新的法令也在会
议期间正式确认。轻音乐大厅里洋溢着欢乐的气氛，相
比之下，对一小群高雅作曲家的攻击显得微不足道。普
罗科菲耶夫的许多早期作品实际上被禁止了，他的特权
地位也一去不复返。

　　反对音乐"形式主义"的运动成了公共生活的一

文化整肃的高手安德烈·日丹诺夫（俄新社）

个主要课题，它甚至催生了自己的细分文学流派。奥西普·切尔尼（Osip Cherny）的小说《斯内金的歌剧》（*Sneghin's Opera*）中的主人公创作了一部"形式主义"的音乐剧，该剧反响惨淡，因为它对于无产阶级毫无用处。斯内金问妻子和她的女佣（代表"民众"），当代音乐中是否还有个人主义悲剧创作者的一席之地。

"不，" 他信奉斯大林主义的妻子说，"必须成为伟大的有良知的艺术家，不要为个人的私事大惊小怪。""自我表达被等同为悲剧元素，而二者都与这个时代格格不入"，于是，在切尔尼的笔下，作曲家参加了一场党会。在这里，他倾听批评，看到光明，否认他的过去，脱胎换骨成为一个坚定的"社会主义现实主义者"。谢尔盖·米哈尔科夫（Sergey Mikhalkov）1949年的戏剧《伊利亚·戈洛文》（*Ilya Golovin*）讲述的主人公像是普罗科菲耶夫和肖斯塔科维奇的综合体，他的一出交响乐作品虽然赢得了美国各个广播公司的赞誉，但受到了党的批评。最后，戈洛文拒绝了腐败资本家的赞美，转而面向大众寻求灵感，发行了一些大众风格的乐曲。结果呢？他的每场演出都座无虚席，卖到只剩站票。

比小说更具戏剧性的是赫尔曼·朱可夫斯基（Herman Zhukovsky）的歌剧《发自内心》（*From All One's Heart*）的大起大落。在纯良无害的民间音乐衬托下，集体农场上的理想生活显得井然有序。1951年1月

16日，该歌剧在莫斯科大剧院上演，获得了普通期刊的好评。1951年3月15日，该歌剧荣获1950年"斯大林奖金"三等奖，奖金25 000卢布。但在4月19日，《真理报》突然发表一篇评论，把演出批得体无完肤。职业评论家们急于迎合政党命令，使出浑身解数，盲目强调意识形态的纯洁性。5月11日，"斯大林奖金"委员会提议撤销此前颁发的奖项。

直到今日，"日丹诺夫主义"的文化专制（日丹诺夫的恐怖统治）仍令我们难以忘怀。戴维·波纳尔（David Pownall）的《大师课》（*Master Class*）①讲述斯大林亲自胁迫普罗科菲耶夫和肖斯塔科维奇谱写"真正的"音乐。这位假想的独裁者坐在钢琴前，领着委员会上了一节令人筋疲力尽的作曲课。

但事实要平淡得多。米亚斯科夫斯基对这些"指控"不闻不问，而普罗科菲耶夫则给赫连尼科夫写了一封不卑不亢的辩护信。普罗科菲耶夫疾病缠身，已无法

404

---

① 一出与众不同的舞台剧，1983年1月首演于莱斯特。——作者注

再强硬下去，最终他不得不妥协，开始向他的大多数同僚看齐，转而创作他们早已创作多年的音乐——平淡无奇，因而不会得罪任何上级、不会"出错"的音乐。普罗科菲耶夫的音乐第一次从婉转悠扬沦为淡而无味。苏联音乐界费尽心机粉饰门面，称年过半百的普罗科菲耶夫最后一次灵感乍现，但他的音乐本身却是难以避免地一落千丈。普罗科菲耶夫相信，艺术若要有"作用"，就必须保持其自主性。破坏艺术普适性的不是百花齐放，而是千篇一律。

1948—1951年，普罗科菲耶夫接连失去好友。一开始是爱森斯坦，然后是阿萨菲耶夫、米亚斯科夫斯基和拉姆。如果没有孩子们的照顾，没有萨莫苏德、奥伊斯特拉赫、罗斯托罗波维奇（Rostropovich）①、斯维亚托斯拉夫和维德尼科夫等年轻演奏家的陪伴，普罗科菲耶夫的晚年会非常孤单。卡巴列夫斯基虽是朋友，但也

---

① 姆斯蒂斯拉夫·罗斯托罗波维奇是苏联著名大提琴家兼指挥家，是20世纪最著名的大提琴家之一，生于1927年。——译者注

普罗科菲耶夫的密友尼古拉·米亚斯科夫斯基（俄新社）

是"监督人"，而肖斯塔科维奇很少来访。普罗科菲耶夫之后的作品由另一位访客列文·阿夫托米扬（Levon Avtomyan）筹备发表。1946年6月，普罗科菲耶夫在尼克里纳格拉安家。1949年后，他和米拉"很少四处走动"，更愿意享受那里幽静的乡间生活。

1950年8月8日，米亚斯科夫斯基逝世，普罗科菲耶夫深受打击。他们最后一次通信是在那年春天，普罗科菲耶夫向这位老朋友发出了急迫的邀请：

亲爱的谢尔盖耶维奇，59岁生日快乐！我为你送上我全心全意的拥抱，并祝你身体健康。希望能很快在尼克里纳格拉见到你。

我给你寄了生日礼物，也不知道你会不会喜欢，但不知为什么，我第一眼就喜欢上了它。我们都很喜欢你的《冬日的篝火》（*Winter Bonfire*，作品122）。

代我向米拉问好。

祝好

迷上了《灰姑娘》的米亚斯科夫斯基

米亚斯科夫斯基写给普罗科菲耶夫的最后一封信

普罗科菲耶夫回复道：

亲爱的尼古拉·雅科夫列维奇：

我为你送上我全心全意的拥抱。我常常思念你。快来尼克里纳格拉吧。

你的

普罗

两位身体欠佳的作曲家经常一起度假，在尼克里纳格拉周边的森林里漫步。米拉说道：

有时，（普罗科菲耶夫）会学着米亚斯科夫斯基的样子在森林里采蘑菇。他称米亚斯科夫斯基为"蘑菇大师"。他们最后一次森林漫步是在1950年7月。米亚斯科夫斯基去世后，普罗科菲耶夫常常回到那里，追忆往事。

尽管失去了这么多好友，经历了这么多挫折，普罗科菲耶夫从未放弃对他来说最重要的东西——作曲。

普罗科菲耶夫一天不作曲都不行。他有着令人惊叹的专注和决心，能在任何条件下工作——只要给他一架钢琴和一张桌子就好。但即使没有这两者，他照样可以工作——在火车上、在船舱里、在病房里。他的工作状态不受情绪起伏的影响。他时而情绪高涨、激情洋溢，时而疲惫不堪、绝望不已；他有时精神抖擞，身体状况令医生放心，有时却陷入低谷，光为了作曲就得彻底调整生活模式……

一直困扰他晚年的疾病并未影响他的工作能力。相反，恰恰是因为身体欠佳，他全身心投入艺术创作之中。正因如此，他没能完成此前一直想写的自传。这大概是他为疾病作出的唯一一让步，但他仍对此后悔不已。他心甘情愿地放弃生活中的许多欢愉，就为了他心中的至乐之物——创作。他一直坚信，没有工作的任何一天都是在浪费生命。在他的晚年，最让他心烦的莫过于被医生强迫着休息，即使只是很短暂的休息。在这样的日子里，如果问他有什么感受，他会愤愤地回答，"无所事事到头上都要长草了”，而他通常温和友善的性情也会变得烦躁不安、消沉不已。

1950年春天，他在医院给我写信称他试图说服医生允许他“每天至少工作两次，每次半小时”之后，他被转移到疗养院修养，在那里他告诉我：“我终于又觉得自己像个正常人了——他们允许我每天工作20分钟。”20分钟！对一个视音乐如生命、愿意为之倾尽全力的人来说，20分钟真是少得可怜！

在米拉的陪伴下，斯维亚托斯拉夫去普罗科菲耶夫所在的克里姆林宫医院看望过他两次：

他独自一个人待在那里，看起来很柔弱，听起来很生气。他说：“他们不准我作曲……医生不准我作曲……”

米拉缓缓地柔声安慰他，就像在哄一个生病的孩子：“谢尔盖耶维奇……谢尔盖耶维奇。”

他抱怨说他们总是拿走他的纸张，但他还是成功地把曲子写在小片面巾纸上，藏在枕头底下……一个月后，我们再次去看望他。他状态更好了，也被允许作曲了。他还跟我们开玩笑、讲故事，非常亲切、友善、安静。他把我们送到楼梯间。我们到一楼时，他还向我们道别……挥脚道别。他有些孩子气，就像是一个淘气的小男孩。

1945年6月，普罗科菲耶夫身体状况好转，前往观看了三场萨莫苏德指挥的《战争与和平》音乐会演出。普罗科菲耶夫的私人医生隐隐担心，现场的热情会让不久前刚刚与死神擦肩而过的普罗科菲耶夫经受不住，因为首场观众反响热烈。不久后，萨莫苏德受邀担任列宁格勒小歌剧院①的艺术主管。他接受了，但有一个条件——必须上演《战争与和平》歌剧。这一版的《战

---

① 列宁格勒小歌剧院是米哈伊洛夫斯基剧院的前身，为俄罗斯最古老的歌剧院之一。——译者注

争与和平》持续了2个晚上，共13场。普罗科菲耶夫的身体稍有好转，他便和萨莫苏德对总谱进行了第二次修改。最终，普罗科菲耶夫加了2场内容——由叶卡捷琳娜大帝侍臣举办的舞会和在菲利召开的紧急军事会议。2场都大获成功。前者的创作水到渠成，普罗科菲耶夫正好借此机会谱写了一系列和《灰姑娘》风格相似的迷人舞曲。后者直到1947年才完成。作为第二幕的转折点，这部分内容主要聚焦陆军元帅库图佐夫。萨莫苏德希望能为他创作一首凝聚俄罗斯爱国之情的咏叹调，将故事推到高潮。但普罗科菲耶夫不这么想。他们为此陷入了长久的争论。"我记得我们尝试了不下八个版本……"萨莫苏德回忆道。

"你到底想要什么？"普罗科菲耶夫某次问道。

"和《伊凡·苏萨宁》（*Susanin*）或《伊戈尔王子》中的咏叹调一样，打动人心，体现作品精髓，不可或缺的音乐。"

"我写不出来。"

"那就写首更好的。你一定得行。"

最终，普罗科菲耶夫将《伊凡雷帝》电影配乐中的一段旋律给了萨莫苏德，说："这大概就是你想要的效果。"随着修改工作不断推进，库图佐夫这首咏叹调中流畅的、极具"俄罗斯"特色的主题慢慢变成了歌剧的主导主题。

《伊凡雷帝》第二部的配乐创作于1945年6—11月。几乎是同时期，普罗科菲耶夫开始创作《第九钢琴奏鸣曲》（*The Ninth Piano Sonata*，作品103），完成了《第六交响曲》的大纲以及《战争结束的颂歌》。这首曲子借用了尚未发表的《庆祝十月革命20周年大合唱》中的主题，演奏乐队没有小提琴、中提琴和大提琴，而是由八把竖琴、四架钢琴、一组打击乐器和阵容庞大的管乐器组成，是一次全新的尝试。至于爱森斯坦的电影，越来越多人抨击它的"意识形态错误"。爱森斯

《伊凡雷帝》第二部分（国家电影资料馆）

坦某次心脏病发作，险些丧命。而就在他依普罗科菲耶夫的建议开始写回忆录顺便调养身体时，斯大林看了这部电影，并对其厌恶不已。《伊凡雷帝》第二部被禁12年，已为第三部拍摄和编辑好的材料全部作废。

虽然普罗科菲耶夫的健康状况仍令人担忧，但至少到1946年5月时，他的病情稳定下来了。他因此得以前往列宁格勒，首次观看萨莫苏德制作的歌剧版《战争与和平》。当晚以第一场"在罗斯托夫庄园"开始，以第八场"波罗底诺战役前夕"收尾，而气势非凡的铭文合唱被删除。歌剧大受欢迎，在1946—1947乐季共演出105场。没有理由不着手准备第二部分的公演。

1946年的夏天还见证了另一场姗姗来迟的胜利。《第一小提琴奏鸣曲》这部作品终于完成了，毫无疑问这是普罗科菲耶夫最出色的非管弦乐作品之一。大卫·奥伊斯特拉赫讲述了其中的故事，毕竟这是写给"他的"奏鸣曲：

我尤记得1946年的某个夏日，我开车前往普罗科菲耶夫在尼克里纳格拉的乡间住所，试听他写的全新小提琴奏鸣曲（他将其编号为"第一"小提琴奏鸣曲）。普罗科菲耶夫在电话里对我说："你一定得来。雅科夫列维奇·米亚斯科夫斯基也写了一首小提琴奏鸣曲。你可以一次性听到两首奏鸣曲了。"

我准时到达了约定的地点。很快，住在附近的米亚斯科夫斯基也来了。我们便坐下来一同听普罗科菲耶夫

《战争与和平》第一部分首演后的庆祝场景，演职人员恭喜音乐总监塞缪尔·萨莫苏德，普罗科菲耶夫和米拉站在他的两侧

的奏鸣曲。如果我没记错的话，米亚斯科夫斯基也是第一次听。在开始弹奏之前，普罗科菲耶夫给我们详细介绍了每个乐章，之后一气呵成地演奏了全曲。尽管他的演奏有些许"害羞"，我们还是被深深地震撼到了。你能感觉到这真是非常伟大的音乐，在过去几十年，没有哪首小提琴演奏曲能在纯粹的美和深度方面与之媲美。米亚斯科夫斯基只用了一个词形容："大师之作。"他一直对普罗科菲耶夫说："我亲爱的朋友啊，你都没意

识到你究竟写了什么！"他显然深受感动。

之后轮到米亚斯科夫斯基弹奏了。但我们决定先短暂休息一下。米亚斯科夫斯基回了趟家，而普罗科菲耶夫则带着我们（我的儿子和我）参观他的花园……

之后我和我的搭档——钢琴家列夫·奥博林（L.Oborin）——在练习这首奏鸣曲期间，多次拜访普罗科菲耶夫，他也给了我们很多宝贵的建议。我们可以看得出这部作品对他有多重要。他显然非常愿意和我们一起打磨它，解释乐章的特点和音乐的内在意义。例如，第一乐章的某一乐段要求小提琴在上下音阶之间流动，他解释道，这一段听起来应该像是"有风穿过墓地"。这样的解释过后，我们对奏鸣曲整体精神的理解就更深一层次了。我从未像这次一般如此沉浸在一首乐曲中。在首演之前，我只练习了这一首曲目，我的大脑里充满了它的旋律。

417

1975年10月，英国国家大剧院制作的《战争与和平》，图中为饰演娜塔莎的费利西蒂·洛特（Felicity Lott）和饰演安德烈的汤姆·麦克唐纳（Tom McDonnell）。图片由唐纳德·萨瑟恩（Donald Southern）拍摄。莫斯科大剧院1959年版的《战争与和平》依然是常演曲目，并被录制为唱片，但英国国家大剧院1972年首演的版本是迄今为止最完整的。它兼收并蓄，既保留了斯大林时期的舞剧风格，也未进行破坏性删减，让观众依旧可以追随娜塔莎、安德烈和皮埃尔的个人命运，堪称一场盛典

418

　　之后的冬天，普罗科菲耶夫的健康状况再次恶化。

他已经无法亲自监督《战争与和平》第二部分的筹备

工作，但他仍旧坚持写作。他于1947年2月18日完成了

《第六交响曲》的创作，为一首大提琴奏鸣曲起草了一

些点子，与此同时，他还在对"战争"场景进行最后的

修改。直到7月，彩排才开始。即使这样，他还是没能

参加。观众席里不乏来自艺术事务委员会和作曲家协会的忧心忡忡的人员。日丹诺夫的文化打压才刚刚过去六个月，斯大林会怎么看待普罗科菲耶夫对于俄罗斯历史的大胆诠释呢？见时机不对，剧院赶忙宣布推迟演出，之后仅举办"闭门"首演。结果就是官僚们把整部歌剧删得一塌糊涂，管理人员谁都不愿挺身而出，普罗科菲耶夫迫切渴望能看到歌剧公演。最终，如萨莫苏德所说：

1975年10月，英国国家大剧院《战争与和平》，德里克·哈蒙德·斯特劳德（Derek Hammond Stroud）饰演拿破仑，唐纳德·萨瑟恩拍摄

1975年10月，英国国家大剧院《战争与和平》，哈罗德·布莱克本（Harold Blackburn）饰演库图佐夫，唐纳德·萨瑟恩拍摄

420 　　普罗科菲耶夫实在是太想看到《战争与和平》公演了，甚至不惜改动、缩减、删除任何情节，只要能公演就好。

　　10月11日，列宁格勒爱乐乐团以《第六交响曲》的首演开启了新一季表演。叶夫根尼·穆拉文斯基（Yevgeny Mravinsky）担任指挥，普罗科菲耶夫和他一同上台接受观众的礼貌掌声。如果说最初的反响不算太坏，那只能说这是暴风雨前的宁静。1948年，《第六交响曲》成为肃清运动的目标，受到严厉批评。《第六交响曲》是普罗科菲耶夫苏联时期创作的最精美的作品，按理来说是一部大作，然而它哪怕到今天也没有赢得应有的赞誉。

更值得注意的是，普罗科菲耶夫的《第六交响曲》向前迈进了重要一步，以真正的交响乐"纪律"探索未知的情感深度。那长达43分钟的三个乐章所呈现的宏阔场面，可能从肖斯塔科维奇的作品中汲取了灵感。但是它创造的声音世界是独一无二的，加林娜·维什涅夫斯卡娅（Galina Vishnevskaya）形容其"像春天的融雪一样，锐利又清脆"。

在明晰且干脆的引子之后，第一乐章以一个令人惊讶的抒情曲调开始。第二主题（双簧管）也同样出人意料，那柔和、像唱赞歌一样超凡脱俗的品质给原来的基调增添了几分厚重。中间乐段澎湃有力，营造出罕见的使命感和马勒式的磅礴恢宏。不可思议的抒情主题逐渐积聚着史诗般的力量。自始至终，普罗科菲耶夫都用大师级的超高技艺一次次将乐曲推向高潮。但是结尾缺少了《第五交响曲》第一乐章中登峰造极的决心，部分乐器忧郁的音色让曲中原本积极的和弦蒙上了黯淡的色彩。

整首交响乐没有谐谑曲。第二乐章一曲完整的缓慢曲与第一乐章一样沉重、悲怆。乐章开头营造出令人悲痛和烦躁的氛围，情感之浓郁，在普罗科菲耶夫的作品中是少有的。乐章的第一主题似乎也充满了悲伤。对此，涅斯捷耶夫依然表示指责，抱怨此乐章"缺少冲突"。事实上，以大提琴合奏形式出现的第二主题多了些自由抒情，而少了紧张感。而如"暴风雨"一般突然降临的插曲，让人回想起《灰姑娘》舞剧中的"午夜"一幕和《谢苗·科特科》歌剧中的类似段落。它在这里的作用是达到曲中预期的独特音响效果。中间部分显得异常柔和、怀旧，包括号手们演奏的小夜曲。乐章结尾

部分呼应开头，以颠倒顺序重现开头部分的精华。尾声
本身并不是一个特别平静的收煞。

在这之后，那轻松愉快、天真纯朴的终乐章让人颇
为震惊。仿佛我们又回到了《古典交响乐》的世界，美
中不足的只是在不倦的"活泼乐节"中，不时会插入一
阵如农民歌者般的粗粝的低音声响。第二主题同样凸
显了作曲者的诙谐灵感，虽然大号不合拍子冒出声来，
听起来让人有些不安。音乐整体气氛愉快，模仿古典风
格。在一个充满活力的节点上，管乐和弦乐将两个主题
融合在一起。然而，乐曲所带来的不安感却有增无减。
音乐似乎失去了方向，渐渐消失不见。普罗科菲耶夫好
像突然转过身去，他在最新创作的奏鸣曲中也是如此。
苏联官方倡导在艺术作品中呈现积极向上的结局，然而
乐观在这里却灰飞烟灭了。普罗科菲耶夫为自己留了书
写续篇的空间。第一乐章中哀怨的、圣歌般的主题回
归，迸发力量，带领作品走向显而易见的悲剧结局。短
暂停顿后，活泼乐节再次回归，但是最终只剩下笨拙的

423

主题，像一阵沉重且机械式的旋风，在堆砌中突然崩塌。乐段达到了其在音乐上的目标，但是完全称不上令人得意扬扬的成功。正如伏尔科夫的《见证》中，肖斯塔科维奇对自己的《第五交响曲》的评价：

这就像有人一边用棍子打你一边说："你的创作是令人欣喜的，你的创作是令人快乐的。"你颤抖着站起来，一边走一边嘟嘟囔囔地说："我们的创作是令人欣喜的，我们的创作是令人快乐的。"怎么能这样神化艺术家啊？

历经苦难的斯特拉文斯基形成了一种艺术理念，他尽可能地把艺术和生活分开，而不是在音乐中宣泄情感。T.S.艾略特（T.S.Eliot）的名言就是对这种哲学思辨的最佳定义：

艺术家越完美，他越能将痛苦遭遇和创作思维分得一清二楚。

随着普罗科菲耶夫的音乐想象力越来越深刻，他和斯特拉文斯基之间的审美差异也愈发明显。《纽约时报》的奥林·唐斯对《第六交响曲》交口称赞。然而，1949年12月15日，斯特拉文斯基在给纳博科夫的信中却写道：

我听过普罗科菲耶夫的《第六交响曲》。不得不承认有些许的单调乏味，既没有美学上的新颖之处，也无技法上的创新。每个人都清楚这一点，除了奥林·唐斯同志。

不过，即使是将《第五交响曲》定性为"小甜点"的《音乐美国》杂志，也指出了《第六交响曲》不可否认的优点：

425

也许因为作品是一种自传体的自白，所以结构松散重复，而华丽的配乐效果似乎又让作曲家过度发挥。然而，没有人能抗拒作品中充满的激情、真诚和力量。

1947年秋，普罗科菲耶夫完成了《第九钢琴奏鸣曲》。这项工作始于两年前，是为斯维亚托斯拉夫创作的。普罗科菲耶夫把草稿给他过目时说："我写了一些有趣的东西给你。这将是为你创作的奏鸣曲……只是别太期待它会产生什么影响……"斯维亚托斯拉夫回忆说：

说真的，乍看之下，感觉蛮简洁的，我甚至有点失望。后来在60岁生日时，普罗科菲耶夫又病了。就在生日的前两天，作曲家联盟安排了一场音乐会，他是在电话里听的。我第一次演奏《第九钢琴奏鸣曲》，就感到这首简单的奏鸣曲光彩照人，甚至让人感到亲切。我认为在某些方面这是一首需要"驯化"的奏鸣曲。你听得越多，就会越发爱它，感受到它的魅力，它看起来也就越完美。我非常喜欢它。

来自"当代音乐之夜"叛逆学生的一首"驯化"了的奏鸣曲！这与普罗科菲耶夫年轻时创作的音乐形成强

烈的反差，简直无以复加。克劳德·塞缪尔评价道：

这种新的调子，更放松，更安静，更清澈，可以归因于一个生病的、上了年纪的人的性格方面的变化，他把年轻的精力换成了一种更沉思的生活态度。但这也可能是他倾向倚重苏联音乐特色后取得的成就，是"新简约"追求的终结。

奏鸣曲的尾声，为普罗科菲耶夫作品中那九宫格万花筒般的循环提供了一种平静的、奥林匹克式的收煞。

1947年普罗科菲耶夫还创作了D大调无伴奏小提琴奏鸣曲（作品115）。尽管受到器乐的限制，作品依然是一首极为典型的小提琴奏鸣曲，涅斯捷耶夫认为"无伴奏小提琴演奏起来显得异常单薄。只有当我们能够像作曲家所希望的那样，听到整团小提琴手合奏这首曲子时，我们才能恰当地评价它"①。

427

———————————

① 涅斯捷耶夫的评论令人震惊！

　　1947年11月，苏联政府号召民众庆祝苏维埃俄国成立30周年。普罗科菲耶夫为交响乐团作了一曲毫无生气的《节日诗》（即《三十年》，*Festive Poem*，作品113）和大合唱《繁荣吧，强大的祖国》（*Flourish Mighty Land*，作品114）。在米亚斯科夫斯基看来，这两部作品"生气勃勃、欢快而且尤为清新"。当日丹诺夫的审查"从天而降"，普罗科菲耶夫正在努力创作的一部新歌剧《真正的人》就陷入了举步维艰的境地。马林斯基剧院曾迫切地期望将歌剧改编成讲述飞行员阿列克谢·梅列西耶夫（Alexey Meresyev）[①]英雄事迹的作品。于是普罗科菲耶夫在1948年勤于创作，他盼望着借此机会重获赏识，他说："清晰的旋律和最简单的和声语言是我在这部歌剧中努力追求的元素。"12月3—4日，《真正的人》和《战争与和平》在列宁格勒各个剧

428

---

① 他在苏联的地位相当于英国的王牌飞行员道格拉斯·巴德（Bader Sir Douglas Robert Steuart）。——作者注

院进行了"封闭式"预演。普罗科菲耶夫坚持参加，但
这两部作品都没有获准公开制作。终于，《真正的人》
首映式（尽管是删节形式）于1960年10月8日在莫斯科
大剧院举行。它代表了普罗科菲耶夫创作思想的低潮。

普罗科菲耶夫音乐生涯最后几年创作的作品大多未
达到自己的高标准。由于剧院拒绝他的作品，普罗科菲
耶夫再次转向儿童音乐。他为儿童广播电台写了第一部
交响乐组曲《冬日的篝火》。1950年4月10日，米亚斯
科夫斯基的日记中有这样一段记录，从中可见他对作曲
者的同情："最近从收音机里听到了普罗科菲耶夫写的
令人着迷的儿童诗歌组曲，由马尔沙克（Marshak）作
词，很有想象力，风趣幽默。"

普罗科菲耶夫还与马尔沙克合作，为广播电台策
划了一部公开宣传的清唱剧，名为《保卫和平》（*On
Guard for Peace*，作品124）。米拉回忆道：

1951年拍摄的普罗科菲耶夫单人照（苏富比）

我还能清晰地回想起谢尔盖在清唱剧《保卫和平》首演前夜那焦虑万分、难以入眠的情形。不知道他是否成功地把他想要表达的东西放到作品中……

在普罗科菲耶夫受到媒体的恶毒攻击之后，人们才能理解米拉·门德尔松回忆录的真正意义。

在作曲家联盟第一次"试演"《第七交响曲》之前，情况也好不到哪去。普罗科菲耶夫写了一首"献给年轻听众的简单交响曲"。即使如此，他还是担心自己会被误解。卡巴列夫斯基回忆道：

我们发现他躺在病床上。他焦急地向我们询问试演的情况，当他听说试演成功后，立刻容光焕发。他一遍又一遍地问我们，好像怕我们只是在哄他。"音乐是不是太简单了？"他问道。但他并不怀疑自己寻找"新简约"的正确性，他只是想确认他的创造性追求已经得到理解和欣赏。

431

《第七交响曲》虽未激起波澜，但它是一部讨人喜欢的交响乐作品。它缺乏动力和冲突，并试图用复杂的编排来弥补这些不足。毫无疑问，彼时的普罗科菲耶夫的确不知道自己的艺术会走向何方。他倾听着斯大林主义知识分子的建议，可以说过于关注他人的看法，日丹诺夫文学清洗之后的作家联盟领袖亚历山大·法捷耶夫（Alexander Fadeyev）就是其中之一。普罗科菲耶夫的名字出现在由党派文人炮制的空洞的文章和声明上。他演奏着陈旧的、实用的音乐，用于广播表演。《伏尔加河与顿河合流》（*The Vogla Meets the Don*，作品130）是为庆祝一条运河的开通而作，号称是"唯一一部献给此次历史事件的交响乐作品"。他很容易就被说服，在《第七交响曲》那惆怅的结尾处加上了传统的花彩号声①。最糟糕的是，昔日广为流传的主题逐渐流于平

_432_

①罗斯托罗波维奇说普罗科菲耶夫这样做只是为了得到"斯大林奖金"，他甚至希望自己死后曲目结尾被删除。——作者注

庸，甚至乏味陈腐。

《第七交响曲》的首演是普罗科菲耶夫最后一次公开露面。肖斯塔科维奇痛苦地意识到这位同事的健康状况每况愈下，第二天就写下了这篇颂词：

亲爱的谢尔盖·谢尔盖耶维奇：

热烈祝贺你创作出美妙动听的新交响曲。昨天我带着极大的兴趣从头到尾听了一遍，享受极了。《第七交响曲》是一部超群绝伦、感情深厚、才华横溢的作品。这是一部真正的杰作。我不是音乐评论家，因此我不在细节方面做评论。我只是一个喜欢音乐的听众，尤其喜欢你的作品。唯一的遗憾是，第四乐章是作为安可曲演奏的，要是完完整整演奏出来就好了。不如这样吧，让所有的新作品都正式表演两次，再返场表演一次。在我看来，萨莫苏德出色地演奏了《第七交响曲》。

我希望你至少再活100年，再创造100年。像《第七交响曲》这样的作品会使我们的生活更轻松、更快乐。

我想热忱地握住你的手。替我向米拉·亚历山德罗夫娜问好。

肖斯塔科维奇

1948年后,普罗科菲耶夫的最佳作品来自他与和密友姆斯蒂斯拉夫·罗斯托罗波维奇的密切合作。若以《第一小提琴奏鸣曲》的极高标准来衡量,《C大调大提琴奏鸣曲》(作品119)或许显得过于甜美或散漫。不过,作曲者以轻松的形式自由表达,为作品赋予了价值。这首曲子与《第九钢琴奏鸣曲》有很多相似之处,而且罗斯托罗波维奇和斯维亚托斯拉夫的公开表演都受到好评。普罗科菲耶夫的《e小调大提琴与乐队交响协奏曲》(作品125)是在《第一大提琴协奏曲》基础上的大规模修改,年轻的大提琴家罗斯托罗波维奇更为深入地参与了作品的编制,他不仅编辑了独奏部分,充分开拓大提琴的技艺空间,还协助作曲者完成总谱。罗斯托罗波维奇才华横溢,让其他大提琴演奏家相形见绌。

1952年2月18日，在斯维亚托斯拉夫大胆（因为缺乏经验）的指挥下，罗斯托罗波维奇与莫斯科青年管弦乐团合作推出了这部作品。不出意料，观众的反应并不强烈。涅斯捷耶夫解释道：

在交响协奏曲中，普罗科菲耶夫创作中的新与旧和谐并存。《第六交响曲》和最后几部钢琴奏鸣曲同样如此。旧主要体现为音色粗糙、和声刺耳、某些乐段刻意不连贯……但是这些特别的段落，虽然在首演时惹恼了一些观众……不应被理解为作品的主要风格。相反，作品中广泛出现的特色歌唱主题……才是作品最为突出的特点。

当今天的听众从曲中寻觅到蛛丝马迹，发现这位犀利的音乐老顽童依然用辛辣的管弦乐段表达对传统的不屑一顾时，真是如释重负。

一些评论家对普罗科菲耶夫的最后一部芭蕾舞剧

《宝石花》也有类似的看法。《宝石花》原作是帕维尔·巴佐夫（Pavel Bazhov）讲述的发生在乌拉尔山脉精彩的民间传说，舞剧项目于1948年秋天启动。原定由拉夫罗夫斯基担任编舞，他在《罗密欧与朱丽叶》中与普罗科菲耶夫配合得"非常默契"。钢琴乐谱是在1948年9月至1949年3月间完成的，当时的普罗科菲耶夫因病魔缠身，每天工作的时间不能超过一小时。和以往不少作品一样，舞剧最终未能上演。拉夫罗夫斯基曾指出：

这部舞剧在多场试演中都受到了尖锐的批评。听众认为，作品完全没有还原巴佐夫故事中的艺术意象，它阴郁沉重，难以配舞。人们发出许多轻率冒失，甚至不得体的声音。普罗科菲耶夫对公演的延迟甚为恼火，内心受到伤害。这时，他的健康状况急转而下……不幸的是，我无法使他振作起来。事实上，我不得不对他隐瞒很多事情，为了不影响他的健康。

几个月后，米拉回忆道：

伟大的俄国大提琴家姆斯蒂斯拉夫·罗斯托罗波维奇。普罗科菲耶夫最后一首重要作品《e小调大提琴与乐队交响协奏曲》是为20岁出头的罗斯托罗波维奇而作。百代唱片盖拉德·纽维塞（Gérald Neuvecelle）拍摄

剧院请谢尔盖·谢尔盖耶维奇在乐谱上再加几句。用谢尔盖·谢尔盖耶维奇的话来说，他们想让他"把戏剧部分改得更响亮，而牺牲配乐整体的质感"。尽管他很感激剧院在《罗密欧与朱丽叶》和《灰姑娘》公演时的精彩呈现，但他还是不能同意这个要求。《宝石花》的编曲是基于情节发展和人物设定的逻辑，还需考虑舞蹈的前后一致。剧院提出要求，等于让他推翻整体构思，他很不高兴。他宣称这一要求"让他不得安宁"。

不幸的是，普罗科菲耶夫的乐谱还是遭到篡改。卡巴列夫斯基说：

剧院宣称获得了作曲家的"原则性"同意，于是在普罗科菲耶夫逝世后擅自篡改乐谱。当我们将作曲者的原版和剧院"编辑"后的版本进行比对，会发现普罗科菲耶夫的音乐要微妙得多，丰富得多。

在普罗科菲耶夫芭蕾舞剧中，《宝石花》并不是唯一一部遭到有着"改编轻骑兵"称号的莫斯科大剧院芭蕾舞团篡改的。但是，在他的生命弥留之际，普罗科菲耶夫显然也愿意对自己的作品做些修缮。拉夫罗夫斯基回忆：

随着排练开始，普罗科菲耶夫立刻活跃起来。他完成这部作品已经两年多了。我们根据一些批评意见修订了大部分内容。普罗科菲耶夫重写了很多东西，例如第四幕中卡特琳娜与达尼拉的二重唱。

正是这曲二重唱，耗去了普罗科菲耶夫最后的心力：

439

普罗科菲耶夫正坐在二重奏的管弦乐乐谱前。他看上去还好，全神贯注于作品之中……我后来一整天都在表演二重唱，晚上我给普罗科菲耶夫打电话准备告诉他详细情况……米拉·亚历山德罗夫娜接了电话，用极其微弱的声音告诉我，谢尔盖·谢尔盖耶维奇死了。

20世纪的音乐充满了自我意识，作曲家常常借音乐表达思想或发表宣言，使得艺术丧失其原本的意义。在这样的背景之下，当我们审视这位纯粹出于对音乐无法抑制的情感而创作的作曲家时，往往会有耳目一新的感觉。即使在生命最后几个月的痛苦时光里，他依然将竭力创造当作首要任务。米拉回忆：

在生命的最后几天里，谢尔盖·谢尔盖耶维奇因严重的流感而精疲力竭，他让我把这些作品的名字写进我们1952年编撰的作品列表中。我非常难过（因为我知道这些作品中有许多才刚刚开始），我尽力向他保证，等到手头工作完成，我们就会有足够的时间来完成这些创作。但他坚持己见，为了迁就他，我立刻坐下来，依照他的口述记录了以下作品标题：

第132号作品：大提琴和管弦乐队协奏曲，共三个乐章。

第133号作品：为两架钢琴和弦乐队而作的协奏

曲，共三个乐章。

第134号作品：无伴奏大提琴奏鸣曲，共四乐章。

第135号作品：《第五钢琴奏鸣曲》，新版本，共
三乐章。

第136号作品：《第二交响曲》，新版本，共三个
乐章。

第137号作品：《第十钢琴奏鸣曲》（*The Tenth
Piano Sonata*）。

第138号作品：《第十一钢琴奏鸣曲》（*The
Eleventh Piano Sonata*）。

这些作品中只有一部，即新版本的《第五钢琴奏鸣
曲》，是在他生前完成的。

441

伊利亚·爱伦堡在1955年精心撰写的悼词中也提到
了普罗科菲耶夫的个人抗争：

他放弃了让他成名的（西方）世界，他想为自己的
人民和未来创作。他经受了许多考验，但他从未丧失信

《第十钢琴奏鸣曲》的手稿，这是普罗科菲耶夫最后一首作品

心，从未放弃斗争。他英年早逝，精神上毫不妥协，至
死都忠于自己。他是一个伟大的人，如果我们不仔细聆
听谢尔盖·普罗科菲耶夫的音乐，不去思考他非凡的命
运，我们的子孙后代将无法理解苏维埃俄国艰难而辉煌
的时代，那个我们依然有权称为属于自己的时代。

　　1953年3月5日晚9点50分，斯大林去世了。普罗科
菲耶夫传奇遭遇的背后，斯大林负有直接责任。当天晚
上9点左右，普罗科菲耶夫因突发大面积脑出血与世长
辞。而这位作曲家去世好几天后，消息都未见诸报端。
直到1953年4月的《苏联音乐》刊登了他们二人的讣
告，斯大林的在第1页，普罗科菲耶夫的在第117页。加
林娜·维什涅夫斯卡娅回忆道：

　　在那些日子里，人们活在煎熬之中，恐惧似乎都不
太遥远。有人在（莫斯科大剧院）走廊上大步走着，脱
口而出："谢尔盖·普罗科菲耶夫死了。"消息传遍了
剧院，像一则天外传说一样悬在空中。谁死了？除了斯

443

大林，其他人怎么能死？斯大林魂归西天，人民的全部感情，生命逝去的一切悲痛，都应该属于他一个人。

莫斯科的街道被封锁了，交通陷入停顿。普罗科菲耶夫的亲友大费周折，才将他的灵柩从他的公寓搬到莫斯科艺术剧院对面，摆放在米奥斯卡大街作曲家之家地下室的一个小房间里，为他举行了一场平民葬礼。

所有的温室和花店里的花都已被预订一空，献给全体人民最伟大的领袖和导师。这位伟大的俄国作曲家的棺材上空空如也，任何地方都买不到哪怕是几朵花。报纸上已经没有刊登作曲家讣告的地方了。一切都属于斯大林，甚至他迫害过的普罗科菲耶夫的骨灰也属于他。成千上万的民众摩肩接踵，奋力朝克里姆林宫的纪念大厅集结，最后一次向领袖鞠躬。相较之下，米奥斯卡大街那间黑暗潮湿的地下室里，亲友寥寥无几，只有恰好住在附近、能够突破警察封锁的朋友到场悼念。

Appendix
Appendix

附

录

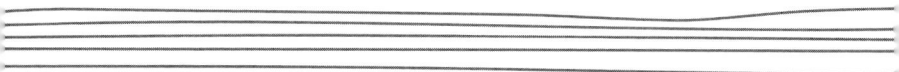

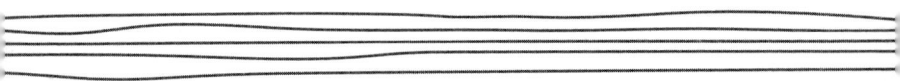

普罗科菲耶夫作品目录（按作品序号排列）

作品1，f小调第一钢琴奏鸣曲（piano Sonata no.1 in F minor，完成于1907年，修改于1909年）；莫斯科，1910年2月21日（公历3月6日）。

作品2，四首钢琴练习曲（four Études for piano，1909年）：1.d小调，2.e小调，3.c小调，4.c小调；莫斯科，1910年2月21日（公历3月6日）。

作品3，四首钢琴小品（four Pieces for piano，完成于1907—1908年，修改于1911年）：1.《故事》（*Story*），2.《戏谑》（*Badinage*），3.《进行曲》（*March*），4.《幻影》（*Phantom*）；圣彼得堡，1911年3月28日（公历4月10日）。

作品4，四首钢琴小品（four Pieces for piano，

完成于1908年，修改于1910—1912年）：1.《追忆》（*Reminiscence*），2.《热潮》（*Élan*），3.《绝望》（*Despair*），4.《魔鬼的诱惑》（*Suggestion Diabolique*）；圣彼得堡，1908年12月18日（公历12月31日）。

作品5，A大调小交响曲（Sinfonietta in A major，完成于1909年，修改于1914年）；彼得格勒，1915年10月24日（公历11月6日）。后修改为作品48。

作品6，《梦》（*Dreams*），为交响乐队创作的交响诗（1910年）；圣彼得堡，1910年11月22日（公历12月5日），学生时期表演。

作品7，两首合唱诗（two Poems），为女声合唱及管弦乐队所作，巴尔蒙特作词（1909—1910年）：1.《白天鹅》（*The White Swan*），2.《波涛》（*The Wave*）；圣彼得堡，1910年2月（只表演了《白天鹅》）。

作品8，《秋景》（*Autumnal*，创作于1910年，修改

于1915年和1934年）；莫斯科，1911年7月19日（公历8月1日）。

作品9，诗两首（two Poems），为人声和钢琴所作，由巴尔蒙特和阿普赫津作词；圣彼得堡，1914年3月15日（公历3月28日），只演奏了其中一首。

作品10，降D大调第一钢琴协奏曲（piano Concerto no.1 in D flat major，1911—1912年）；莫斯科，1912年7月25日（公历8月7日）。

作品11，d小调钢琴托卡塔（Toccata in D minor for piano，1912年）；彼得格勒，1916年11月27日（公历12月10日）。

449

作品12，十首钢琴作品（ten Episodes for piano，1906—1913年）；莫斯科，1914年1月23日（公历2月5日），只演奏了其中三首。

作品12b，为四支大管写的《幽默诙谐曲》（*Humoresque Scherzo*，1915年）；伦敦，1916年9月2日（作品12中第九首的改编）。

作品13　《玛达琳娜》（*Maddalena*），独幕歌剧，剧情与脚本作者是列文（1911—1913年）。1979年3月25日，英国广播电台，爱德华·唐斯编配。

作品14，d小调第二钢琴奏鸣曲（piano Sonata no.2 in D minor，1912年）；莫斯科，1914年1月23日（公历2月5日）。

作品15，大提琴与钢琴叙事曲（Ballade for cello and piano，1912年）；莫斯科，1914年1月23日（公历2月5日）。

作品16，g小调第二钢琴协奏曲（piano Concerto no.2 in G minor，完成于1912—1913年，修改于1923年）；帕夫洛夫斯克，1913年8月23日（公历9月5日）。

作品17，《讽刺》（*The Sarcasms*），钢琴小品五首（1912—1914年）；彼得格勒，1916年11月27日（公历12月10日）。

作品18，《丑小鸭》（*The Ugly Duckling*），为人声和钢琴所作（1914年）；彼得格勒，1915年1月17日

（公历1月30日）。根据安徒生童话改编，另有人声和交响乐版本。

作品19，D大调第一小提琴协奏曲（violin Concerto no.1 in D major，1916—1917年）；巴黎，1923年10月18日。

作品20，《斯基泰组曲》（*The Scythian Suite*），改编自《阿拉与洛利》（*Ala and Lolli*，1915年）；彼得格勒，1916年1月16日（公历1月29日）。

作品21，《丑角》（*The Buffoon*），六场舞剧，阿法那西耶夫的剧情，普罗科菲耶夫作脚本（完成于1915年，修改于1920年）；巴黎，1921年5月17日。

作品21b，《丑角》（*The Buffoon*），改编自舞剧的交响组曲（1920年）；布鲁塞尔，1924年1月15日。

作品22，《瞬间幻想曲》（*Visions Fugitives*），二十首钢琴小品（1915—1917年）；彼得格勒，1918年4月15日。

作品23，诗五首（five Poems），为人声及钢琴所作，由戈良斯基、基皮乌斯、韦林、巴尔蒙特、阿格尼夫采夫作词（1915年）；彼得格勒，1916年11月27日（公历12月10日），仅演奏其中四首。

作品24，《赌徒》（*The Gambler*），四幕歌剧，根据陀思妥耶夫斯基的故事改编，普罗科菲耶夫作脚本（完成于1915—1917年，修改于1927—1928年）；布鲁塞尔，1929年4月29日。

作品25，《古典交响曲》（*The Classical Symphony*，1916—1917年）；彼得格勒，1918年4月21日。

作品26，C大调第三钢琴协奏曲（piano Concerto no.3 in C major，1917—1921年）；芝加哥，1921年12月16日。

作品27，五首诗（five Poems，1916年），安娜·阿赫玛托娃作词；莫斯科，1917年2月5日（公历2月18日）。

作品28，a小调第三钢琴奏鸣曲（piano Sonata no.3

in A minor，完成于1907年，修改于1917年）；彼得格勒，1918年4月15日。

作品29，c小调第四钢琴奏鸣曲（piano Sonata no.4 in C minor，完成于1908年，修改于1917年）；彼得格勒，1918年4月17日。

作品29b，为交响乐而作的《行板》（*Andante*，1934年），改编自作品29；1958年2月13日。

作品30，《他们七个人》（*Seven, They Are Seven*），为戏剧男高音、混声合唱与大型交响乐队所作的康塔塔，由巴尔蒙特作词（完成于1917—1918年，修改于1933年）；巴黎，1924年5月29日。

作品31，《老祖母的故事》（*Old Grandmother's Tales*），四首钢琴小品（1918年）；纽约，1919年1月7日。

作品32，四首钢琴小品（four Pieces for piano）：1.舞曲，2.小步舞曲，3.加伏特舞曲，4.圆舞曲（1918年）；纽约，1919年3月30日。

453

作品33，《对三个橙子的爱情》（*The Love of Three Oranges*），带序幕的四幕歌剧，普罗科菲耶夫根据卡洛·戈齐的短篇小说作脚本（1919年）；芝加哥，1921年12月30日。

作品33b，《对三个橙子的爱情》（*The Love of Three Oranges*），根据同名歌剧改编的交响组曲（1924年）；巴黎，1925年11月29日。

作品33ter，节选自《对三个橙子的爱情》（*The Love of Three Oranges*）的进行曲和谐谑曲，为钢琴改编（1922年）。

作品34，《希伯来主题序曲》（*Overture on Hebrew Themes*），为单簧管、钢琴和弦乐四重奏所写（1919年）；纽约，1920年1月26日。

作品35，五首无词歌（five songs without words），为人声和钢琴所作（1920年）；纽约，1921年3月27日。曲目二另有人声和管弦乐队版本。

作品35b，五首旋律（five melodies），为小提琴和钢琴所作（1925年）。改编自作品35。

作品36，五首诗（five Poems），为人声和钢琴所作，巴尔蒙特作词（1921年）；米兰，1922年5月。

作品37，《火天使》（*The Fiery Angel*），五幕歌剧，布吕索夫的剧情，普罗科菲耶夫作脚本（完成于1919—1923年，修改于1926—1927年）；巴黎，1954年11月25日，完整音乐会表演。

作品38，C大调第五钢琴奏鸣曲（piano Sonata no.5 in C major，1923年）；巴黎，1924年3月9日。后经修改，重新命名为作品135。

作品39，g小调五重奏（Quintet in G minor），为双簧管、单簧管、小提琴、中提琴与低音提琴而写（1924年）；莫斯科，1927年3月6日［部分音乐来自作曲者的未出版芭蕾舞剧《秋千》（*The Trapeze*）］。

作品40，d小调第二交响曲（Symphony no.2 in D minor，1924—1925年）；巴黎，1925年6月6日。

作品41，《钢铁时代》（*Pas d'Acier*），两场舞剧，由雅库洛夫与普罗科菲耶夫合作脚本（1924年）；

巴黎，1927年6月7日。

作品41b，《钢铁时代》（*Pas d'Acier*），改编自同名舞剧的交响组曲（1926年）；莫斯科，1928年5月27日。

作品42，为17名表演者所作的《美国序曲》（*American Overture*，1926年）；莫斯科，1928年2月7日。

作品42b，为管弦乐队所作的《美国序曲》（*American Overture*，1928年）；巴黎，1930年12月18日，在作品42基础上的修改。

作品43，为管弦乐队所作的嬉游曲（Divertissement，1925—1929年）；巴黎，1929年12月22日。

作品43b，为钢琴所作的嬉游曲（Divertissement，1938年），改编自作品43。

作品44，c小调第三交响曲（Symphony no.3 in C minor，1928年）；巴黎，1929年5月17日。

作品45，《自在之物》（*Things in Themselves*），两首钢琴小品（1928年）；纽约，1930年1月6日。

作品46，《浪子》（*The Prodigal Son*），三幕舞剧，科奇诺作脚本（1928—1929年）；巴黎，1929年5月21日。

作品46b，《浪子》（*The Prodigal Son*），改编自同名舞剧的交响组曲（1929年）；巴黎，1931年3月7日。

作品47，C大调第四交响曲（Symphony no.4 in C major，1929—1930年）；波士顿，1930年11月14日。后经修改重新命名为作品112。

作品48，A大调小交响曲（Sinfonietta in A major，1929年）；莫斯科，1930年11月18日。改编自作品5。

作品49，《肖像》（*Portraits*），改编自歌剧《赌徒》的交响组曲（1931年）；巴黎，1932年3月12日。

作品50，b小调第一弦乐四重奏（String Quartet no.1 in B minor，1930年）；华盛顿，1931年4月25日。

作品50b，改编自b小调第一弦乐四重奏的《行板》（*Andante*），为管弦乐队所作（1930年）。

作品51，《在第聂伯河上》（*On the Dnieper*），两

场舞剧，利法尔与普罗科菲耶夫合作脚本（1930—1931年）；巴黎，1932年12月16日。

作品51b，《在第聂伯河上》（*On the Dnieper*），改编自同名舞剧的交响组曲（1933年）；巴黎，1934年。

作品52，六首钢琴改编曲（six transcriptions for piano，1930—1931年）；莫斯科，1932年5月27日。改编自作品46、作品35、作品50和作品48。

作品53，降B大调第四钢琴协奏曲（piano Concerto no.4 in B flat major，1931年）；西柏林，1956年9月5日。

作品54，两首钢琴小奏鸣曲（two Sonatinas for piano，1931—1932年）：1.e 小调，2.G 大调；伦敦，1932年4月17日，只演奏了第二首。

作品55，G大调第五钢琴协奏曲（piano Concerto no.5 in G major，1931—1932年）；柏林，1932年10月31日。

作品56，为两把小提琴写的C大调奏鸣曲（Sonata in

C major for two violina，1932年）；莫斯科，1932年11月
27日。

作品57，交响乐队用的《交响歌》（*Symphonic
Songs*，1933年）；莫斯科，1934年4月14日。

作品58，e小调第一大提琴协奏曲（cello Concerto
no.1 in E minor，1933—1938年）；莫斯科，1938年11月
26日。后修改为作品125。

作品59，三首钢琴小品（three Pieces for piano，
1933—1934年）；莫斯科，1935年。

作品60，《基热中尉组曲》（*Lieutenant Kijé*），选
自电影音乐的交响组曲（1934年）；莫斯科，1934年12
月21日（无线电广播演出）。

作品60b，《基热中尉组曲》（*Lieutenant Kijé*，
1934年）中的两首：1.《灰色小鸽子在哼叫》（*The
Little Grey Dove is Cooing*），2.三套车（*Troika*）。

作品61，《埃及之夜》（*Egyptian Nights*），选自
同名话剧配乐的交响组曲（1934年）；莫斯科，1938年

12月22日。

作品62，《思念》（*Pensées*），三首钢琴小品
（1933—1934年）；莫斯科，1936年11月13日。

作品63，g小调第二小提琴协奏曲（violin Concerto
no.2 in G minor，1935年）；马德里，1935年12月1日。

作品64，《罗密欧与朱丽叶》（*Romeo and Juliet*），
四幕舞剧，莎士比亚的戏剧，拉德洛夫、比奥特罗夫斯
基、拉夫罗夫斯基与普罗科菲耶夫合作脚本（1935—
1936年）；布尔诺，1938年12月30日。

作品64b，《罗密欧与朱丽叶》（*Romeo and Juliet*），
改编自同名舞剧的第一交响组曲（1936年）；莫斯科，
1936年11月24日。

作品64ter，《罗密欧与朱丽叶》（*Romeo and Juliet*），
改编自同名舞剧的第二交响组曲（1936年）；列宁格
勒，1937年4月15日。

作品65，《儿童音乐》（*Music for Children*），
十二首简易钢琴小品（1935年）；莫斯科，1936年4月

11日。

作品65b，《夏日》（*A Summer's Day*），为管弦乐队所作的交响组曲（完成于1935年，改编于1941年）；莫斯科，1946年（无线电广播）。改编自作品65的第一、九、六、五、十、十一和十二首。

作品66，六首群众歌曲（six mass songs，1935年）：1.《铁匠游击队员》（*Partisan Zheleznyak*），2.《阿纽什卡》（*Anyutka*），3.《祖国在壮大》（*The Fatherland is Growing*），4.《穿过雪和雾》（*Through Snow and Fog*），5.《走远了》（*Beyond the Hill*），6.《伏罗希洛夫颂》（*Song of Voroshilov*）。

作品67，《彼得与狼》（*Peter and the Wolf*），为儿童写的交响童话，大型交响乐队加朗诵，普罗科菲耶夫作朗诵词（1936年）；莫斯科，1936年5月2日。

作品68，三首儿童歌曲（three children's songs，1936年）：1.《话匣子》（*Chatter box*），2.《甜蜜的歌》（*Sweet Song*），3.《脏孩子》（*The Little Pigs*）；

莫斯科，1936年5月2日（只演奏了第一首）。

作品69，四首军乐队进行曲（four marches for military band，1935—1937年）；1937（仅演奏第一首进行曲）。

作品70，《黑桃皇后》（*The Queen of Spades*），为未摄成的影片作的配乐（1936年）。

作品70b，《鲍里斯·戈都诺夫》（*Boris Godunov*），为梅叶霍尔德剧院未演成的普希金戏剧作的配乐（1936年）；莫斯科，1957年4月。

作品71，《欧根·奥涅金》（*Eugene Onegin*），为塔伊罗夫未演成的普希金戏剧作的配乐（1936年）；英国广播电台，1980年4月1日。

作品72，为管弦乐队写的《俄罗斯序曲》（*Russian Overture*，1936年，后于1937年修改，用于小型交响乐队演奏）；莫斯科，1936年10月29日。

作品73，三首人声和钢琴伴奏浪漫曲（three romances for voice and piano），根据普希金的诗所作

（1936年）：1.《松树》（*Pine Trees*），2.《鲜红的朝霞》（*Roseate Dawn*），3.《去到你房里》（*Into Your Chamber*）；莫斯科，1937年4月20日。

作品74，《庆祝十月革命 20 周年大合唱》（*The Twentieth Anniversary of the October Revolution*），歌词选取马克思、列宁和斯大林的著作及演讲，为交响乐队、军乐队、手风琴、打击乐队和两个合唱团所作（1936—1937年）；莫斯科，1966年4月5日。

作品75，《罗密欧与朱丽叶》（*Romeo and Juliet*）十首钢琴小品（1937年）；莫斯科，1937年。

作品76，《我们时代的歌》（*Songs of Our Days*），为独唱、混声合唱与交响乐队写的组歌（1937年）；莫斯科，1938年1月5日。

作品77，戏剧《哈姆莱特》（*Hamlet*）的配乐（1937—1938年）；列宁格勒，1939年5月15日。

作品77b，《加伏特舞曲》（*Gavotte*），选自戏剧《哈姆姆莱特》（*Hamlet*）的配乐（1938年）；莫斯科，

463

1939年11月22日（无线电广播）。

作品78，《亚历山大·涅夫斯基》（*Alexander Nevsky*），为女中音独唱、混声合唱与乐队写的大合唱，由卢戈夫斯科伊与普罗科菲耶夫作词（1939年）；莫斯科，1939年5月17日。

作品78b，《亚历山大·涅夫斯基》（*Alexander Nevsky*）电影歌曲三首，卢戈夫斯科伊作词（1939年）：1.《起来，俄罗斯人》（*Arise，People of Russia*），2.《召唤吧，明亮的鹰》（*Mark ye bright falcons*），3.《人们又可在涅瓦河畔安居乐业了》（*And It Happened on the Banks of the Neva*）。

作品79，七首群众歌曲（seven mass songs，1939年）。

作品80，f小调第一小提琴奏鸣曲（violin Sonata no.1 in F minor，1938—1946年）；莫斯科，1946年10月23日。

作品81，《谢苗·科特科》（*Semyon Kotko*），五幕歌剧，瓦伦京·卡达耶夫与普罗科菲耶夫合作脚本，改编自瓦伦京·卡达耶夫的故事（1939年）；莫斯科，1940年6月23日。

作品81b，《谢苗·科特科》（*Semyon Kotko*），根据同名歌剧改编的交响组曲（1941年）；莫斯科，1943年12月27日。

作品82，A大调第六钢琴奏鸣曲（piano Sonata no.6 in A major，1939—1940年）；莫斯科，1940年4月8日（无线电广播）。

作品83，降B大调第七钢琴奏鸣曲（piano Sonata no.7 in B flat major，1939—1942年）；莫斯科，1943年1月18日。

作品84，降B大调第八钢琴奏鸣曲（piano Sonata no.8 in B flat major，1939—1944年），莫斯科，1944年12月30日。

作品85，《斯大林万岁》（*Hail to Stalin*），为交响乐队伴奏混声合唱写的大合唱，改编自民歌（1939年）；莫斯科，1939年12月21日。

作品86，《定情在修道院》（*Betrothal in A Monastery*），根据谢里丹的戏剧改编而成的四幕歌剧，普罗科菲耶夫作脚本，米拉·门德尔松作歌词（1940—1941年）；莫斯科，1939年12月21日。

作品87，《灰姑娘》（*The Cinderella*），三幕舞剧，伏尔科夫作脚本（1940—1944年）；莫斯科，1945年11月21日。

作品88，降B大调交响进行曲（Symphonic march in B flat major），交响乐队用（1941年）。

作品89，七首群众歌曲（seven mass songs，1941—1942年）；纳尔奇克，1941年11月（只演奏了第三和第四首）。

作品89b，降A大调军乐队进行曲（March in A flat major for military band，1941年）。改编自作品89中的第二曲。

作品90，《1941年》（*The Year 1941*），交响乐队用的交响组曲（1941年）；斯维尔德洛夫斯克，1943年

1月21日。

作品91《战争与和平》（*War and Peace*），带合唱题词序幕的五幕歌剧，根据列夫·托尔斯泰作品改编而成，由普罗科菲耶夫与米拉·门德尔松合作脚本（完成于1941—1943年，修改于1946—1952年）；列宁格勒，1946年6月12日（第一版本，仅有前八幕）；列宁格勒，1955年3月31日（第二版本，共十一幕）；莫斯科，1957年11月8日（修改版本，共十三幕）。

作品92，F大调第二弦乐四重奏（String Quartet no.2 in F major），根据卡巴尔达主题改编（1941年）；莫斯科，1942年9月5日。

作品93，《一个无名孩子的叙事曲》（*The Ballad of An Unknown Boy*）。为女高音、男高音、合唱与乐队写的大合唱，安托科尔斯基作词（1942—1943年）；莫斯科，1944年2月21日。

作品94，D大调长笛奏鸣曲（flute Sonata in D major，1943年）；莫斯科，1943年12月7日。

467

作品94b，D大调第二小提琴奏鸣曲（violin Sonata no.2 in D major，完成于1943年，改编于1944年）；莫斯科，1944年6月17日，由作品94改编。

作品95，舞剧《灰姑娘》（*The Cinderella*）中的三首钢琴小品（1942年）。

作品96，三首钢琴小品（three Pieces for piano，1941—1942年），选自歌剧《战争与和平》（*War and Peace*）和电影《来蒙托夫》（*Lermontov*）的音乐。

作品97，舞剧《灰姑娘》（*The Cinderella*）中的十首钢琴小品（1943年）。

作品97b，舞剧《灰姑娘》（*The Cinderella*）中的柔板，大提琴与钢琴用（1944年）；莫斯科，1944年4月19日（无线电广播）。

作品98，苏联国歌与俄罗斯苏维埃联邦社会主义共和国国歌（National Anthem of the Soviet Union and National Anthem of the R.S.F.S.R.，1943年和1946年），未经发表的草稿。

作品99，降B大调乐队进行曲（march for band in B flat major，1943—1944年）；莫斯科，1944年4月30日。

作品100，降B大调第五交响曲（Symphony no.5 in B flat major，1944年）；莫斯科，1945年1月13日。

作品101，《罗密欧与朱丽叶》（*Romeo and Juliet*），第三交响组曲（1946年）；莫斯科，1946年3月8日。

作品102，选自《灰姑娘》（*The Ciderella*）的六首钢琴小品。

作品103，C大调第九钢琴奏鸣曲（piano Sonata no.9 in C major，1947年）；莫斯科，1951年4月21日。

作品104，十二首俄国民歌（twelve Russian folk songs，1944年）；莫斯科，1945年3月25日。

469

作品105，《战争结束的颂歌》（*Ode to the End of the War*），乐队由八架竖琴、四台钢琴、铜管乐队、打击乐器与低音提琴组成（1945年）；莫斯科，1945年11月12日。

作品106，两首二重唱（two duets），俄罗斯民歌改编，男高音与男低音用（1945年）。

作品107，《灰姑娘》（*The Cinderella*），大型交响乐队用的舞剧第一组曲（1946年）；莫斯科，1946年11月12日。

作品108，《灰姑娘》（*The Cinderella*），大型交响乐队用的舞剧第二组曲（1946年）。

作品109，《灰姑娘》（*The Cinderella*），大型交响乐队用的舞剧第三组曲（1946年）；莫斯科，1947年9月3日（无线电广播）。

作品110，华尔兹组曲（*Waltzes Suite*，1946年），选自《战争与和平》（*War and Peace*）、《灰姑娘》（*The Cinderella*）和《莱蒙托夫》（*Lermontov*）；莫斯科，1947年5月13日。

作品111，降e小调第六交响曲（Symphony no.6 in E flat minor，1945—1947年）；列宁格勒，1947年10月11日。

作品112，C大调第四交响曲（Symphony no.4 in C

major，1947年），修改自作品47。

作品113，《节日诗》（*Festive Poem*，又名《三十年》），为大型交响乐队所作（1947年）；莫斯科，1947年10月3日。

作品114，《繁荣吧，强大的祖国》（*Flourish Mighty Land*），为庆祝伟大的十月社会主义革命30周年而写的大合唱（1947年），多尔马托夫斯基作词；莫斯科，1947年11月12日。

作品115，D大调无伴奏小提琴奏鸣曲（Sonata for solo violin in D major，1947年）；莫斯科，1960年3月10日。

作品116，《伊凡雷帝》（*Ivan the Terrible*），电影音乐：第一部分，1942—1944年；第二部分，1945年。1961年由斯塔谢维奇改编为清唱剧。

作品117，《真正的人》（*The Story of A Real Man*），根据波勒沃夫的同名小说写成的四幕歌剧，普罗科菲耶夫与米拉·门德尔松合作脚本（1947—1948

年）；列宁格勒，1948年12月3日（演出取消）；莫斯科，1960年10月8日（上演）。

作品118，《宝石花》（*The Stone Flower*），根据巴佐夫的童话材料写成的四幕舞剧，拉夫罗夫斯基与米拉·门德尔松合作脚本（1948—1953年）；莫斯科，1954年2月12日。

作品119，C大调大提琴奏鸣曲（cello Sonata in C major，1948年）；莫斯科，1950年3月1日。

作品120，两首普希金华尔兹（two Pushkin Waltzes，1949年）；莫斯科，1952年（无线电广播表演）。

作品121，《战士队列歌曲》（*Soldier's Marching Song*），卢戈夫斯科伊作词（1950年）。

作品122，《冬日的篝火》（*Winter Bonfire*），根据马尔沙克的词为朗诵、童声合唱与交响乐队写的组曲（1949—1950年）；莫斯科，1950年12月19日。

作品123，《夏夜》（*Summer Night*），选自歌剧《定情在修道院》（*Betrothal in A Monastery*）的交响组

曲（1950年）。

作品124，《保卫和平》（*On Guard for Peace*），
根据马尔沙克的词为女中音、朗诵、混声合唱、童声合
唱与交响乐队写的清唱剧（1950年）；莫斯科，1950年
12月19日。

作品125，e小调大提琴与乐队交响协奏曲
（Symphony-Concerto in E minor for cello and orchestra，
1950年完成，1952年修改）；莫斯科，1952年2月18日
（以第二大提琴协奏曲的形式演奏）。是在作品58基础
上的修改。

作品126，交响乐队用的《婚礼组曲》（*Wedding
Suite*），选自《宝石花》（*The Stone Flower*，1951
年）；莫斯科，1951年12月12日。

作品127，交响乐队用的《吉卜赛幻想曲》（*Gypsy
Fantasy*），选自《宝石花》（*The Stone Flower*，1951
年）；莫斯科，1951年11月18日。

作品128，交响乐队用的《乌拉尔狂想曲》（*Ural*

473

Rhapsody），选自《宝石花》（The Stone Flower, 1951年）。

作品129，交响乐队组曲《铜山情人》（The Mistress of Copper Mountain），选自《宝石花》（The Stone Flower），未完成。

作品130，节日颂歌《伏尔加河与顿河合流》（The Volga Meets the Don），交响乐队用（1951年）；莫斯科，1952年2月22日（无线电广播表演）。

作品131，升c小调第七交响曲（Symphony no.7 in C sharp minor，1951—1952年）；莫斯科，1952年10月11日。

作品132，g小调大提琴小协奏曲（cello Concertino in G minor，1952年）。作曲者未完成，后由罗斯托罗波维奇和卡巴列夫斯基共同完成。

作品133，两架钢琴与弦乐队协奏曲（Concertino for two pianos and string orchestra），未完成。

作品134，升c小调无伴奏大提琴奏鸣曲（Sonata for unaccompanied cello in C sharp minor），未完成。

作品135，C大调第五钢琴奏鸣曲（piano Sonata no.5 in C major，1952—1953年）；阿拉木图，1954年2月2日。是作品38的修改。

作品136，d小调第二交响曲（Symphony no.2 in D minor），计划在作品40的基础上修改。未完成。

作品137，c小调第十钢琴奏鸣曲（piano Sonata no.10 in C minor，1953年）。本首奏鸣曲的手稿是普罗科菲耶夫的最后一部作品。

作品138，第十一钢琴奏鸣曲（piano Sonata no.11），未完成。

其他作品

改编作品

《哦，不，约翰！》（*O，No John!*），改编为人声和管弦乐队作品（1944年）。

布克斯特胡德的d小调管风琴序曲和赋格（organ prelude and fugue in D minor），改编为钢琴独奏

（1920年）。

舒伯特的圆舞曲（waltzes），改编为独奏的钢琴组曲
（1920年）。

舒伯特的圆舞曲（waltzes），改编为四手联弹的钢琴
组曲，在之前组曲基础上的修改（1923年）。

配乐

《柯托夫斯基》（*Kotovsky*），电影配乐（1942年）。

《莱蒙托夫》（*Lermontov*），电影配乐（1941年）。

《乌克兰草原游击队》（*Partisans in the Ukrainian
Steppes*），电影配乐（1942年）。

《托尼亚》（*Tonya*），电影配乐（1942年）。

未完成的歌剧

《可汗布扎伊》（*Khan Buzay*），歌剧（1942年），
未完成。

《遥远的海》（*Distant Seas*），歌剧（1948年），
未完成。

R Bibliography
References

参考
文献

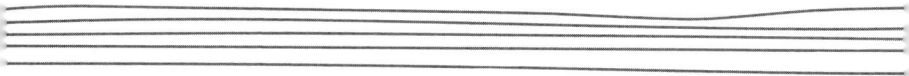

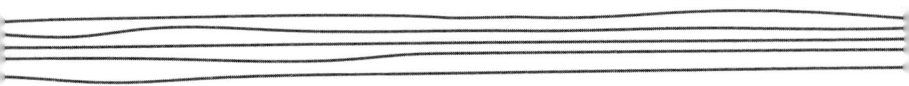

谢尔盖·普罗科菲耶夫是独树一帜的作曲家，终其一生创作了大量音乐作品，人们无法妄想用一本书了解他的方方面面。他所处的历史、社会和文化背景错综复杂，后人哪怕通过参考资料也无法还原。但查阅资料对于理解作曲家风格至关重要。普罗科菲耶夫本人希望用特色鲜明的音乐直击听众的内心，产生即刻共鸣。他采用极具原创性的和声素材，在技法上溯古追今，融合古典和现代的美学思想，他的作品具有研究价值，应当受到关注。遗憾的是，下文列出的许多作品（均有英文版本）都需要读者带着极其谨慎的态度阅读。《玻璃丝袜》（*Silk Stockings*）是由科尔·波特（Cole Porter）创作的冷战音乐剧，在剧中，政委手上拿着《名人录》（*Who's Still Who*），一名官员在获悉普罗科菲耶夫死亡时评论道："我甚至不知道他被逮捕了。"①奥利霍夫斯基（Olkhovsky）的《艺术的痛苦：苏联政权下的音乐》（*Music under the Soviets: the Agony of An Art*）引发激烈争议，而莫森科（Moisenko）的《现实主义音乐》（*Realist Music*）则是大肆歌颂苏维埃政权。两部作品一黑一白，有如硬币的两面，但最终的命运都是停止发行。

普罗科菲耶夫的生平

Austin, William（威廉姆·奥斯汀）："Prokofiev", in *Music in the 20th Century*（《普罗科菲耶夫》，选自《20世纪的音乐》）（London, 1966）

Blok, ed.（勃洛克编）：*Sergey Prokofiev: Materials, Articles, Interviews*（《谢尔盖·普罗科菲耶夫：素材、文选与访谈》）（Moscow, 1978）

Brown, Malcolm（马尔科姆·布朗）：*Prokofiev—*

---

① 科尔·波特，美国作曲家。《玻璃丝袜》是百老汇音乐剧，讲述了冷战时期苏联女特使与三名政委官员在巴黎一步步沉醉于资本主义生活的故事。——译者注

A Critical Biography（《普罗科菲耶夫——批评传记》（筹备中）

Bush, Geoffrey（杰弗里·布什）："People Who Live in Glass Houses", in *the Composer*, 37（《住在玻璃房里的人》, 选自《作曲家》第37期）（1970）

Cazden, Norman（诺曼·卡兹登）："Humour in the Music of Stravinsky and Prokofiev", *in Science and Society*, 18（《斯特拉文斯基与普罗科菲耶夫音乐里的幽默》, 选自《科学与社会》第18期）（1954）

Eisenstein, Sergey（谢尔盖·爱森斯坦）："P-R-K-F-V"（《P-R-K-F-V：普罗科菲耶夫的原音省略记录法》）, in I. Nestyev（伊什列·涅斯捷耶夫）：*Sergei Prokofiev: His Musical Life*（《谢尔盖·普罗科菲耶夫：他的音乐生涯》）（New York, 1946）

Hanson, Lawrence & Elizabeth（劳伦斯·汉森 和 伊丽莎白·汉森）：*Prokofiev, The Prodigal Son: An Introduction to His Life and Work in Three Movements*

（《浪子普罗科菲耶夫：生活与艺术的三乐章》）

（London，1964）

Harris，Roy（罗伊·哈里斯）："Roy Harris Salutes Sergei Prokofiev"，in *Musical America*，81（《罗伊·哈里斯向谢尔盖·普罗科菲耶夫致敬》，选自《音乐美国》第81期）（1961）

Lambert，Constant（康斯坦特·兰伯特）："Prokofieff"，in *the Nation*，xlvii（《普罗科菲耶夫》，选自《国家》第47期）（1930）

McAllister，Rita（丽塔·麦卡利斯特）："Some Days in the Life of Sergei Sergeievich"，in *Music and Musicians*，xix（《谢尔盖·谢尔盖耶维奇的人生岁月》，选自《音乐与音乐家》第19期）（1971）

McAllister，Rita（丽塔·麦卡利斯特）："Sergey Prokofiev"，in *the New Grove Dictionary of Music and Musicians*（《谢尔盖·普罗科菲耶夫》，选自《新格罗夫音乐与音乐家大辞典》）（London，1981）

McAllister，Rita（丽塔·麦卡利斯特）："Sergey Prokofiev"，in *Russian Masters 2：Rimsky-Korsakov, Skryabin, Rakhmaninov, Prokofiev, Shostakovich*（《谢尔盖·普罗科菲耶夫》，选自作曲家传记系列《俄国音乐大师2： 里姆斯基-柯萨科夫，斯克里亚宾，拉赫玛尼诺夫，普罗科菲耶夫和肖斯塔科维奇》）（London，1986）

Moreux，Serge（谢尔盖·莫雷克斯）："Prokofieff: An Intimate Portrait"，in *Tempo*，11（《普罗科菲耶夫：亲密肖像》，选自《节拍》第11期）（1949）

Nabokov，Nicolas（尼古拉·纳博科夫）：*Old Friends and New Music*（《老朋友，新音乐》）（London，1951）

Nestyev，Israel（伊什列·涅斯捷耶夫）：*Sergei Prokofiev：His Musical Life*（《谢尔盖·普罗科菲耶夫：他的音乐生涯》）（New York，1946）

Nestyev，Israel（伊什列·涅斯捷耶夫）：*Prokofiev*

（《普罗科菲耶夫》）（London，1961）

Poulenc，Francis（弗朗西斯·普朗克）：*My Friends and Myself*（《我与朋友》）（London，1978）

Prokofiev，Sergey *et al.*（谢尔盖·普罗科菲耶夫等人）："Prokofiev's Correspondence With Stravinsky and Shostakovich"（《普罗科菲耶夫同斯特拉文斯基和肖斯塔科维奇的通信集》），in M. H. Brown & R. J. Wiley，eds.（M. H.布朗 和R.J.威利编）：*Slavonic and Western Music：Essays for Gerald Abraham*（《斯拉夫人与西方音乐：杰拉尔德·亚伯拉罕文集》）（Ann Arbor，1985）

Prokofiev，Sergey，D. H. Appel，ed.（谢尔盖·普罗科菲耶夫著，D.H. 阿佩尔编）：*Prokofiev by Prokofiev：A Composer's Memoir*（《普罗科菲耶夫论普罗科菲耶夫：一个作曲家的自传》（New York，1979）

Robinson，Harlow（哈洛·罗宾逊）：*Sergei Prokofiev：A Biography*（《谢尔盖·普罗科菲耶夫传》）（London，1987）

Samuel，Claude（克劳德·塞缪尔）：*Prokofiev*
（《普罗科菲耶夫》）（London，1971）

Seroff，Victor（维克托·塞洛夫）：*Sergei
Prokofiev：A Soviet Tragedy*（《谢尔盖·普罗科菲耶
夫：苏联悲剧》）（London，1969）

Shlifstein，Semyon，*ed.*（塞米恩·史里夫斯坦
编）：*Sergey Prokofiev：Autobiography，Articles，
Reminiscences*（《谢尔盖·普罗科菲耶夫：自传、文选
与回忆》）（Moscow，1961）

Szigeti，Joseph（约瑟夫·西盖蒂）："The Prokofiev
I knew"，in *Music and Musicians*，xi（《我眼中的普罗
科菲耶夫》，选自《音乐与音乐家》第11期）（1963）

普罗科菲耶夫的个人作品

Ashley，Patricia（帕特里西娅·阿什利）：
Prokofiev's Piano Music：Line，Chord，Key（《普罗
科菲耶夫的钢琴音乐：谱线，和弦与音调》）（1963）

Auric，Georges（乔治斯·奥里克）："A New

Prokofiev Concerto", in *the Listener*, 16（《普罗科菲耶夫的新协奏曲》，选自《听者》第16期）（1936）

Austin, William（威廉姆·奥斯汀）："Prokofiev's Fifth Symphony", in *Music Review*, xvii（《普罗科菲耶夫的〈第五交响曲〉》，选自《音乐评论》第17期）（1956）

Bennett，Clive（克莱夫·贝内特）："Prokofiev and Eugene Onegin", in *Musical Times*, cxxi（《普罗科菲耶夫与〈欧根·奥涅金〉》，选自《音乐时报》第121期）（1980）

Bennett, Clive（克莱夫·贝内特）："Unstaged Dramas", in *the Listener*, 111（《未分期的戏剧》，选自《听者》第111期）（1984）

Bennett, Clive（克莱夫·贝内特）：*Prokofiev Dramatic Music*（《普罗科菲耶夫的戏剧音乐》）（London）

Brown, Malcolm（马尔科姆·布朗）："Prokofiev's Eighth Piano Sonata", in *Tempo*, 70（《普罗科菲耶夫的〈第八钢琴奏鸣曲〉》，选自《节拍》第70期）（1964）

Brown，Malcolm（马尔科姆·布朗）：*The Symphonies of Sergei Prokofiev*（《普罗科菲耶夫的交响曲》）（1967）

Brown，Malcolm（马尔科姆·布朗）："Prokofiev's War and Peace：A Chronicle"，in *Musical Quarterly*，lxvii（《普罗科菲耶夫的〈战争与和平〉：编年史》，选自《音乐季刊》第63期）（1977）

Corsaro，Frank & Sendak，Maurice（弗兰克·科萨罗和莫里斯·森达克）：*The Love for Three Oranges*（《对三个橙子的爱情》）（London，1984）

Del Mar，Norman（诺曼·德尔玛）："Confusion and Error"，in *the Score*，21（《混乱与错误》，选自《乐谱》第21期）（1957）

Downes，Edward（爱德华·唐斯）："Prokofiev's War and Peace"，in *Opera*，23（《普罗科菲耶夫的〈战争与和平〉》，选自《歌剧》第23期）（1972）

Drew，David（大卫·德鲁）："Prokofiev's Demon"，in *New Statesman*，72（《普罗科菲耶夫的恶

487

魔》，选自《新政治家》第72期）（1966）

Henderson，Lyn（林恩·亨德森）："How The Flaming Angel Became Prokofiev's Third Symphony"，in *Music Review*，xl（《〈火天使〉摇身变成普罗科菲耶夫的〈第三交响曲〉》，选自《音乐评论》第40期）（1979）

Henderson，Robert（罗伯特·亨德森）："Busoni，Gozzi，Prokofiev and The Oranges"，in *Opera*，33（《布索尼，戈齐，普罗科菲耶夫与〈对三个橙子的爱情〉》，选自《歌剧》第33期）（1982）

Jefferson，Alan（艾伦·杰斐逊）："The Angel of Fire"，in *Music and Musicians*，xiii（《火天使》，选自《音乐与音乐家》第13期）（1965）

Keldysh，Yuri（尤里·凯尔迪什）："Sergei Prokofiev's Last Opera"，in *Soviet Literature*（《谢尔盖·普罗科菲耶夫的最后一部歌剧》，选自《苏联文学》）（1960）

Layton，Robert（罗伯特·莱顿）："Serge Prokofiev（1891–1953）"（《谢尔盖·普罗科菲耶

夫（1891—1953）》），in R. Simpson，*ed.*（R.辛普森编）：*The Symphony*，vol.2（《交响曲》第二卷）（Harmondsworth，1967）

Layton，Robert（罗伯特·莱顿）："Prokofiev and the Sonatas"，in *the Listener*，77（《普罗科菲耶夫和奏鸣曲》，选自《听者》第77期）（1967）

Layton，Robert（罗伯特·莱顿）：*Prokofiev Symphonies and Concertos*（《普罗科菲耶夫交响曲与协奏曲集》）（London）

Lloyd-Jones，David（大卫·劳埃德–琼斯）："Prokofiev and the Opera"，in *Opera*，13（《普罗科菲耶夫和歌剧》，选自《歌剧》第13期）（1962）

McAllister，Rita（丽塔·麦卡利斯特）："The Fourth Symphony of Prokofiev"，in *the Listener*，78（《普罗科菲耶夫的〈第四交响曲〉》，选自《听者》第78期）（1967）

McAllister，Rita（丽塔·麦卡利斯特）："Prokofiev's

Early Opera Maddalena", in *Proceedings of the Royal Musical Association*, xcvi（《普罗科菲耶夫的早期歌剧〈玛达琳娜〉》，选自《皇家音乐协会会议记录》第96期）（1969—1970）

McAllister, Rita（丽塔·麦卡利斯特）："Natural and Supernatural in the Fiery Angel", in *Musical Times*, cxi（《〈火天使〉中的自然与超自然力量》，选自《音乐时报》第111期）（1970）

McAllister, Rita（丽塔·麦卡利斯特）：*The Operas of Sergei Prokofiev*（《谢尔盖·普罗科菲耶夫的歌剧》）（1970）

McAllister, Rita（丽塔·麦卡利斯特）："Prokofiev's Tolstoy Epic", in *Musical Times*, cxiii（《普罗科菲耶夫谱曲的托尔斯泰史诗级作品》，选自《音乐时报》第113期）（1972）

McAllister, Rita（丽塔·麦卡利斯特）："Prokofiev's Maddalena, A Premiere", in *Musical Times*, cxx（《普

罗科菲耶夫的〈玛达琳娜〉首演》，选自《音乐时报》第120期）（1979）

Mitchell，Donald（唐纳德·米切尔）："Prokofieff's Three Oranges: A Note on Its Musical-Dramatic Organisation"，in *Tempo*，41（《普罗科菲耶夫的〈对三个橙子的爱情〉：论作品中音乐与戏剧的组织形式》，选自《节拍》第41期）（1956）

Nestyev，Israel（伊什列·涅斯捷耶夫）："Music Inspired by the Genius of Lenin：A Prokofiev Cantata"，in *Soviet Literature*（《列宁精神所启发的音乐：普罗科菲耶夫康塔塔》，选自《苏联文学》）（1969）

Palmer，Christopher（克里斯托弗·帕尔默）："Film Composing and Prokofiev"，in *Crescendo International*，15（《普罗科菲耶夫与电影配乐》，选自《音乐渐强国际期刊》第15期）（1977）

Roseberry，Eric（艾瑞克·罗斯伯利）："Prokofiev's Piano Sonatas"，in *Music and Musicians*，xix（《普罗

科菲耶夫的钢琴奏鸣曲》，选自《音乐与音乐家》第19期）（1971）

苏联音乐及音乐家生活

Abraham，Gerald（杰拉尔德·亚伯拉罕）：*Eight Soviet Composers*（《八位苏联作曲家》）（London，1943）

Arbatsky，Yuri（尤里·阿尔巴茨基）："The Soviet Attitude towards Music"，in *Musical Quarterly*，xliii（《苏联的音乐态度》，选自《音乐季刊》第43期）（1957）

Asafiev，Boris（鲍里斯·阿萨菲耶夫）：*Russian Music from the Beginning of the 19th Century*（《19世纪初以来的苏联音乐》）（Ann Arbor，1953）

Asafiev，Boris（鲍里斯·阿萨菲耶夫）：*A Book about Stravinsky*（《斯特拉文斯基其人其乐》）（Ann Arbor，1982）

Bakst，James（詹姆斯·巴克斯特）：*A History of Russian-Soviet Music*（《俄国—苏维埃音乐史》）（New York，1966）

Brown，Malcolm，ed.（马尔科姆·布朗编）：

Russian and Soviet Music：Essays for Boris Schwarz

（《俄国与苏维埃音乐：鲍里斯·施瓦茨文集》）

（Ann Arbor，1984）

Brown，Malcolm（马尔科姆·布朗）："The

Soviet Russian Concepts of Intonazia and Musical

Imagery"，in *Musical Quarterly*，lx（《论苏维埃俄国

特色音乐概念：音调论与音乐意象》，选自《音乐季

刊》第60期）（1974）

Krebs，Stanley（斯坦利·克雷布斯）：*Soviet

Composers and the Development of Soviet Music*（《苏联

作曲家与苏联音乐的发展》）（London，1970）

Lipovsky，Alexander（亚历山大·利波夫斯

基）：*Lenin Prize Winners：Soviet Stars in the World of

Music*（《音乐领域的苏维埃明星：记列宁奖得主》）

（Moscow，1967）

McQuere，Gordon，*ed.*（戈登·麦克奎尔编）：

493

Russian Theoretical Thought in Music（《俄国音乐理论》）（Ann Arbor，1983）

Moisenko，Rena（雷娜·莫森科）：*Realist Music*（《现实主义音乐》）（London，1949）

Olkhovsky，Andrei（安德烈·奥利霍夫斯基）：*Music under the Soviets：the Agony of An Art*（《艺术的痛苦：苏联政权下的音乐》）（London，1955）

Polyakova，Lyudmila（柳德米拉·波利亚科娃）：*Soviet Music*（《苏联音乐》）（Moscow，1961）

Schwarz，Boris（鲍里斯·施瓦茨）：*Music and Musical Life in Soviet Russia 1917–1970*（《苏维埃俄国的音乐与音乐生活（1917—1970）》）（London，1972）

Slonimsky，Nicolas（尼古拉斯·斯洛尼姆斯基）："Soviet Music and Musicians"，in *Slavonic Review*，22（《苏联音乐与音乐家》，选自《斯拉夫评论》第22期）（1944）

Slonimsky，Nicolas（尼古拉斯·斯洛尼姆斯基）：

"The Changing Style of Soviet Music", in *Journal of the American Musicological Society*, iii (《苏联音乐的变化风格》，选自《美国音乐学家社团期刊》第3期)(1950)

Vishnevskaya, Galina (加林娜·维什涅夫斯卡娅)：*Galina: A Russian Story* (《加林娜：俄国故事》)(London, 1985)

Volkov, Solomon (所罗门·伏尔科夫)：*Testimony: the Memoirs of Dmitri Shostakovich* (《见证：德米特里·肖斯塔科维奇回忆录》)(London, 1979)

Werth, Alexander (亚历山大·沃斯)：*Musical Uproar in Moscow* (《莫斯科的音乐骚乱》)(London, 1949)

Widdicombe, Gillian (吉莉安·维迪科姆)："Three Friends", in *the Observer* (《三个朋友》，选自《观察者报》)(1977)

苏联文化及政治

Barber, John (约翰·巴伯)："The Establishment of Intellectual Orthodoxy in the USSR", in *Past and*

Present，83（《苏联正统思想的诞生》，选自《过去与现在》第83期）（1979）

Barna，Yon（扬·巴纳）：*Eisenstein*（《爱森斯坦》）（London，1973）

Berlin, Isaiah（以赛亚·伯林）：*Personal Impressions*（《个人印象》）（Oxford，1982）

Billington，James（詹姆士·比林顿）：*The Icon and the Axe: An Interpretive History of Russian Culture*（《圣像与战斧：诠释俄国文化史》）（New York，1966）

Deutscher，Isaac（艾萨克·多伊彻）：*Ironies of History: Essays on Contemporary Communism*（《历史的讽刺：当代共产主义论文集》）（London，1966）

Ehrenburg，Ilya（伊利亚·爱伦堡）：*Memoirs*（《回忆录》）（London，1961—1966）

Eisenstein，Sergey（谢尔盖·爱森斯坦）：*The Film Sense*（《电影观念》）（London，1963）

Fitzpatrick，Sheila（希拉·菲茨帕特里克）：

"Culture and Politics under Stalin: A Reappraisal", in *Slavic Review*, 35 (《再评斯大林统治下的文化与政治》，选自《斯拉夫评论》第35期) (1976)

Gorki, Maxim (马克西姆·高尔基): *Literature and Life: Selected Writings* (《文学与生活：文作精选》) (London, 1946)

Grey, Camilla (卡米拉·格雷): *The Russian Experiment in Art* (《俄国的艺术实验》) (London, 1962)

Hingley, Ronald (罗纳德·欣利): *Russian Writers and Soviet Society* (《俄国作家与苏联社会》) (London, 1979)

James, Vaughan (沃恩·詹姆斯): *Soviet Socialist Realism: Origins and Theory* (《苏联的社会主义现实主义：源头和理论》) (London, 1973)

Lenin (列宁): *On Literature and Art* (《论文学与艺术》) (Moscow, 1967)

Mandelstam, Nadezhda (娜杰日达·曼德尔施

塔姆）：*Hope Against Hope*（《希望中的希望》）（Harmondsworth，1975）

Mandelstam，Nadezhda（娜杰日达·曼德尔施塔姆）：*Hope Abandoned*（《放弃希望》）（Harmondsworth，1976）

Medvedev，Roy（罗伊·梅德韦杰夫）：*Let History Jjudge*（《让历史来审判》）（London，1972）

Nettl，Peter（彼得·内特尔）：*The Soviet Achievement*（《苏联成就》）（London，1967）

Slonim，Marc（马克·斯洛尼姆）：*Soviet Russian Literature 1917–1977*（《苏维埃俄国文学（1917—1977）》）（London，1977）

Tucker，Robert（罗伯特·塔克）：*The Soviet Political Mind*（《苏联政治思想》）（London，1972）

Zhdanov，Andrei（安德烈·日丹诺夫）：*On Literature，Music and Philosophy*（《论文学、音乐和哲学》）（London，1950）

莱娜肖像画

《丑角》1921年首次演出时
最后一幕的剧照

1923—1936
Paris
巴黎

4 **1921**年，
《丑角》在
巴黎首演

古典音乐流派

19世纪中前期，仍是
音乐鼎盛时的一部分
Nationalist Music
国民乐派

1600—1750
Baroque Period
巴洛克时期

1

人物及代表作品

4

人物及代表作品

西贝柳斯 《芬兰颂》
《d小调小》
《a小调第》
《图内拉的》

威尔第 《茶花女》《弄臣》
《阿依达》《奥赛罗》

巴 赫 《平均律钢琴曲集》BWV 846—893
《康塔塔》BWV 1—224
《赋格的艺术》BWV 1080
《哥德堡变奏曲》BWV988

1820—1900
Romanticism Ages
浪漫时期

1750—1820
Classical Period
古典时期

3

人物及代表作品

舒 曼 《桃金娘》
《蝴蝶》O
《克莱斯勒
钢琴套曲

2

人物及代表作品

肖 邦 《升c小调》
《e小调第》
《24首前奏》
《降b小调》

贝多芬 《命运交响曲》《英雄交响曲》
《月光奏鸣曲》《合唱交响曲》

莫扎特 《第40号交响曲》《费加罗的婚礼》
《第21号钢琴协奏曲》《魔笛》

李斯特 《6首帕格尼》
《12首超技》
《19首匈牙》
《4首梅菲》

20 世纪后，分支为印象主义 表现
主义 新古典主义等乐派
Modernist Music
现代乐派

5 **人物及代表作品**

○ **德彪西** 交响音画《大海》L 109
《牧神午后前奏曲》L 86
《意象》L 110—111
歌剧《佩利亚斯与梅丽桑德》L 88

○ **巴托克** 《罗马尼亚民间舞曲》Sz.56
《小宇宙》Sz.107
歌剧《蓝胡子公爵的城堡》Sz.84
《b小调第2小提琴协奏曲》BB 117

○ **普罗科** 四幕舞剧《罗密欧与朱丽叶》Op.64
菲耶夫 交响童话《彼得与狼》Op.67
《浪子》Op.46
《第五交响曲》Op.100

1918年11月
举办首场纽约
钢琴独奏会

191
遇见
妻

1918—1922
New York
纽约

3

1936—1953
Moscow
莫斯科

5

定居于此，
在各地
旅行演出

PROKOFIEV

普罗科菲耶夫
履迹图

Prokofiev 1891 — 1953

1891—1904
Sontsovka
松卓夫卡

1892年，普罗科菲耶夫
和父母的合影

1 普罗科菲耶夫
在这里度过童年，
开始音乐启蒙

◯ 风格

古典与现代的有机结合、强烈的旋律和节奏的叠加、风格浓郁的民族性，以及意志坚定的人民性。

◯ 作品

降D大调第1钢琴协奏曲 Op.10

g小调第2钢琴协奏曲 Op.16

D大调第1小提琴协奏曲 Op.19

古典交响曲 Op.25

C大调第3钢琴协奏曲 Op.26

歌剧《对三个橘子的爱情》Op.33

歌剧《火天使》Op.37

d小调第2交响曲 Op.40

c小调第3交响曲 Op.44

C大调第4交响曲 Op.47/112

降B大调第4钢琴协奏曲 Op.53

G大调第5钢琴协奏曲 Op.55

g小调第2小提琴协奏曲 Op.63

芭蕾舞剧《罗密欧与朱丽叶》Op.64

彼得与狼 Op.67

斯大林万岁 Op.85

芭蕾舞剧《灰姑娘》Op.87

歌剧《战争与和平》Op.91

降B大调第5交响曲 Op.100

降e小调第6交响曲 Op.111

e小调大提琴与乐队交响协奏曲 Op.125

升c小调第7交响曲 Op.131

◯ 作曲

作曲 1911–1912

作曲 1912–1913

作曲 1916–1917

作曲 1916–1917

作曲 1917–1921

作曲 1919

作曲 1919–1923

作曲 1924–1925

作曲 1928

作曲 1929–1930/1947

作曲 1931

作曲 1931–1932

作曲 1935

作曲 1935–1936

作曲 1936

作曲 1939

作曲 1940–1944

作曲 1941–1943

作曲 1944

作曲 1945–1947

作曲 1950–1952

作曲 1951–1952

普罗科菲耶夫的歌剧《赌徒》
赌场一幕的剧照

2 普罗科菲耶夫在
圣彼得堡音乐学院
边学习边创作

普罗科菲耶夫最后一首作品
《第10钢琴奏鸣曲》的手稿

PROKOFIEV

◯ **全名**

谢尔盖·谢尔盖耶维奇·普罗科菲耶夫
Serge Sergeyevich Prokofiev

◯ **国籍**

苏联（作曲家、钢琴家）

◯ **出生**

1891年4月23日 松卓夫卡

◯ **逝世**

1953年3月5日 莫斯科

◯ **时期乐派**

现代乐派

◯ **擅长类型**

交响曲，钢琴协奏曲，奏鸣曲

◯ **第一任妻子**

1923年，他认识了一位艺名叫莱娜
的西班牙女歌手，后与其结婚

◯ **第二任妻子**

1948年，与25岁女作家
米拉·门德尔松结婚

◯ **家庭**

普罗科菲耶夫出生在松卓夫卡村。他的父亲是一位农艺师，母亲在村里办了一个学校，
免费教授贫苦农民的孩子。在父母细心的培育下，普罗科菲耶夫的音乐才能得到了发展。
1899年他跟双亲第一次来到莫斯科，观看了古诺的歌剧《浮士德》、鲍罗丁的歌剧
《伊戈尔王子》、柴科夫斯基的舞剧《睡美人》而大开眼界。第二年再到莫斯科时，
普罗科菲耶夫在著名俄国作曲家塔涅耶夫(1856—1915)面前，信心十足地弹奏自己的
作品歌剧《无人岛》的序曲。对此塔涅耶夫颇有好感。后来经塔涅耶夫介绍，从1902年
夏天开始，普罗科菲耶夫跟格里埃尔(1875—1956)学习两年作曲与钢琴。
他们从第一次见面后就始终保持着亲密的友谊。